Verhandlungen, Mitteilungen

und

Berichte

des

Centralverbandes Deutscher Industrieller.

№ 118.

Herausgegeben

von

H. A. Bueck, geschäftsführendem Mitglied im Direktorium,

Berlin W, Karlsbad 4a.

Telephon: Nr. 2527, Amt VI.

Mai 1910.

Berlin 1910.

J. Guttentag, Verlagsbuchhandlung,

G. m. b. H.

Inhaltsverzeichnis.

1*

Centralverband Deutscher Industrieller.

Sitzung des Ausschusses.

Der Delegiertenversammlung vom 12. April 1910, welche sich mit den wichtigen, dem Reichstag vorliegenden sozialpolitischen Gesetzen zu befassen hatte, gingen am 11. morgens eine Sitzung des Direktoriums und abends eine Sitzung des Ausschusses voraus. Es handelte sich zumeist um die Vorbereitung der Stellungnahme und der Anträge zur Gewerbeordnungsnovelle, zum Hausarbeitsgesetz, zum Arbeitskammergesetz, zum Stellenvermittlergesetz und zur Reichsversicherungsordnung. Die Herren Referenten Regierungsrat Dr. Schweighoffer-Berlin, Syndikus Dr. Dietrich-Plauen, Generalsekretär Stumpf-Osnabrück, Syndikus Dr. Tänzler-Berlin und Direktor Meesmann-Mainz hatten schon in der Direktoriumssitzung ihre Anschauungen und Vorschläge entwickelt. Dann wurde nochmals im Ausschuß, unter Verlesung der vom Direktorium genehmigten Anträge der Referenten alles zur Erörterung gestellt. Den Vorsitz führte, da Herr Landrat a. D. Rötger zur Erholung in Italien weilte, der erste stellvertretende Vorsitzende des Direktoriums, Baurat Dr.-Ing. von Rieppel-Nürnberg, Vorsitzender des Bayerischen Industriellen-Verbandes.

Der Ausschuß stimmte den Anträgen, betreffend Gewerbeordnung, Hausarbeitsgesetz und Stellenvermittlergesetz ohne weitere Diskussion unverändert bzw. mit kleinen redaktionellen Aenderungen zu. Beim Arbeitskammergesetz, zu welchem der betreffende Antrag ebenfalls unverändert Annahme fand, wurde aus der Versammlung u. a. die Bedenklichkeit der Stimmentscheidung durch den Vorsitzenden bei Stimmengleichheit gerügt. Demgegenüber ward zur Beruhigung auf die Bestimmung hingewiesen, daß, falls Arbeitgeber einerseits und Arbeitnehmer andererseits geschlossen entgegengesetzter Ansicht sind, überhaupt keine Beschlüsse gefaßt werden sollen. Hierzu wurde bemerkt, daß das Ganze alsdann auf Zeitverschwendung hinauskomme. Bei der Reichsversicherungsordnung entstanden längere Debatten namentlich betreffs des Verhältnisses der Aerzte und betreffs der Betriebskrankenkassen, der Mindestzahl ihrer Mitglieder usw. Von verschiedenen Seiten wurde die Wichtigkeit betont, ein patriarchalisches Verhältnis, wie es bei den Betriebskrankenkassen noch einigermaßen besteht, nicht ohne Not abzuschaffen. Vollständig einig zeigte man sich in der Hauptsache dahin, daß die Betriebskrankenkassen, die nach dem Anerkenntnis der Regierung gut geführt sind und das Beste leisten, soviel als möglich zu erhalten sind. Auch der Antrag betreffend Reichsversicherungsordnung wurde mit einer unwesentlichen Aenderung zum Beschluß erhoben. An der Diskussion beteiligten sich außer den Referenten: Generalsekretär Bueck, Baurat Beukenberg-Hörde, Generalsekretär Steller-Köln, Syndikus Dr. Rocke-Hannover, Kommerzienrat Funke-Hagen, Justizrat Wandel-Essen, Geheimrat Vorster-Köln, Generaldirektor Weinlig-Burg Lede bei Beuel a. Rhein, Dr. Goldschmidt-Essen, der Vorsitzende Baurat Dr. von Rieppel-Nürnberg, Generalsekretär Dr. Beumer-Düsseldorf, Generalsekretär Ditges-Berlin, Bergrat Siemens-Halle.

Im Ausschuß wurde außerdem der Bericht über die Revision der Rechnung des Jahres 1909 entgegengenommen und die Herren Generaldirektor Werminghoff-Dresden, Generaldirektor Winkler-Berlin und Baurat M. Krause-Berlin wurden in die Kommission zur Prüfung der Rechnung wiedergewählt. Ferner erfolgte die Wahl folgender Herren in den Ausschuß: 1. Als Mitglied an Stelle des verstorbenen Geh. Bergrats Krabler Herr Generaldirektor Bergrat Randebrock; 2. als Stellvertreter an Stelle des ausgeschiedenen Herrn Kommerzienrats Dierig-Oberlangenbielau, welcher Stellvertreter des Mitgliedes im Ausschuß, des Herrn Kommerzienrats Dr. Kauffmann war, Herr Wilhelm Mittelstaedt zu Oberlangenbielau; 3. als Stellvertreter des Herrn Kommerzienrats Stark der Syndikus der Handelskammer Crefeld, Herr Dr. Richard Zeyß.

Kooptiert in den Ausschuß wurden ferner folgende Herren: Generalleutnant von Schubert, Exzellenz, Berlin, als Vertreter von Neunkirchen, Generaldirektor Großberger-Kneuttingen (Hüttenverein Aumetz-Friede), Kommerzienrat Rennen-Oberhomburg, Hüttenbesitzer Humbert de Wendel in Hayingen i. Lothr., Vorsitzender des Vereins zur Wahrung der wirtschaftlichen Interessen der Eisen- und Stahlindustrie von Elsaß-Lothringen und Luxemburg, Kommerzienrat W. Oswald in Koblenz, Vorsitzender des Vereins für die bergbaulichen Interessen Lothringens, Syndikus Dr. Erhard Büttner-Augsburg, Geschäftsführer des Vereins süddeutscher Baumwollindustrieller, Syndikus Rechtsanwalt Koenig-Nürnberg, Geschäftsführer des Verbandes bayerischer Metallindustrieller, Generaldirektor Eichler-Staßfurt, Direktor des Kalisyndikats, an Stelle des ausgeschiedenen Herrn Gräßner, der neue Vorsitzende der Handelskammer Plauen, Kommerzienrat Roessing, der Syndikus der Handelskammer Bochum Dr. Wiebe.

In den Ausschuß der Hauptstelle Deutscher Arbeitgeberverbände wurden folgende Herren gewählt: 1. Kommerzienrat Aust-München, 2. Generalsekretär Dr. Beumer, M. d. A., Düsseldorf, 3. Fabrikbesitzer Brückner-Calbe a. d. Saale, 4. Direktor Dittmar-Magdeburg, 5. Direktor Walter, Mechanische Weberei, Linden-Hannover, 6. Fabrikbesitzer Laederich-Mülhausen i. Els., 7. Geh. Kommerzienrat Methner-Landeshut i. Schl., 8. Geh. Baurat Schrey-Danzig-Langfuhr, 9. Kommerzienrat Stark-Chemnitz, 10. Generaldirektor Weinlig-Burg Lede bei Beuel a. Rh.

Versammlung der Delegierten

zu Berlin im Hotel Adlon am 12. April 1910, vormittags 11 Uhr.

Vorsitzender Baurat Dr.-Ing. **von Rieppel-Nürnberg**: Meine Herren! Namens des Direktoriums und seines Vorsitzenden, der heute leider verhindert ist, heiße ich Sie herzlichst willkommen. Ich danke insbesondere den Vertretern der Reichs- und Staatsregierung, den Herren Reichstags- und Landtagsabgeordneten und den Herren Vertretern der uns befreundeten Vereine für ihr Erscheinen. Ich bitte Sie, an unseren Arbeiten teilzunehmen.

Wir stehen noch unter dem schmerzlichen Drucke des Heimganges eines der ersten und besten aus unserer Mitte. Am 8. März d. J. wurde unser Herr Geheimrat Dr. Jencke aus diesem Leben, das für ihn bis in die letzten Wochen ein arbeitsreiches war, abberufen. Zutreffender, als ich es vermöchte, wurden die großen Verdienste Jenckes, sein absolut lauterer Charakter von anderer Seite, insbesondere von seiten unseres Herrn Bueck, der mit ihm 27 Jahre zusammen arbeitete, gewürdigt. Mich aber drängt es, an dieser Stelle unserem verblichenen Freunde und langjährigen Führer, der uns oft in den schwierigsten Lagen mit seinem scharfen Blick und seinen großen Erfahrungen und Kenntnissen den richtigen Weg zeigte, Dank zu sagen und das Gelöbnis abzulegen, daß sein Andenken in unserem Kreise stets in Treue fortleben wird.

Ich bitte Sie, meine Herren, sich zum Zeichen Ihres Einverständnisses mit diesem Gelöbnis von den Sitzen zu erheben. (Geschieht.)

Ich danke vielmals und werde das im Protokoll vermerken lassen.

Meine Herren! Ich möchte Ihnen zunächst bekannt geben, daß in der gestrigen Sitzung vom Ausschusse eine Reihe von Herren zugewählt worden sind, und zwar in Rücksicht auf Industrien, die uns noch nicht genügend im Ausschusse vertreten zu sein schienen. Es wurden hinzugewählt:

1. für den Verein zur Wahrung der gemeinsamen wirtschaftlichen Interessen der Saarindustrie: Se. Exzellenz Herr Generalleutnant von Schubert-Berlin, als Vertreter für Gebr. Stumm;
2. für die südwestliche Gruppe des Vereins Deutscher Eisen- und Stahlindustrieller: Herr Generaldirektor Großberger-Kneuttingen (Hüttenverein Aumetz-Friede), Herr Kommerzienrat Rennen-Oberhomburg, stellvertretender Vorsitzender der Gruppe;
3. für den Verein zur Wahrung der wirtschaftlichen Interessen der Eisen- und Stahlindustrie von Elsaß-Lothringen und Luxemburg in Metz: Herr Hüttenbesitzer Humbert de Wendel in Hayingen in Lothringen, Vorsitzender dieses Vereins, Herr Kommerzienrat W. Oswald in Koblenz, Vorsitzender des Vereins für die bergbaulichen Interessen Lothringens;
4. Herr Syndikus Dr. Erhard Büttner-Augsburg, Geschäftsführer des Vereins süddeutscher Baumwollindustrieller;
5. Herr Syndikus Rechtsanwalt Koenig-Nürnberg, Geschäftsführer des Verbandes bayerischer Metallindustrieller;
6. Herr Generaldirektor Eichler-Staßfurt, Direktor des Kalisyndikates;
7. für die Handelskammer Plauen der neue Vorsitzende der Kammer: Herr Kommerzienrat Roessing;
8. für die Handelskammer Bochum der Syndikus, Herr Dr. Wiebe.

Ich bitte, davon Kenntnis zu nehmen.

Wir treten nun ein in die geschäftlichen Verhandlungen.

1. Wahl von Mitgliedern in den Ausschuß.

Generalsekretär **Bueck**-Berlin: Das Direktorium schlägt Ihnen vor, in den Ausschuß zu wählen:

als Mitglied an Stelle des verstorbenen Geh. Bergrats Krabler Herrn Generaldirektor Bergrat Randebrock in Gelsenkirchen;

als Stellvertreter an Stelle des wegen Krankheit ausgeschiedenen Herrn Kommerzienrat Diering-Oberlangenbielau, der Stellvertreter des Mitgliedes im Ausschuß Herrn Kommerzienrat Kaufmann war, Herrn Wilhelm Mittelstaedt zu Oberlangenbielau in dem bedeutendsten Textilwerk, das wir wohl in Deutschland haben, und als Stellvertreter des Herrn Kommerzienrat Stark den Syndikus der Handelskammer Krefeld, Herrn Dr. Richard Zeyß.

Vorsitzender: Meine Herren! Ich bitte Sie, sich zu äußern, ob Ihnen die Vorschläge genehm sind, bzw. ob Sie Gegenvorschläge machen wollen. — Das geschieht nicht. Wünschen Sie eine Abstimmung durch Stimmzettel? (Wird verneint.) Da keine Gegenvorschläge gemacht werden und da sich kein Widerspruch erhebt, nehme ich an, daß Sie den Vorschlag des Direktoriums einstimmig billigen. — Das ist der Fall.

Meine Herren! Wir gehen zum nächsten Gegenstande der Tagesordnung über:

Wahl von Mitgliedern in den Ausschuß der Hauptstelle Deutscher Arbeitgeberverbände.

Generalsekretär **Bueck**-Berlin: Nach § 17 der Satzungen der Hauptstelle Deutscher Arbeitgeberverbände besteht der Ausschuß aus dem Vorstande und 22 Mitgliedern. Von den Mitgliedern werden zehn von der Delegiertenversammlung des Centralverbandes Deutscher Industrieller, zwölf von der Verbandsversammlung gewählt. Die Amtsdauer der vom Centralverbande Deutscher Industrieller gewählten Mitglieder des Ausschusses läuft im Juni d. J. ab. Es ist daher eine Neuwahl, bzw. Wiederwahl der bisher vom Centralverband Deutscher Industrieller delegierten Mitglieder des Ausschusses notwendig. Es sind bisher als Vertreter des Centralverbandes Deutscher Industrieller im Ausschuß gewesen:

1. Herr Kommerzienrat Aust-München;
2. Herr Generalsekretär Dr. Beumer, Mitglied des Abgeordnetenhauses, Düsseldorf;
3. Herr Fabrikbesitzer Brückner-Calbe a. Saale;
4. Herr Direktor Dittmar-Magdeburg.

Herr Bergrat Kleine-Dortmund hat sein Amt niedergelegt, weil er auch das Amt als Vorsitzender des Vereins zur Wahrung der bergbaulichen Interessen im Oberbergamtsbezirk Dortmund niedergelegt hat. Es wird vorgeschlagen, an seiner Stelle 5. den Herrn Direktor Walter in Linden bei Hannover zu wählen.

Dann hat ferner zu den Gewählten gehört:

6. Herr Fabrikbesitzer Laederich-Mülhausen im Elsaß;
7. Herr Geh. Kommerzienrat Methner-Landeshut i. Schles.;
8. Herr Geh. Baurat Schrey-Danzig-Langfuhr;
9. Herr Kommerzienrat Stark-Chemnitz;
10. Herr Generaldirektor Weinlig-Burg Lede b. Beuel a. Rh.

Vorsitzender: Meine Herren! Ich frage, ob Gegenvorschläge gemacht werden? — Das ist nicht der Fall. Wünschen Sie eine Abstimmung durch Stimmzettel? — Das scheint auch nicht der Fall zu sein. Dann nehme ich an, wenn sich kein Widerspruch erhebt, daß Sie den Vorschlag des Direktoriums einstimmig billigen. Die Herren sind gewählt.

Wir kommen nun zum Punkte:

3. **Bericht des Geschäftsführers Bueck über die wichtigsten Vorgänge im Centralverbande und auf dem Gebiete der internationalen Zoll- und Handelspolitik.**

Generalsekretär **Bueck**-Berlin: Meine Herren! Ich möchte mir zunächst erlauben, Ihnen meinen Stellvertreter, den Nachfolger des Herrn Regierungsrat Dr. Bartels, Herrn Regierungsrat Dr. jur. Schweighoffer, der bisher bei der Regierung in Breslau tätig war, vorzustellen.

Dann, meine Herren, haben Sie auf Ihrem Platze eine kleine Broschüre gefunden: „Der Schutz der Arbeitswilligen", herausgegeben von dem Verein der Industriellen in Köln. Ich möchte Ihnen die Beachtung dieser Broschüre aufs wärmste empfehlen.

Meine Herren! Die Wichtigkeit und der Umfang unserer heutigen Tagesordnung verbietet es mir zu meinem Bedauern, Ihnen, wie ich gewohnt bin, die bedeutungsvolleren Ereignisse des abgelaufenen Geschäftsjahres — unsere letzte Delegiertenversammlung hat am 29. April v. J. stattgefunden —, soweit diese Ereignisse in Beziehung stehen mit den Interessen der Industrie, zusammenfassend vorzuführen. Ich muß darauf verzichten. Ihr Direktorium hat es aber für erforderlich gehalten, bei der heutigen Delegiertenversammlung einen Ueberblick über die bedeutungsvollen und tief in unser Wirtschaftsleben eingreifenden Ereignisse auf dem handelspolitischen Gebiete, etwa seit dem Jahre 1908, hier zu geben und mich damit beauftragt.

Eine Sache aus dem Tätigkeitsgebiete des Centralverbandes Deutscher Industrieller, das Ihnen darzulegen mir heute auch nicht möglich ist, muß ich aber doch hervorheben. In der Ausschußsitzung am 15. Oktober v. J., die sehr stark besucht war, ist einstimmig der Beschluß gefaßt worden, einen industriellen Wahlfonds zu bilden. Nach dem Plane, den ich die Ehre hatte, dem Ausschuß vorzulegen, und der auch angenommen wurde, ist dieser Beschluß zur Ausführung gelangt. Mit der Hilfe des Centralverbandes Deutscher Industrieller ist ein von Mitgliedern aus allen bedeutenderen Teilen Deutschlands zusammengesetztes Komitee zur Sammlung, Verwaltung und Verwendung des industriellen Wahlfonds gewählt worden.

Dann aber ist dieses Komitee vollständig vom Centralverband Deutscher Industrieller abgetrennt worden. Es hat sein eigenes Bureau, seine eigenen Geschäftsräume und seinen eigenen Geschäftsführer. Zum Vorsitzenden dieses Komitees ist Herr Rechtsanwalt Wilhelm Meyer-Hannover, ein in der Industrie sehr bekannter und hoch geschätzter Mann, gewählt worden, und zum Geschäftsführer Herr Flathmann, der durch seine langjährige frühere Tätigkeit gerade auf dem von ihm bearbeiteten Gebiet große Erfahrungen über das Verhältnis der Parteien zueinander und ihr Verhalten bei den Wahlen gesammelt hat.

Meine Herren! Ich kann Ihnen die erfreuliche Mitteilung machen, daß diese Aktion in vollem Maße als gelungen anzusehen ist. (Beifall.) Der Kommission steht schon jetzt ein sehr bedeutender Fonds zur Verfügung, der bis zu den Wahlen noch wesentlich verstärkt werden und zur Erfüllung der Aufgaben der Kommission ausreichen wird. Aus den sorgfältigen Vorarbeiten, mit denen Herr Flathmann beschäftigt ist, in die ich in den letzten Tagen einen Einblick genommen habe, habe ich die Ueberzeugung gewonnen, daß wir alle Aussicht haben, auch Erfolge bei den Wahlen zu erzielen.

Meine Herren! Wenn ich nun zu meinem eigentlichen Thema, den handelspolitischen Ereignissen in der inzwischen abgelaufenen Zeit übergehe, so habe ich zunächst zu berichten, daß in derselben zwei Handelsverträge mit Venezuela am 28. August 1909 und mit Bolivien am 15. März d. J. geschlossen worden sind. Es sind das gewöhnliche Meistbegünstigungsverträge, die mir zu weiteren Bemerkungen keine Veranlassung geben. Ich kann noch mitteilen, daß der Centralverband Deutscher Industrieller sich mit der Bitte an den Herrn Reichskanzler gewendet hat, wenn möglich, auch einen ähnlichen Vertrag mit Brasilien abzuschließen.

Meine Herren! Die mehrjährigen Verhandlungen mit Dänemark haben zu keinem Ergebnis geführt und ruhen augenblicklich. Jüngst aber ist zu unserer Kenntnis gekommen, daß Dänemark den Verkehr der ausländischen Handelsreisenden in ähnlicher Weise erschwert, wie das in Schweden der Fall ist. Wir haben uns daher mit der Bitte an den Herrn Reichskanzler gewendet, auf diplomatischem Wege dahin zu wirken, daß von diesen Erschwernissen Abstand genommen werde. Wir haben zu unserer Freude sehr bald, in verhältnismäßig kurzer Zeit, die Mitteilung vom Herrn Reichskanzler erhalten, daß es ihm schon gelungen ist, eine Erleichterung zu verschaffen und daß die Verhandlungen über weitere Erleichterungen noch im Gange sind.

Ich halte mich für verpflichtet, bei dieser Gelegenheit gleich zu bemerken, daß die hohen Behörden, das Auswärtige Amt und das Reichsamt des Innern, wenn wir mit Bitten an sie herangetreten sind, immer mit der größten Bereitwilligkeit und Freundlichkeit sich uns gegenüber gezeigt haben und soweit es irgend möglich ist, unsere Bitten und Wünsche berücksichtigt und erfüllt haben.

Meine Herren! Unsere Handelsbeziehungen zu Schweden beruhen auf dem Vertrag, der am 8. Mai 1906 mit dem bestimmten Ablauf am 31. Dezember d. J. geschlossen worden ist. Dieser Vertrag wird bis 1. Dez. 1911 verlängert werden. Durch Königliche Verordnung ist in Schweden unter dem 22. Februar 1906 eine Kommission zur Ausarbeitung eines neuen Tarifes eingesetzt worden. Dieser Tarif ist im Mai v. J. veröffentlicht und von der schwedischen Regierung im Februar d. J. dem Schwedischen Reichstag unterbreitet worden. Er ist hier in Deutschland, soweit wir es konnten, bei unseren Mitgliedern auch bekannt gegeben worden. Er ist sehr spezialisiert; der jetzige Tarif zählt 740, der neue 1281 Positionen. Man weiß natürlich noch nicht, welche Veränderungen der Reichstag vornehmen wird. Der Centralverband Deutscher Industrieller hat aber die Wünsche und die Forderungen seiner Mitglieder seit langer Zeit gesammelt, und eine Zusammenstellung wird unserer Regierung noch im Laufe dieses Monats zugehen.

Meine Herren! Schweden hat durch seine Erzausfuhr eine große Bedeutung erlangt, auch Deutschland braucht verhältnismäßig viel von diesen Erzen. Die Einfuhr von schwedischen Erzen betrug im Jahre 1900 etwas über 4 Millionen Tonnen. Sie ist im vergangenen Jahre aber gestiegen auf 8 366 000 Tonnen, etwas weniger als im Jahre 1907.

Meine Herren! Vor einigen Jahren hatte man große Besorgnisse, daß Schweden dazu übergehen würde, einen Ausfuhrzoll auf Erze zu legen. Ziemlich weite Kreise der Bevölkerung agitierten dafür. Es ist aber jetzt wohl anzunehmen, daß jede Besorgnis für die Zukunft schwinden kann; denn die schwedische Regierung hat mit der Ofotenbahn und mit den drei hauptsächlichsten Firmen, die die Ausfuhr besorgen, einen Vertrag geschlossen, daß in zunehmendem Maße, steigend bis zu 5 100 000 Tonnen im Jahre 1932 Erze auf dieser Bahn befördert werden sollen, so daß nach diesem Vertrage von der Einführung eines Ausfuhrzolles nicht die Rede sein kann. Dafür sprechen auch noch die weiteren Bedingungen des mit den drei Firmen geschlossenen Vertrages.

Meine Herren! Die deutsche Eisenindustrie ist überhaupt vielfach auf den Bezug ausländischer Erze angewiesen, und da eröffnet sich ihr jetzt eine Bezugsquelle aus Marokko, die von außerordentlicher Bedeutung zu sein scheint. Sie wissen, meine Herren, die Sache ist ja in der Presse so breit und vielfach erörtert worden, daß es sich hier um die Konzession der Gebrüder Mannesmann handelt. Der Centralverband Deutscher Industrieller hat davon Abstand genommen, in dieser Sache irgendwelche Stellung zu nehmen, da es ihm an dem erforderlichen Material zu einer streng sachlichen und objektiven Prüfung gefehlt hat. Aber, meine Herren, unsere Sympathien werden wohl alle auf der Seite dieser so außerordentlich mutigen und tatkräftigen Pioniere des deutschen Unternehmertums stehen, auf der Seite der Herren Mannesmann. (Beifall.) Wenn wir schon früher solche entschlossenen und mutigen Vertreter unseres Unternehmertums im Auslande gehabt hätten, dann würde uns nicht, namentlich durch England, in neuerer Zeit in hervorragendem Maße durch die Vereinigten Staaten, soviel Terrain, vor allem im überseeischen Auslande abgegraben worden sein, daß wir uns an vielen Stellen mit einer notdürftigen Nachlese behelfen müssen.

Meine Herren! Wenn wir aber auch Erze aus Schweden und aus den von mir jetzt erwähnten Lagerstätten nach Deutschland einführen, so kommen sie in der Hauptsache doch dem westlichen Industriegebiete zugute und den Industrien, die sich neuerdings an der Küste niedergelassen haben. Unserer oberschlesischen Eisenindustrie werden sie weniger nützen können, da die Verkehrsverhältnisse, die Frachtverhältnisse für diese Industrie außerordentlich erschwerend sind, eine Industrie, die überhaupt durch ihre Lage weit von der Küste und eingekeilt zwischen zwei fremde Zollgrenzen außerordentlich schwer um ihre Existenz zu kämpfen hat. Meine Herren, in diesem Fall kann es sich nur um Ermäßigung der Frachten, um Erleichterung der Bezüge von Rohmaterialien handeln, die ja auch den Fertigindustrien zugute kommen.

Meine Herren! Ueber diese Angelegenheit habe ich mich schon in dem letzten Geschäftsbericht ausgesprochen. Ich habe hervorgehoben, daß sich der Absatz im internationalen Verkehr mit der zunehmenden Konkurrenz auf dem Weltmarkte immer schwieriger gestaltet, und daß die Entscheidung schließlich in der Ermäßigung der Selbstkosten liegt. Eine Ermäßigung der Selbstkosten ist nur zu erreichen auf dem Gebiete der Ermäßigung der Frachten, wenn wir nicht, was ja schließlich in der Hand der Industrie liegt, die Löhne der Arbeiter kürzen müssen, was in hohem Maße zu bedauern wäre. Aber da würde die Alternative so stehen, entweder Verkürzung der Arbeitslöhne oder keine Arbeit mehr.

Wir hatten an den Herrn Minister der öffentlichen Arbeiten die Bitte gerichtet, die Abfertigungsgebühren zu ermäßigen, die, nach dem überwiegenden — man wird wohl bald sagen können — ausschließlichen Gebrauch von Wagen mit erhöhter Tragkraft nicht mehr angemessen sind. Wir hatten schon am 15. Oktober 1906 eine derartige Eingabe an den Herrn Minister gerichtet. Es schien eine Zeit lang, als ob wir auf diesem beschränkten Gebiet vielleicht einen Erfolg erreichen könnten. Da es nicht der Fall war, haben wir unsere Bitte am 17. Mai vorigen Jahres erneuert. Darauf haben wir verhältnismäßig schnell die folgende Antwort erhalten, die etwas lakonisch lautet:

„Von der Eingabe vom 17. v. M., betreffend die Ermäßigung der Abfertigungsgebühren, habe ich mit Interesse Kenntnis genommen. Der Inhalt der Denkschrift wird als schätzbares Material (Heiterkeit) für die weiteren Entschließungen der Staatseisenbahnverwaltung dienen."

Nun, meine Herren, das ist ja sehr erfreulich, daß wir wenigstens schätzenswertes Material geliefert haben. (Heiterkeit.) Aber, meine Herren, diese Bemerkung soll nicht gegen den Herrn

Minister gerichtet sein; denn schon in meinem Bericht im vorigen Jahre habe ich darauf hingewiesen, daß die Stellung des Ministers der öffentlichen Arbeiten außerordentlich schwierig ist. Mit der Verstaatlichung der preußischen Eisenbahn begann die Verquickung unserer Eisenbahnfinanzen mit den allgemeinen Staatsfinanzen, und, meine Herren, wie es mit den Staatsfinanzen steht, das wissen Sie ja, das erfährt ja jeder selbst am besten durch die Zuschläge zu der Einkommensteuer, die zu zahlen uns ja allen recht schmerzlich gewesen ist. Also, meine Herren, solange diese Verquickung der Einnahmen und der Ueberschüsse der Eisenbahnen mit unseren allgemeinen Staatsfinanzen besteht, dürfen wir auf irgendwie gründliche Remedur in den von uns beklagten Verhältnissen nach meiner Ueberzeugung nicht rechnen. Wir haben es daher denjenigen Herren Abgeordneten sehr zu danken, die schon im vorigen Jahre und auch jetzt wieder sich die Aufgabe gestellt haben, in dieser Beziehung doch endlich einmal eine reinliche Scheidung herbeizuführen.

Meine Herren! Entschuldigen Sie diese Abschweifung von meinem eigentlichen Thema; aber es lag nahe, mich über diese Angelegenheit auch hier auszusprechen.

Ich komme nun, meine Herren, zu dem viel umstrittenen Handelsvertrage mit Portugal. Unsere handelspolitischen Beziehungen mit Portugal waren geregelt durch den Vertrag vom 2. März 1872. Er war von Portugal mit Ablauf am 1. Februar 1892 gekündigt worden. Von der Zeit ab herrschte ein vertragsloser Zustand, so daß die beiden Nationen Portugal und Deutschland nicht einmal auf der Grundlage der Meistbegünstigungen verkehrten. Deutschland hat nicht versäumt, mehrfach den Abschluß eines neuen Handelsvertrages vorzuschlagen, aber immer vergebens, bis im vorigen Sommer von Portugal die Anregung ausging, in Verhandlungen zu treten. Deutschland war natürlich dazu bereit, und es kam verhältnismäßig schnell der Handelsvertrag vom 30. November 1908 zustande. Er wurde von der portugiesischen Regierung auch sehr schnell den Cortes unterbreitet und von diesen angenommen.

Meine Herren! In Ihrer Erinnerung wird es wohl noch sehr klar vor Augen stehen, in welcher Weise der Reichstag im vorigen Jahre namentlich durch die Reichsfinanzreform belastet war. Die Regierung nahm daher Abstand, schon im vorigen Jahre den Reichstag mit dieser Frage zu befassen. Das geschah erst in diesem Herbst.

Der Vertrag machte auf den ersten Anblick einen außerordentlich ungünstigen Eindruck, denn er enthielt sehr starke Zollerhöhungen. Ganz besonders wurden von diesen Zollerhöhungen gewisse Teile der

Textilindustrie betroffen, die besonders bedeutend im Königreich Sachsen vertreten sind. Die Vertreter dieser Industrie griffen den Vertrag und griffen diejenigen, die ihn abgeschlossen hatten, außerordentlich heftig an und setzten eine lebhafte Agitation für die Ablehnung des Vertrages ins Werk; sie war so erfolgreich, daß in der Kommission des Reichstags der Vertrag mit 15 gegen 13 Stimmen abgelehnt wurde. Im Plenum wurde er — freilich mit einer sehr kleinen Majorität — angenommen.

Meine Herren! Die Interessengemeinschaft, die von dem Centralverband Deutscher Industrieller, der Zentralstelle zur Vorbereitung von Handelsverträgen und dem sehr bedeutenden Verein zur Wahrung der Interessen der chemischen Industrie Deutschlands gebildet wird, beschäftigte sich natürlich auch mit dem neuen Vertrage. Es wurde davon abgesehen, noch eine Eingabe an die Mitglieder des Reichstags zu richten, weil man von einer öffentlichen Erklärung eine größere Wirkung erwartete. Ein solche Erklärung ist erlassen worden. sie gelangte zu dem Schluß, daß dieser Vertrag, auch wenn er nichts mehr erzielte als die Meistbegünstigung — es wurde aber anerkannt, daß er auch noch andere vorteilhafte Bestimmungen für die deutsche Industrie enthält —, doch von so außerordentlichem Werte wären, daß eine Ablehnung des Vertrages als eine große Schädigung der deutschen Industrie betrachtet werden müßte.

Meine Herren! Diese Stellungnahme des Centralverbandes Deutscher Industrieller und meine Tätigkeit — ich habe mich bemüht, soweit als irgend möglich mit Vertretern der konservativen, der Reichspartei und der nationalliberalen Partei zu konferieren, um sie zu bewegen, den Vertrag anzunehmen — verpflichtet mich, da auch die Ansichten unserer Mitglieder im Centralverband Deutscher Industrieller in bezug auf den Vertrag auseinander gehen, etwas näher auf diesen Vertrag und die Gründe der Stellungnahme des Centralverbandes Deutscher Industrieller einzugehen.

Meine Herren! Der vertragslose Zustand, in dem wir mit Portugal standen, in dem nicht einmal die Meistbegünstigung gewährt war, hatte natürlich zur Folge, daß die portugiesische Einfuhr in Deutschland mit dem allgemeinen Tarif belegt wurde, daß ihr also die Konventionalzölle, die den anderen Ländern durch ihre Handelsverträge zugesprochen waren, nicht zuteil wurden. Infolgedessen hat die portugiesische Einfuhr, die im Jahre 1902 14,8 Millionen betrug, bis zum Jahre 1908 abgenommen. Sie betrug da nur 13,6 Millionen. Für Deutschland war die Versagung der Meistbegünstigung durch Portugal nicht von praktischer Bedeutung; denn Portugal hatte nur einen allgemeinen Tarif, den es für die Länder mit und ohne Meistbegünstigung anwenden mußte. Also mit anderen Worten: Portugal fehlte die gesetzliche Handhabe, um die Einfuhr aus solchen Ländern, mit denen es nicht auf dem Fuße der Meistbegünstigung stand, gewissermaßen zu differenzieren, durch einen höheren Zoll zu maßregeln oder zu strafen. Infolgedessen hat sich auch unsere Einfuhr nach Portugal sehr befriedigend entwickelt. Sie betrug im Jahre 1898 15,6, im Jahre 1905 27,8, im Jahre 1908 32,8 Millionen, hat sich also in dieser Zeit mehr als verdoppelt.

Meine Herren! Dieses eigentlich für uns nicht ungünstige Verhältnis änderte sich aber mit dem Sommer 1908. Von der portugiesischen Regierung wurde den Cortes ein neuer Zolltarif vorgelegt und von diesen angenommen, dann aber zugleich ein Gesetz, das sogenannte Surtaxe-Gesetz, in dem folgende hauptsächlichste Bestimmungen vorkamen. Durch dieses Gesetz wurde die Regierung ermächtigt, auf Grund des neuen Tarifs Handelsverträge abzuschließen. Gewisse ausdrücklich benannte, in Tabelle A aufgeführte Artikel sollten weder im Zoll ermäßigt, noch gebunden werden können. Für eine weitere Reihe besonders bezeichneter Artikel sollte eine nicht mehr als 30prozentige Ermäßigung gewährt werden können. Für alle anderen, nicht unter diese Bestimmungen fallenden Artikel sollte die Bindung des gegenwärtigen Zolltarifs zugestanden werden können. Diese Zugeständnisse sollten an die Bedingung entsprechender Zugeständnisse des anderen vertragschließenden Landes geknüpft werden. Dann aber besagte das Gesetz, daß die Einfuhr aus solchen Ländern, die nicht auf dem Fuße der Meistbegünstigung mit Portugal stehen, die also in irgendeiner Weise Portugal ungünstiger behandelten als irgendein anderes Land, mit einem Zuschlag bis zur doppelten Höhe des Tarifs belegt werden sollte, also einen Zuschlag bis zu 100 Prozent.

Meine Herren! Dieses Gesetz ist im Herbst 1908, bevor der Handelsvertrag mit Deutschland abgeschlossen wurde, angenommen worden. Es bildete die unwandelbare Richtschnur für das Verhalten der portugiesischen Regierung und für die Bedingungen, unter denen sie einen Handelsvertrag mit einer anderen Nation abschließen konnte und durfte. Die geschicktesten, tatkräftigsten und energischsten Unterhändler hätten keine anderen Bedingungen erzielen können; denn wenn die portugiesische Regierung andere Bedingungen gestellt hätte, so hätte sie sich mit dem bestehenden Gesetz in Konflikt gebracht. Meine Herren! Dieses Verhältnis ist bei der überaus heftigen Agitation gegen den Handelsvertrag und gegen die, die ihn abgeschlossen haben, doch wohl nicht immer genügend zur Geltung gekommen.

Meine Herren! Der von unserer Regierung mit Portugal abzuschließende Vertrag hätte ein einfacher Meistbegünstigungsvertrag sein können. Ein solcher Vertrag hätte uns nun freilich gegen Differenzierung gesichert, aber keine Sicherheit gegeben gegen Zollerhöhungen, die Portugal jederzeit hätte vornehmen können, und, meine Herren, bei der hochschutzzöllnerischen Stimmung, die in Portugal herrschend ist und andererseits bei der dort immer herrschenden Knappheit in der Staatskasse war zu befürchten, daß Portugal mit den Erhöhungen seiner Zölle auf autonomen Wege bis ins Unendliche hätte gehen können, wodurch unsere Ausfuhr wie die der anderen Staaten natürlich außerordentlich geschädigt worden wäre.

Die Regierung hat daher vorgezogen, einen Tarifvertrag abzuschließen und für die Erhöhung der portugiesischen Zölle gewissermaßen eine Höchstgrenze festzulegen. Meine Herren! Infolgedessen sind in den Vertrag in Verbindung mit dem Schlußprotokoll folgende Bestimmungen aufgenommen worden; ich verlese sie nach dem Wortlaut des Vertrages:

1. „Der zurzeit geltende portugiesische Zolltarif wird für die Dauer des Vertrages gebunden, soweit dies nach dem Surtaxe-Gesetz zulässig ist."

2. „Portugal kann während der Dauer des Vertrages die Zollsätze für die in Tabelle A aufgeführten Artikel, bei welchen gesetzlich jede Bindung oder Ermäßigung ausgeschlossen ist, erhöhen; jedoch darf die Erhöhung die in Tabelle A vereinbarten Sätze nicht übersteigen!" — also es sind Sätze vorher festgemacht, über die die Erhöhung nicht hinausgehen kann.

3. „Wenn Portugal von dem in Ziffer 2 erwähnten Rechte der Erhöhung des Zolles auch nur für einen einzigen der in Tabelle A genannten Artikel Gebrauch macht, ist es verpflichtet, gleichzeitig die Zollsätze für alle in Tabelle B aufgeführten Artikel auf den dort angegebenen Betrag zu ermäßigen."

Meine Herren! Es ist also eine Grenze für die Zollerhöhungen gezogen, die Portugal vornehmen kann und für den Fall der Erhöhung sind im voraus bestimmte Zollermäßigungen festgestellt.

Meine Herren! Es sind dann auch einige weitere Bestimmungen außerordentlich bemängelt worden. So erstreckt sich die Meistbegünstigung nicht auf die Begünstigungen, die von Portugal Brasilien eingeräumt werden. Dieser Brasilien gewährte Vorzug beruht auf allgemeinen politischen Beziehungen zwischen den beiden Ländern, befindet sich aber in allen von Portugal abgeschlossenen Handelsverträgen. Ferner soll die Meistbegünstigung sich nicht erstrecken auf die Verkehrserleichterungen, die zwischen Portugal und Spanien abgemacht sind. Diese sollen ihren Grund haben in der Unzulänglichkeit der Grenze zwischen Portugal und Spanien. Auch diese Bestimmungen befinden sich in allen von Portugal abgeschlossenen Verträgen. Drittens ist den portugiesischen Weinen, Portwein und Madeira, ein gewisser Schutz ihrer Marken eingeräumt worden. Meine Herren! Auch das ist kein Novum. In der Ziffer 8 der Bestimmungen des Schlußprotokolls zu Nummer 1 des Handelsvertrages mit Oesterreich-Ungarn ist dem ungarischen Tokayer Wein auch ein ähnliches Zugeständnis gemacht worden. Also auch in dieser Beziehung darf man nicht gerade Vorwürfe gegen diejenigen häufen, die den Abschluß getätigt haben.

Bei alledem darf aber nicht übersehen werden, daß, wenn der Vertrag vom Reichstage abgelehnt worden wäre, wenn wir also wieder in einen vertragslosen Zustand mit Portugal gekommen wären, unsere Einfuhr mit dem 100prozentigen Zollzuschlag hätte belegt werden können, womit unsere Ausfuhr nach jenem Lande wohl ihr Ende erreicht haben würde; denn im Falle der Abänderung würden sich die anderen Länder, die jetzt noch zögern, besonders England, sicher beeilt haben, den Vertrag mit Portugal zum Abschluß zu bringen. Jetzt haben wir den Vorsprung und wir hätten ihn noch einige Monate früher haben können, wenn der Reichstag mit der Annahme des Vertrages nicht so lange gezögert hätte. Die durch die Zollerhöhungen verschiedenen unserer Industrien zugefügten Schädigungen waren tief zu beklagen. Die Agitation für die Ablehnung des Vertrages ist mir aber unverständlich gewesen.

Ich glaube, meine Herren, diese Darlegungen werden auch vielleicht die verehrten Mitglieder dieser Versammlung, die die Annahme des Vertrages mit Portugal bedauert haben, überzeugen, daß der Centralverband Deutscher Industrieller sowohl wie ich für meine Person allen Grund gehabt haben, für die Annahme des Handelsvertrages einzutreten, und daß wir wohl berechtigt gewesen sind, auch anzunehmen, daß diese Stellungnahme im Interesse der Industrie erfolgt ist. (Zustimmung.)

Meine Herren! Die handelspolitischen Beziehungen zwischen Deutschland und Großbritannien waren geregelt in dem noch mit dem damaligen Zollverein abgeschlossenen Vertrage vom 30. Mai 1865. Es war ein Vertrag auf Grundlage der Meistbegünstigung, in die auch die englischen Kolonien und auswärtigen Besitzungen Englands eingeschlossen waren.

Dieser Vertrag stand den Bestrebungen im Wege, die schon zuerst im Jahre 1886, dann aber in verschiedenen Kongressen der britischen Handelskammern, namentlich aber in den Konferenzen der Gouverneure der englischen Kolonien, zuletzt und am nachdrücklichsten in der Konferenz, die bei Gelegenheit der Jubelfeier der Königin im Jahre 1897 abgehalten wurde, hervorgetreten waren und die gerichtet waren auf eine Regelung der Zollverhältnisse auf differenzieller Grundlage, derart, daß die Erzeugnisse der Kolonien auf dem britischen Markte und die Erzeugnisse des Mutterlandes auf dem Markte der Kolonien gegenseitig begünstigt werden sollten.

Das energische Vorgehen Kanadas nach dieser Richtung hin veranlaßte die englische Regierung, den Vertrag mit Deutschland am 31. Juli 1898 zu kündigen. Die deutsche Regierung regelte die Handelsbeziehungen zwischen Deutschland und Großbritannien auf autonomem Wege dadurch, daß durch ein Gesetz der Bundesrat bevollmächtigt wurde, zu erklären, daß die Meistbegünstigung auch auf das Vereinigte britische Königreich und seine Kolonien ausgedehnt würde. Dieses Gesetz wurde nur für kurze Zeit erlassen. Es ist aber gewöhnlich von zwei zu zwei Jahren und zuletzt am 31. Dezember vorigen Jahres, mit Geltung bis zum 31. März 1911, erlassen worden. Die betreffende Erklärung des Bundesrats ist am 22. Dezember vorigen Jahres veröffentlicht worden.

Meine Herren! In der betreffenden Bekanntmachung des Bundesrats vom 11. Juni 1901 war Kanada von der Meistbegünstigung ausgeschlossen worden; das beruhte auf folgenden Verhältnissen: Auf Grund des zwischen England und Deutschland bestehenden Handelsvertrages hatte Deutschland an den Zollermäßigungen teilgenommen, die Kanada durch seinen Gegenseitigkeitsvertrag, der am 23. April 1897 eingeführt worden war, England gewährt hatte. Sie betrugen bis zum 1. Juli 1898 12½ Prozent, von da ab 25 Prozent. Nach Ablauf und Erlöschen des deutsch-englischen Handelsvertrages am 31. Juli 1898 wandelte Kanada mit Gültigkeit vom 1. August desselben Jahres seinen Gegenseitigkeitsvertrag in einen Vorzugstarif um, zugunsten Englands. Damit war die deutsche Einfuhr der englischen gegenüber differenziert, aber der Einfuhr aller anderen Länder gegenüber noch gleichgestellt. Deutschland beantwortete diese Differenzierung aber mit der Entziehung des Konventionaltarifs, der Konventionaltarifsätze, es brachte demgemäß für die ganze kanadische Einfuhr den allgemeinen Tarif zur Geltung. Diese Maßnahme

Deutschlands beantwortete Kanada mit einem Zollaufschlag von 33⅓ Prozent auf die deutsche Einfuhr. Damit war nun auch die deutsche Einfuhr der Einfuhr aller anderen Länder gegenüber differenziert.

Am 12. April 1897 führte Kanada an Stelle seines allgemeinen Vorzugstarifs von 33⅓ Prozent einzelne Vorzugszölle ein, durch diese wurden die Sätze des kanadischen Generaltarifs um 20 bis 50 Prozent ermäßigt. Außerdem erhielt der kanadische Zolltarif noch einen Mitteltarif mit Sätzen, die ungefähr 2½ Prozent vom Wert niedriger waren als die des Generaltarifs. Dieser Mitteltarif konnte, nach den erlassenen Bestimmungen, auf dem Wege des Abschlusses von Handelsverträgen den anderen Ländern eingeräumt werden. Ein solcher Vertrag ist dann auch mit Frankreich am 19. September 1907 abgeschlossen, aber erst jetzt, im Laufe der allerletzten Zeit, ratifiziert worden. Durch diesen Vertrag ist Deutschland noch weiter gegen Frankreich differenziert worden.

Zwischen Vertretern der beiden Mächte haben mehrfach Verhandlungen darüber stattgefunden, wie dieses Zollzerwürfnis aus der Welt zu schaffen sei — immer vergeblich—, da Kanada außerordentlich hohe Anforderungen stellte. Endlich im Laufe dieses Winters ist es gelungen, zu einer Verständigung zu gelangen. Diese Verständigung besteht darin, daß Kanada Deutschland seinen Generaltarif gewährt und Deutschland für eine Reihe kanadischer, für das Land sehr wertvoller Erzeugnisse seinen Konventionaltarif. Diese Erzeugnisse sind Weizen, Gerste, Hafer, Kleesaat, Grassaat, frisches und getrocknetes Obst, in der Längsrichtung gesägtes Bauholz, Faßholz, Pferde, Rindvieh, Schafe, Fleisch, Hummern und Langusten, Schweineschmalz und Oleomargarin, Mehl, eingedickte Milch, Nahrungsmittel in luftdicht verschlossenen Behältnissen, Calciumcarbid, Holzgeist, roh und gereinigt, Leder — Kernstücke und Schweinsleder, Schuhe aus Leder, Holzmasse und grobe Pappe.

Meine Herren! Es ist ein großes Zugeständnis, das Deutschland gemacht hat, im Verhältnis dazu, daß wir von Kanada nicht einmal den Mitteltarif, sondern nur den Generaltarif erlangt haben, und die von Deutschland bewiesene Bereitwilligkeit ist ja nur von dem Gesichtspunkte aus zu verstehen, daß das gegenwärtige Abkommen nur ein vorläufiges sein soll und daß Verhandlungen über den Abschluß eines Handels- und Tarifvertrags stattfinden sollen, die aber bis zu einem beiden Teilen genehmen Zeitpunkt hinausgeschoben werden.

Für einzelne unserer Industrien ist dieses Abkommen ziemlich verhängnisvoll. Ich will als Beispiel nur die Papier- und Pappenindustrie und die Industrie von Holzmasse und Zellstoff hervorheben. Kanada besitzt im ausgedehntesten Maße die Vorbedingungen für diese Industrien. Kanada hat unerschöpfliche Bestände an Holz, das sich zu Holzschliff ganz besonders eignet. Es besitzt große Ströme mit starkem Gefälle, die zum Transport des geschlagenen Holzes nach den anderen Gegenden des Landes geeignet sind, aber auch die Kraft zur Herstellung von Holzschliff und zur Papierfabrikation geben. Es ist sehr leicht möglich, daß Kanada sich sogar zu einem recht empfindlichen Konkurrenten auf dem deutschen Markte in bezug auf Holzschliff, Zellstoff, auf die Papier- und Pappenindustrie, möglicherweise auch auf die Industrie zur Herstellung von Druckpapier herausarbeiten könnte. Unsere Papierindustrie ist in dieser Beziehung nicht gerade ohne Sorge; aber wir wollen hoffen, meine Herren, daß es bald zu einer Verständigung kommt.

Meine Herren! Die Vereinigten Staaten von Amerika hatten nach einer schwankenden, bald mehr schutzzöllnerischen, dann wieder mehr freihändlerischen Handelspolitik, je nachdem die republikanische oder die demokratische Partei für längere Zeit festen Fuß gefaßt hatte, ihre handelspolitischen Beziehungen zum Auslande durch den hochschutzzöllnerischen, in manchen Beziehungen sogar prohibitiven Mac Kinley-Tarif vom 1. Oktober 1890 geregelt. Fast schlimmer noch als der Tarif waren die administrativen Bestimmungen über das Zollabfertigungsverfahren und das Verhalten der amerikanischen Konsuln im Auslande. Sie werden sich wohl alle an die Klagen erinnern, die von den deutschen Industriellen und Exporteuren über die Erschwernisse und Schikanen erhoben worden waren, denen sie bei der Bescheinigung ihrer Fakturen seitens der Konsuln ausgesetzt waren, die einen Einblick in die Selbstkosten und sogar in die Fabrikationsgeheimnisse zu erlangen suchten. Die Sektion 3 dieser Ausführungsbestimmungen ermächtigte den Präsidenten, nach eigenem Ermessen für bestimmt bezeichnete, zollfrei eingehende Artikel, zu denen auch Zucker gehörte, Zölle einzuführen.

Nachdem die Vereinigten Staaten durch Gesetz vom 30. August 1890 die Fleischbeschau eingeführt hatten, verlangte die dortige Regierung die Aufhebung des gegen die Einfuhr von Schweinen und Fleischwaren aus Schweinefleisch erlassenen Einfuhrverbotes. Die deutsche Regierung war bereit dazu, verlangte dagegen von der Regierung der Vereinigten Staaten die Erklärung, daß sie von der in Sektion 3 ihr erteilten Ermächtigung der Einführung von Zöllen, insbesondere auf Zucker, keinen Gebrauch machen werde.

Die Regierung der Vereinigten Staaten lehnte das ab. Sie ging von der Ansicht aus, daß die Bestimmungen über die Einfuhr von Vieh und Fleisch auf dem ganz anderen Gebiete der veterinären Verhältnisse lägen und mit den allgemeinen Zollfragen nichts zu tun hätten. Für die von Deutschland gewünschte Erklärung, namentlich in bezug auf die Zollfreiheit für Zucker, verlangte sie bedeutende Zollermäßigungen für Agrarprodukte. Die deutsche Regierung, die an den alten Verträgen festhielt, durch welche die gegenseitige Behandlung auf dem Fuße der Meistbegünstigung stipuliert war, gewährte den Vereinigten Staaten die in den Handelsvertrag mit Oesterreich-Ungarn festgestellten Ermäßigungen für Agrarprodukte und hob das Verbot der Einfuhr von Schweinen und Schweinefleisch auf, worauf die Vereinigten Staaten die gewünschte, die Zollfreiheit des Zuckers betreffende Erklärung abgaben.

Das war, meine Herren, das Saratoga-Abkommen vom 22. August 1892. Dieses Abkommen bildete keinen eigentlichen Vertrag, sondern war nur durch einen gegenseitigen Notenaustausch zustande gekommen.

Der Mac Kinley-Tarif wurde im Jahre 1894 durch den Wilson-Tarif abgelöst. Durch ihn wurde das Saratoga-Abkommen aufgehoben; denn in dem Tarif war der Zucker mit einem Zoll von 40 Prozent vom Werte belegt. Zu dieser tarifarischen Feststellung waren, nach Ansicht der deutschen Regierung, die Vereinigten Staaten berechtigt. Neben dem 40 prozentigen Zoll war aber noch ein Zuschlag für Prämienzucker festgestellt, der, weil Deutschland allein eine offene Prämie zahlte, allein auf deutschen Zucker angewendet wurde und nicht auf den aus Frankreich, Holland und Belgien eingezogenen Zucker, obgleich diese Länder und namentlich Frankreich, hohe, aber versteckte Prämien hatten. Gegen diese Differenzierung des deutschen Zuckers legte die deutsche Regierung Verwahrung ein. Es gelang aber erst nach sehr langen Verhandlungen, die Vereinigten Staaten zu veranlassen, auch die Zuckerprämien aus den anderen Ländern mit dem Zuschlagszoll zu belegen und damit der Differenzierung des deutschen Zuckers ein Ende zu bereiten.

Im Jahre 1897 trat an die Stelle des Wilson-Tarifs der Dingley-Tarif. Die Sektion 3 dieses Vertrags ermächtigte den Präsidenten mit anderen Ländern Reziprozitätsverträge abzuschließen und Zollermäßigungen für folgende Artikel zu gewähren:

Roher Weinstein, rohe Weinhefe, Branntwein und Liköre, Kunstwerke, stillen Wein und Wermut. Auf Grund dieser Ermächtigung wurden von dem Präsidenten der Vereinigten Staaten Reziprozitätsverträge mit Frankreich, Italien und Portugal abgeschlossen. In dem Vertrage mit Portugal waren auch Zollermäßigungen für moussierende Weine gewährt, die freilich nur in sehr geringem Umfange von Portugal in die Vereinigten Staaten eingeführt wurden. Durch diese Verträge wurde die deutsche Einfuhr offenkundig differenziert; die deutsche Regierung verlangte daher die gleiche Ermäßigung auf Grund der Meistbegünstigung. Nun aber wurde von den Vereinigten Staaten, die derartige Andeutungen schon früher gemacht hatten, ganz offen bestritten, daß zwischen den Vereinigten Staaten und Deutschland Meistbegünstigung bestehe, es könne vielmehr nur von einem Reziprozitätsverhältnis die Rede sein. Da ein Erfolg von weiteren Verhandlungen bezüglich dieser Frage nicht zu erwarten war, so stellte sich die deutsche Regierung auf den Standpunkt der Vereinigten Staaten. Diese gewährten auch Deutschland Zollermäßigungen für die in Sektion 3 aufgeführten Artikel, die freilich für die deutsche Ausfuhr von außerordentlich geringer Bedeutung waren. Deutschland hob dagegen die Untersuchung des von den Vereinigten Staaten eingeführten gedörrten Obstes auf und gewährte den Vereinigten Staaten die in den mit den anderen Ländern abgeschlossenen Handelstarifen ermäßigten Konventionaltarife, freilich mit zwei Ausnahmen; die in dem Vertrage mit Griechenland und Bulgarien gewährten niedrigeren Tarife wurden den Vereinigten Staaten nicht zugestanden. Diese Ausnahmen waren augenscheinlich nur gemacht worden, um auch deutscherseits festzustellen, daß man den Vereinigten Staaten nicht die volle Meistbegünstigung zugestehe. Dieses war das Abkommen vom 10. Juli 1900.

Die Vereinigten Staaten schritten aber nach verhältnismäßig kurzer Zeit zu einer neuen Differenzierung der deutschen Einfuhr. Sie weigerten sich entschieden, die Zollermäßigungen, die Kuba durch Vertrag vom 27. Dezember 1903 gewährt worden waren, auch auf die deutsche Einfuhr zu übertragen. Die Vereinigten Staaten hatten den Kubanern freilich in ihrem erfolgreich gegen Spanien geführten Kampfe um ihre Unabhängigkeit als kriegführende Macht ausschlaggebend zur Seite gestanden, Kuba aber als selbständigen Staat anerkannt und wären daher wohl verpflichtet gewesen, die in dem Vertrage mit Kuba gewährten Zollermäßigungen auch auf Deutschland zu übertragen. Die Verweigerung war wohl der Höhepunkt der rücksichtslosen, man könnte fast sagen brutalen Handelspolitik, die von den Vereinigten Staaten im allgemeinen, besonders aber gegen Deutschland geübt wurde. Denn schwer getroffen wurde die deutsche Zuckerindustrie. Dem kubanischen Zucker war von den Vereinigten

Staaten eine Zollermäßigung von 20 Prozent zugestanden, um die der deutsche Zucker differenziert wurde. Damit war der deutsche Zucker von seinem aufnahmefähigsten Absatzgebiete zum mindesten um den Betrag der kubanischen Ernte ausgeschlossen.

Durch den neuen deutschen Zolltarif und die neuen Handelsverträge war das Abkommen mit den Vereinigten Staaten vom 10. Juli 1900 hinfällig geworden und mit dem 1. März 1906 abgelaufen. Bei der hochschutzzöllnerischen Haltung des Senats der Vereinigten Staaten waren Verhandlungen über den Abschluß eines Handels- oder Tarifvertrages unbedingt aussichtslos. Irgendwelche Erleichterungen waren höchstens zu erwarten auf Grund administrativer Bestimmungen seitens des Präsidenten, die nicht der Genehmigung des Senats unterworfen waren. Auf dieser Grundlage kam das Abkommen vom 1. Juli 1907 mit den Vereinigten Staaten zum Abschluß. Diese gewährten die Zollermäßigungen für die mehrerwähnten in Sektion 3 aufgeführten, wie ich bereits erwähnte, für die deutsche Ausfuhr ziemlich bedeutungslosen Artikel. Dann aber wurden wesentliche Erleichterungen im Zollabfertigungsverfahren und in den Bestimmungen für die in Deutschland wirkenden amerikanischen Konsuln gewährt. Dagegen gewährte Deutschland den allergrößten Teil seiner Vertragstarife.

Die neue Regelung der handelspolitischen Beziehungen zu den Vereinigten Staaten war in Deutschland sehr lebhaft erörtert worden. Es fehlte nicht an Stimmen, die nachdrücklich dafür eintraten, daß die deutsche Regierung mit größter Entschlossenheit und selbst auf die Gefahr eines Zollkrieges hin, den Vereinigten Staaten entschieden entgegentreten müsse. Auch die von dem Centralverband Deutscher Industrieller gebildete Interessengemeinschaft hat sich eingehend mit dieser Frage beschäftigt, gelangte aber zu dem Beschlusse, die Verbündeten Regierungen zu bitten, eine Verständigung mit den Vereinigten Staaten auf der Grundlage herbeizuführen, die für den Vertrag vom 1. Juli 1907 in Aussicht genommen war. Denn in der Interessengemeinschaft war man einstimmig der Ansicht gewesen, daß, wenn tunlich, ein Zollkrieg vermieden werden sollte. Freilich hatten, wie vorausgesehen wurde und wie sich später deutlich herausstellte, die Vereinigten Staaten das weitaus größte Interesse an dem Abkommen. Im Durchschnitt der Jahre 1907 und 1908 waren Waren im Betrage von 314 Millionen Mark von den Vereinigten Staaten in Deutschland eingeführt und nach den ermäßigten deutschen Vertragstarifsätzen verzollt worden. Das machte eine Ersparnis an Zöllen von 29,3 Millionen Mark. In denselben Jahren waren durchschnittlich Waren, die nach den Sätzen des allgemeinen Tarifs verzollt wurden, im Betrage von nur 47 Millionen Mark eingeführt. Die Zolldifferenz zugunsten Deutschlands betrug nur 1,3 Millionen Mark.

Besonders in der zweiten Periode seiner Amtsführung war Präsident Roosevelt laut und vernehmlich für eine Tarifreform eingetreten. Dies wohl mit Rücksicht auf die steigende Unzufriedenheit im Volke über die hohen Zölle. Sein Nachfolger Taft hatte die Revision des Tarifs zu einem wesentlichen Punkte seines Regierungsprogramms erhoben. Die Revision sollte eine solche nach unten sein. Es gelang ihm auch bald nach der Uebernahme seines Amtes die Revision verhältnismäßig schnell durchzuführen; denn der neue Tarif konnte schon am 6. August v. J. in Wirksamkeit gesetzt werden. Die Revision war aber nicht eine solche nach unten, sie war stark nach oben ausgefallen. Der neue Tarif enthielt zwar zahlreiche Zollermäßigungen, jedoch nur für solche Waren, die der amerikanischen Industrie auf dem heimischen Markte keine oder nur geringe Konkurrenz bereiteten. Vor allem aber waren die Zollsätze für Rohmaterialien, Halbfabrikate und andere Hilfsstoffe für die Industrie der Vereinigten Staaten wesentlich herabgesetzt. Auf der anderen Seite aber war die Einfuhr, namentlich deutscher Erzeugnisse, durch starke Erhöhungen der Zölle schwer getroffen worden. So namentlich die sächsische Wirkwaren-Industrie, speziell die Strumpfwaren, die in den letzten Jahren dem Werte nach den bedeutendsten Ausfuhrartikel nach den Vereinigten Staaten gebildet hatten und einzelne Artikel der Kleineisen-Industrie, die fast mit prohibitiven Zöllen belegt war.

Die nächste Folge des neuen in Kraft gesetzten Tarifs war die Kündigung des Handelsabkommens vom 1. Juli 1907; sie erfolgte mit Ablauf am 7. Februar d. J. Nach den Bestimmungen des neuen Zolltarifs sollten die in ihm aufgeführten Tarifsätze den Minimaltarif, die um 25 Prozent vom Werte erhöhten Sätze den Maximaltarif bilden. Der Minimaltarif sollte für die gesamte Einfuhr in die Vereinigten Staaten bis zum 31. März d. J. in Gültigkeit bleiben, von da ab sollte der Maximaltarif für die Einfuhr aus allen Ländern in Wirksamkeit treten, wenn der Präsident nicht durch Proklamationen für die Einfuhr aus einem bestimmten Lande die Behandlung nach dem Minimaltarif angeordnet habe. Dies sollte aber nur hinsichtlich der Einfuhr aus solchen Ländern geschehen, von denen die Einfuhr aus den Vereinigten Staaten nicht unbillig behandelt, d. h. der Einfuhr irgendeines anderen Landes gegenüber nicht differenziert wurde.

Die administrativen Bestimmungen enthielten keine Vollmacht für den Präsidenten, wie sie ihm durch die Sektion 3 des Dingley-Tarifs erteilt war. Es konnte daher von Zollermäßigungen oder von dem Abschluß besonderer Verträge nicht die Rede sein. Für Deutschland konnte es sich nur um die Erleichterung des Minimaltarifs und um den Fortbestand der Erleichterungen bei der Zollabfertigung und in dem Verhalten der Konsuln handeln.

Aus den administrativen Verordnungen des neuen Tarifs der Vereinigten Staaten sind besonders zwei Punkte als höchst erschwerend hervorzuheben. Die Verzollung vom Werte soll in Zukunft nach dem Marktpreis in den Vereinigten Staaten stattfinden. In dieser Beziehung sollen die Vertreter der Vereinigten Staaten erklärt haben, daß diese Bestimmung nur in Kraft treten soll, wenn ein deutscher Marktpreis nicht festzustellen sei.

Der zweite Punkt ist der Markierungszwang. Nach der betreffenden Bestimmung sollen alle Waren, deren Beschaffenheit sich nur irgend dazu eignet, mit der Bezeichnung des Herkunftslandes so versehen sein, daß diese Bezeichnung unauslöschlich ist. Diese Bestimmung ist außerordentlich erschwerend für die allermeisten Artikel, die zur Ausfuhr nach den Vereinigten Staaten gelangen. Auch in dieser Beziehung sind von den Vertretern der Vereinigten Staaten erleichternde Bestimmungen in Aussicht gestellt. Da diese Erleichterungen auch mit Bezug auf den Marktpreis aber nicht vertragsmäßig festgestellt sind, so werden sie immer von dem guten Willen der Schätzer, der Zollbeamten und der Konsuln abhängen.

Gleich nachdem die Bestimmung über den Markierungszwang bekannt wurde, haben wir eine Umfrage bei unseren Mitgliedern veranstaltet. Ich kann berichten, daß ein nicht unerheblicher Teil unserer Mitglieder, und darunter große und bedeutende Firmen, sich dahin ausgesprochen haben, daß es zweckmäßig sein würde, gegen Länder, die, wie jetzt die Vereinigten Staaten, durch ihren Markierungszwang unsere Ausfuhr so wesentlich erschweren, eine gleiche Maßregel in Anwendung zu bringen.

Höchst erschwerend und bedenklich ist auch die Bestimmung in dem neuen Tarif, daß die Proklamation des Präsidenten, mit der er die Gewährung des Minimaltarifes für ein Land ausspricht, nicht für lange Zeit gegeben werden soll. Es soll den Vereinigten Staaten freistehen, die Verhältnisse jederzeit einer erneuten Prüfung zu unterwerfen und die Gewährung des Minimaltarifes mit 90 tägiger Frist zu kündigen.

Ueber den Gang der mit den Vereinigten Staaten hinsichtlich der künftigen Geltung der handelspolitischen Verhältnisse geführten Verhandlungen ist nichts bekannt geworden. Das Ergebnis dieser Verhandlungen ist das Gesetz vom 5. Februar d. J. Durch dieses Gesetz wird der Bundesrat wieder ermächtigt, der Einfuhr aus den Vereinigten Staaten die in den geltenden Handelsverträgen zugestandenen Zollsätze in angemessenem Umfange zuzugestehen. Diese Ermächtigung soll solange in Kraft bleiben, als in den Vereinigten Staaten die Erzeugnisse des Deutschen Reiches höheren Zollsätzen als den im Abschnitt 1 des amerikanischen Zolltarifs vom 6. August 1909 vorgesehenen nicht unterworfen werden. Die im Abkommen vom 1. Juli 1907 zugestandenen Erleichterungen, mit Ausnahme der den Marktwert betreffenden Bestimmungen, sollen fortbestehen. Danach hat der Bundesrat die betreffende Erklärung am 7. Februar d. J. erlassen.

Wir haben also unseren ganzen Konventionaltarif mit seinen im Vergleich mit den Zöllen der Vereinigten Staaten minimalen Sätzen dafür hingegeben, daß wir durch den Maximaltarif nicht gänzlich ausgeschlossen werden. Es ist nicht meine Absicht, hier eine Kritik daran zu üben, ob das getroffene Abkommen nicht günstiger für uns hätte gestaltet werden können. Ich möchte nur die Tatsache feststellen, daß Frankreich, das sich nicht scheute, sofort nach der Inkraftsetzung des neuen amerikanischen Tarifs mit seinen hohen, fast prohibitiven Sätzen seinen Generaltarif gegen die Einfuhr aus den Vereinigten Staaten in Anwendung zu bringen, und daß Kanada, das sich den Vereinigten Staaten entschlossen und unbeugsam gegenüberstellte, wesentlich billiger fortgekommen sind.

Es ist noch zu erwähnen, daß, wie verlautet, nach ausdrücklichen Erklärungen der Regierung der Vereinigten Staaten, die Frage der von Deutschland eingeführten Erschwerungen und Verbote der Einfuhr von Vieh und Fleisch aus Amerika durch diesen Vertrag nicht gelöst oder beseitigt sei, daß sich die dortige Regierung vielmehr die Freiheit gewahrt habe, diese Frage jederzeit wieder aufzurollen.

Im übrigen kann ich bemerken, daß in den Vereinigten Staaten die Mißstimmung gegen die übertriebene Schutzzollpolitik der republikanischen Partei im Wachsen begriffen ist. Sie richtet sich namentlich gegen die Senatoren Payne und Aldrich, die Väter des neuen Tarifs, und gegen den langjährigen Sprecher im Hause, der alles getan hat, wozu ihn seine machtvolle Stellung befähigt, um den Tarif durchzubringen. So hat beispielsweise der Sprecher im Senat die Vollmacht, die Kommission zur Vorberatung der Gesetze zu ernennen. Er soll auch hierdurch zu der schnellen Erledigung des

Tarifs beigetragen haben. Im Senat selbst hat sich schon eine Secession vollzogen. Eine Gruppe von Senatoren, die „Insurgenten" genannt, geht nicht weiter mit der schutzzöllnerischen Mehrheit des Senats zusammen und in der jetzt herrschenden republikanischen Partei wird es bereits für sehr wahrscheinlich gehalten, daß bei den nächsten im Herbst stattfindenden Wahlen die republikanische Partei unterliegen werde. Sollten die Demokraten nach jahrzehntelanger Ausschaltung wieder einmal ans Ruder kommen, so ist zu hoffen, daß in der Zollpolitik der Vereinigten Staaten wieder Erleichterungen eintreten werden.

Eine neue außerordentliche Erschwerung des internationalen Verkehrs und namentlich mit unserem nächsten Nachbar bilden die Zollerhöhungen, die von Frankreich vorgenommen worden sind. Meine Herren! Die Revision des veralteten französischen Zolltarifs von 1892 ist nicht unberechtigt, jedoch nicht auf die Initiative der Regierung zurückzuführen, sondern auf die einiger einflußreicher Industriellen. Die französische Kammer nahm sich der Sache mit großem Eifer an, und es kam verhältnismäßig schnell der neue Tarif zustande, der mit 448 gegen 35 Stimmen von der Kammer angenommen wurde. Die Hoffnungen, die man auf den Widerstand im Senate gesetzt hatte, sind auch gescheitert; denn der Senat hat nur einige unwesentliche Aenderungen und Erleichterungen vorgenommen.

Meine Herren! Der Centralverband Deutscher Industrieller hat in Wahrung der Interessen seiner Mitglieder alles getan, was möglich war. Er hat durch Umfrage die Ansichten seiner Mitglieder im einzelnen festgestellt und sie der Regierung schriftlich und mündlich unterbreitet, hat schriftlich und mündlich gebeten, auf diplomatischem Wege doch so viel als möglich zu tun, um diese Zollerhöhungen abzuwenden. Wir haben auch, meine Herren, in den französischen, namentlich südfranzösischen Kreisen, die durch diese Zollerhöhungen geschädigt werden, versucht, einen Widerstand hervorzurufen. Alles das hat nichts geholfen. Wir haben in Zukunft mit höheren Zöllen zu rechnen. Es ist jetzt die Frage, ob Deutschland Repressalien gegen Frankreich ergreifen soll. Das ist aber nach meiner Ansicht eine außerordentlich schwer zu entscheidende Frage; denn unser Meistbegünstigungsverhältnis ist gewissermaßen auf ewige Zeiten durch den § 11 des Friedensvertrages geregelt, und wenn wir Erhöhungen unserer Zölle vornehmen, an denen andere Länder auch beteiligt sind, so sind Schwierigkeiten mit diesen oder Repressalien von ihnen nicht ausgeschlossen. Meine Herren! Daß vielleicht für französische Schaumweine eine Erhöhung des Zolles im Zusammenhange auch mit den

Bestimmungen unserer Finanzreform kommen wird, ist anzunehmen, aber Bestimmtes darüber kann ich nicht sagen. Belgien scheint entschlossen zu sein, mit Repressalien vorzugehen. Aber auch da zeigen sich schon Schwierigkeiten. Wir müssen eben hier auch mit den Tatsachen rechnen.

Meine Herren! Unsere handelspolitischen Beziehungen zu Japan sind geregelt worden in dem Vertrage vom 4. April 1896. Er ist auf zwölf Jahre geschlossen und sollte mit einjähriger Frist gekündigt werden können. Es ist wohl sehr wahrscheinlich, daß der Vertrag von seiten Japans am 17. Juli d. J. gekündigt werden wird; denn die japanische Regierung hat dem Parlament schon einen neuen Zolltarif vorgelegt und damit die Absicht bekundet, einen anderen Tarif für die Zukunft einzuführen.

Meine Herren! Der außerordentlichen Freundlichkeit des Reichsamts des Innern haben wir es zu danken, daß wir einige Exemplare dieses jetzt der Beratung des japanischen Parlaments unterbreiteten Tarifs erhalten haben. Wir haben sie unseren Mitgliedern zur Verfügung gestellt, und aus dem außerordentlichen Interesse, das sich in den Kreisen unserer Mitglieder für diesen Tarif gezeigt hat, darf ich wohl schließen, daß die Handelsinteressen zwischen Deutschland und Japan auch recht erheblich sind. Wir haben unsere Mitglieder aufgefordert, ihre Wünsche und Forderungen wenigstens vorzubereiten. Wir geben uns der Hoffnung hin, daß das Reichsamt des Innern wieder die Güte haben wird, uns rechtzeitig von dem Tarif, wie er aus den Beschlüssen des Parlaments hervorgehen wird, Kenntnis zu geben; es wird dann an der Zeit sein, die Wünsche und Forderungen bzw. Beschwerden unserer Mitglieder an die rechte Stelle zu bringen.

Meine Herren! Der internationale Handel der vier größten Länder hat sich im Laufe der Jahre außerordentlich entwickelt. Er betrug im Jahre 1909 in Einfuhr und Ausfuhr zusammen in Frankreich 9187, in den Vereinigten Staaten 13 456, in Deutschland 14 895 und in England 20 454 Millionen Mark. Meine Herren! Wir stehen an zweiter Stelle. Aber wir haben die Genugtuung, daß wir in den letzten zehn Jahren schneller vorgeschritten sind als England; denn gegen die Zahl im Jahre 1900 hat sich unser internationaler Handel um 43 Prozent vermehrt, der englische nur um 33 Prozent. Also wir haben alle Ursache anzunehmen, daß, wenn es so fortgeht, wir uns allmählich auf gleicher Höhe mit England befinden werden.

Dieser außerordentliche Erfolg ist wohl zurückzuführen auf die bewundernswerten Leistungen unserer Industrie, unserer Gewerbe und unseres Handels. Diese sind aber nicht immer in genügendem Maße durch unsere handelspolitischen Beziehungen geschützt worden. Namentlich wird in der Industrie allgemein geklagt, daß in den letzten Handelsverträgen ihre Interessen nicht in genügendem Maße berücksichtigt worden sind, so daß diese Verträge als nicht besonders günstig angesehen werden.

Dieser Ansicht habe ich mich angeschlossen. Ich habe daher die Verpflichtung gehabt, mir auch, soweit ich dazu imstande war, Klarheit über die Gründe zu verschaffen, die wohl vorliegen könnten, und da sind mir zwei Punkte besonders aufgefallen. Meine Herren! Während alle anderen Staaten, als sich die Zeit des Ablaufs der Handelsverträge näherte, aufs äußerste bemüht waren, sich in außerordentlich erhöhten Tarifen eine starke, schneidige Waffe für den Abschluß der Handelsverträge zu schaffen, ist das deutscherseits nicht geschehen. Es wurde von den Verbündeten Regierungen dem Reichstag ein Entwurf mit wesentlich ermäßigten Sätzen vorgelegt. Was konnte die Verbündeten Regierungen veranlassen, beispielsweise schon für über 80 Positionen den Zoll in dem Entwurfe n i e d r i g e r zu bemessen als in dem damaligen verhältnismäßig niedrigen Vertragstarif?

Der Abschluß eines Handelsvertrages ist ein Handelsgeschäft. Es wird geboten und gezahlt. Wer nichts zu zahlen hat, kann keine Zugeständnisse erreichen. Wer mit leeren Taschen in die Verhandlungen über einen Handelsvertrag hineingeht, kann nicht hoffen, günstig abzuschneiden. Meine Herren! Wenn die Verbündeten Regierungen die Ermäßigung so vieler Zölle für unser Wirtschaftsleben durchaus für notwendig erachten, — warum haben sie diese Ermäßigungen nicht aufgespart, um sie als bare Münze auszugeben gegen Zugeständnisse bei den Vertragsverhandlungen? (Sehr richtig!)

Meine Herren! Ich halte es für eine unbedingte Notwendigkeit, daß vor den neuen Handelsverträgen, die wir ja in einigen Jahren wieder zu schließen haben werden, die deutsche Regierung sich eine kräftige Waffe in ihrem Z o l l t a r i f e schafft.

Nun aber muß ich doch sagen, ich kann den Verbündeten Regierungen nicht in vollem Maße die Schuld beimessen; denn, meine Herren, werfen Sie einen Blick auf die Parteien und das Verhalten der Parteien in unserem Reichstage, auf die Komplikationen, die von ganz anderen Gebieten auf unsere Zoll- und Handelspolitik und auf die Gestaltung der Zölle übergreifen, so werden Sie zugeben müssen, wenn Sie sich noch die damalige Vergangenheit vergegenwärtigen, daß die Regierung sich in dieser Beziehung in einer außerordentlich schwierigen Position befand, fast ebenso schwierig, wie der Herr Minister der öffentlichen Arbeiten durch die Verhältnisse, die ich vorhin geschildert habe.

Meine Herren! Der zweite Punkt ist der, daß wir nicht mit der genügenden Vorbereitung in die Verhandlungen eingetreten sind, und daß unsere Handelsvertragsverhandlungen in der Hauptsache von Beamten geführt wurden. Meine Herren! Diese Beamten mögen die besten, die vorzüglichsten, mit den hervorragendsten Eigenschaften für ihr Amt ausgestatteten Herren sein. Aber, meine Herren, die Einzelheiten, die feinen Spezialitäten in einer so komplizierten, so außerordentlich entwickelten und fortgeschrittenen Industrie zu beherrschen, ist für einen Beamten unmöglich. (Lebhafte Zustimmung.) Das können nur Sachverständige, die mitten im industriellen und gewerblichen Leben stehen und die täglich damit zu tun haben. Meine Herren! Ich habe es bedauert, daß namentlich bei dem Abschlusse der Handelsverträge, weniger bei der Aufstellung der Tarife, von der Mitwirkung von Sachverständigen nicht der genügende Gebrauch gemacht worden ist. (Sehr wahr!)

Meine Herren! Es ist auch nicht richtig, wenn die Beamten die Auslese der Sachverständigen vornehmen. Das muß Sache von Sachverständigen selbst sein, und diese haben die Verbündeten Regierungen ja an der Hand in dem Wirtschaftlichen Ausschuß zur Vorbereitung und Begutachtung handelspolitischer Maßnahmen. Dieser Wirtschaftliche Ausschuß besteht aus Sachverständigen. Die haben die Aufgabe, die anderen Sachverständigen in der Industrie auszuwählen, die wissen jeder für sich, wo die Sachverständigen sitzen, die wissen die Sachverständigen sachverständig zu vernehmen (sehr richtig!), ihre Aussagen zu beurteilen, andere Sachverständige zu hören, wenn die ersten, die gehört wurden, vielleicht Verschleierungsversuche in ihrem Interesse machen wollen. Kurz, meine Herren, ich halte dafür, daß es zweckmäßig ist, diesen Wirtschaftlichen Ausschuß in der von mir bezeichneten Weise zu den Verhandlungen über den Abschluß eines Handelsvertrages heranzuziehen (sehr richtig!), immer Position für Position das betreffende Mitglied zu beauftragen, die Sachverständigen zuzuziehen. Das muß geschehen, ob die Verhandlungen im Inlande oder im Auslande geführt werden. (Erneute

Zustimmung.) Dann, meine Herren, dürfen wir hoffen, daß diese Verhandlungen zum Segen unseres Vaterlandes ausschlagen.

Meine Herren! Ich habe hier nichts gegen die Herren Beamten selbst sagen wollen und nach meiner Ueberzeugung auch nichts gegen sie gesagt, sondern ich habe nur die Verhältnisse charakterisiert, wie sie zu gestalten und zu handhaben wären, wenn wir von unseren Handelsverträgen den Segen erwarten wollen, der auf unsere Industrie, auf unser Wirtschaftsleben sich ausbreiten muß, wenn wir unsere wirtschaftlichen und unsere ganzen Verhältnisse im Deutschen Reiche, auch unserer Machtstellung weiter wie bisher erhalten wollen. (Lebhafter Beifall.)

Vorsitzender: Meine Herren! Sie haben bereits Ihren Dank Herrn Bueck für seinen hochinteressanten Vortrag über die Vorgänge auf dem Gebiet der internationalen Zoll- und Handelspolitik ausgesprochen. Ich möchte aber auch meiner Freude darüber Ausdruck geben, daß wir Herrn Bueck heute als 79jährigen noch in gleicher Frische hören wie vor einigen Jahrzehnten. (Beifall.)

Ich stelle den Vortrag des Herrn Bueck zur Diskussion. Darf ich bitten, sich zum Wort zu melden. — Das Wort wird nicht gewünscht. Meine Herren! Ich schließe die Diskussion und gehe nun über zum nächsten Gegenstande, und zwar bitte ich, mir zu gestatten, daß ich den Punkt 4b zunächst nehme und Herrn Regierungsrat Dr. Schweighoffer das Wort gebe zu seinem Bericht über den Entwurf eines Gesetzes, betreffend die Aenderung der §§ 114a, 120, 120e, 134, 139b, 139h, 146, 146a, 147, 150 der Gewerbeordnung.

Regierungsrat Dr. **Schweighoffer:** Meine sehr geehrten Herren! Der Gegenstand, über welchen Ihnen zu referieren ich heute zum ersten Male die Ehre habe: der Entwurf eines Gesetzes, betreffend die Abänderung der Gewerbeordnung, steht im Verlaufe eines Zeitraumes von zwei Jahren bereits zum vierten Male auf Ihrer Tagesordnung.

Es ist dieses ein außergewöhnliches Vorkommnis, aber der Weg, den die Gesetzgebung des Deutschen Reiches in den letzten Jahren eingeschlagen hat, macht ein derartiges Vorgehen erforderlich und erheischt es, daß auch außergewöhnliche Maßregeln ergriffen werden, zum Zwecke des Versuchs, die bedrohten Interessen der Industrie und unseres Wirtschaftslebens zu wahren und in Schutz zu nehmen.

Die Tatsache der erneuten Vorlage dieser Novelle zur Gewerbeordnung, mit welcher in vielen, auch in industriellen Kreisen nicht mehr gerechnet worden war, ist ein Beweis dafür, daß bei den Verbündeten Regierungen, wie es bei der Mehrheit des Reichstages der Fall ist, noch immer die Ansicht vorherrscht, als ob von seiten des Staates durch Akte der positiven Gesetzgebung, die eine anderweite Regelung der nationalen Gütererzeugung zum Gegenstande haben, wesentliches zur Verbesserung der Lage der arbeitenden Klassen geschehen könne.

Meine Herren! Auf das Unzutreffende und Irrige dieser Ansicht kann nicht oft genug hingewiesen werden. Die unumgängliche Voraussetzung einer dauernden Verbesserung der Lage der arbeitenden Klassen ist und bleibt die Aufrechterhaltung und entsprechende Vermehrung der für den jährlichen Verbrauch zur Verfügung stehenden Gütermenge. Ohne eine solche Vermehrung fehlt es an der Grundlage für eine gesteigerte Lebenshaltung der breiten Massen der Bevölkerung; denn wenn die Summe der in einem Jahre für den Verbrauch zur Verfügung stehenden Güter nicht größer, sondern durch Akte der Gesetzgebung, insbesondere durch Beschränkungen der Arbeitszeit über das zulässige Maß hinaus oder andere dementsprechende Maßnahmen, eben deshalb, weil weniger gearbeitet wird, eine geringere wird, so muß sich das auch mit absoluter Notwendigkeit auf die breite Masse der Bevölkerung übertragen und es ist die natürliche Folge, daß, falls sich jeder einzelne mit seinem Verbrauch einschränken muß, dieses bei demjenigen zuerst der Fall sein wird, der überhaupt nur mit bescheidenen Mitteln an dem Verbrauch der Güter teilnehmen kann.

Die materielle Lage unserer deutschen Arbeiterschaft ist, worüber eigentlich ein Zweifel nicht bestehen sollte, unbedingt abhängig von unseren gesamten wirtschaftlichen Verhältnissen und es ist durchaus fehlsam, anzunehmen, daß, falls auf der einen Seite die Arbeitsproduktion in ihrer Gesamtsumme durch gesetzgeberische Maßnahmen herabgedrückt wird, auf der anderen Seite durch gleiche Maßnahmen die Lebenshaltung des Arbeiters, unabhängig von der Entwickelung der Dinge, gebessert und geändert werden könnte. Nur mit der steigenden Kultur, mit der Entwicklung unserer Volkswirtschaft und mit der fortschreitenden Leistungsfähigkeit des Menschen ist dieses Ziel zu erreichen und die ständig wiederkehrenden Forderungen derjenigen, die sich als Vertreter der Arbeiter ausgeben, durch gesetzgeberische, zwingende Maßnahmen den Anteil der Arbeiterschaft an den materiellen, geistigen und sittlichen Gütern zu vergrößern, müssen den sozialen Entwickelungsprozeß unbedingt stören, wenn nicht eines Tages ganz aufhalten. (Sehr richtig!)

Meine Herren! Bevor ich mich nach dieser allgemeinen Betrachtung, zu der mir die abermalige Vorlage einer Novelle zur Gewerbeordnung seitens der Verbündeten Regierungen Anlaß gegeben hat, zu den einzelnen Bestimmungen der Novelle wende, halte ich es für angezeigt, einen ganz kurzen Rückblick auf den Verlauf einer gesetzgeberischen Aktion zu werfen, auf welche wie kaum auf eine andere, im wörtlichen Sinne der Spruch Anwendung finden kann:

„Denn unser Wissen ist Stückwerk,
Und unser Weissagen ist Stückwerk."

Mit dem ersten Entwurf eines Gesetzes, betreffend die Abänderung der Gewerbeordnung, welcher am 16. Dezember 1907 dem Reichstage vorgelegt wurde, beabsichtigte die Reichsregierung, alle Materien der Gewerbeordnung, deren Neuregelung und Ergänzung sie für wünschenswert erachtete, einheitlich zu behandeln und zu kodifizieren. Diese Absicht der Regierung erwies sich indessen infolge der von der Gewerbeordnungs-Kommission des Reichstages zu den einzelnen Bestimmungen des Gesetzentwurfs gestellten Anträge und gefaßten Beschlüsse als unausführbar. Es wurden daher aus der Novelle die mit der gesetzlichen Regelung der Frauenarbeit sich befassenden Vorschriften zunächst ausgesondert und dieser Teil des Entwurfs wurde nach einer mit größter Geschwindigkeit vollzogenen Beratung im Plenum des Reichstages am 28. Dezember 1908 als Sonder-Gewerbenovelle verkündet.

Die Beratungen über die weiteren Bestimmungen der großen Novelle wurden alsdann zwar fortgesetzt, hatten aber beim Schluß der Tagung des Reichstages im Juli 1909 ein Ergebnis nicht gezeitigt. Es ist demgemäß eine ganze Reihe von Materien, die durch die Novelle vom 16. Dezember 1907 geregelt werden sollten, so z. B. die Ausstellung von Zeugnissen für gewerbliche Arbeiter, die Regelung der Rechtsverhältnisse der technischen Beamten und die Erweiterung der Bestimmungen über die sogenannte Konkurrenzklausel einstweilen unerledigt geblieben, und die dem Reichstage nunmehr zur Beschlußfassung zugegangene neue kleine Novelle beschränkt sich in ihren fünf Artikeln in der Hauptsache darauf, ergänzende und abändernde Bestimmungen

1. über die Führung von Lohnbüchern,
2. über die Ausdehnung des Fortbildungsschulzwanges,
3. über die Beschränkung der Arbeitszeit im Interesse der Gesundheit,
4. über eine Erhöhung des Strafmaßes bei Zuwiderhandlungen gegen die Arbeiterschutzvorschriften

zu geben.

Die mit diesen vier Materien sich befassenden Bestimmungen sind, wie auch aus der dem Gesetzentwurf beigegebenen Begründung ersichtlich ist, zu einem großen Teile lediglich eine Wiedergabe der Vorschriften der früheren großen Novelle vom 16. Dezember 1907 und haben nur insofern eine Aenderung erfahren, als die Reichsregierung in verschiedenen Punkten den Wünschen der Reichstagskommission Rechnung zu tragen, für angezeigt erachtet hat.

Ich könnte mich daher in meinem Referate mit Rücksicht darauf, daß der Centralverband Deutscher Industrieller in seinen früheren Delegiertenversammlungen sowie in mehrfachen besonderen Eingaben an den Bundesrat und den Reichstag zu den einzelnen Materien bereits eingehend Stellung genommen hat, darauf beschränken, Ihnen heute lediglich die durch die Beschlüsse der Kommission veranlaßten Zusatzbestimmungen darlegen, möchte es aber doch der Uebersicht halber für empfehlenswert halten, im Zusammenhange mit einer solchen Darstellung auch auf den Inhalt der zu den Bestimmungen der früheren Novelle gefaßten Resolutionen erläuternd zurückzugreifen.

Mit der im Artikel 2 Ziffer I der Novelle durch die Aufhebung des § 134 Abs. 2 der Gewerbeordnung beabsichtigten Beseitigung der Lohnzahlungsbücher, die allgemein lediglich als eine belästigende und zwecklose Einrichtung empfunden worden sind, haben sich die Herren Delegierten bereits in der Versammlung vom 13. März 1908 einverstanden erklärt.

Desgleichen ist auch gegen die Zusatzbestimmung zum § 120 e der Novelle, wonach durch öffentlich rechtliche Vorschriften Anordnung getroffen werden kann über das Verhalten der Arbeiter in den Betrieben, ein Widerspruch nicht geltend gemacht worden. Die Reichstagskommission hat diese, im ersten Gesetzentwurf ganz allgemein gehaltene Bestimmung zwar insofern eingeschränkt, als es sich bei den durch Strafvorschriften geschützten Anordnungen fortan nur um Vorschriften über das Verhalten der Arbeiter zum Schutze von Leben und Gesundheit handeln darf, und hat des weiteren gewünscht, daß derartige Anordnungen durch Aushang den beteiligten Arbeitern bekannt zu machen sind. Diese Wünsche sind von der Regierung in der neuen Novelle berücksichtigt worden und es darf wohl angenommen werden, daß auch ihrerseits, meine Herren, diese Bestimmungen in der abgeänderten Fassung für annehmbar erklärt werden.

Mit gewissen Einschränkungen mag dieses auch dann noch der Fall sein mit den Vorschriften der Novelle über die Ausstellung und die Einrichtung von Lohnbüchern und Arbeitszetteln, soweit sie im

Artikel 1 § 114a und 114b des Entwurfs in Vorschlag gebracht worden sind. Meine Herren! Es ist Ihnen bekannt, daß auch schon bisher die Möglichkeit gegeben war, Lohnbücher einzuführen, und daß von dieser Möglichkeit der Bundesrat gegenüber der Kleider- und Wäschekonfektion im Jahre 1902 Gebrauch gemacht hat. Gegen diese Maßnahmen sind seitens der beteiligten Industrie zwar lebhafte Klagen geführt worden, aber wohl mehr gegen die unpraktische Gestaltung, als gegen die Einführung der Lohnbücher überhaupt. Auf Grund der vorgebrachten Klagen hat sich jedenfalls die Reichsregierung veranlaßt gesehen, die Abänderung der bestehenden gesetzlichen Vorschriften in Aussicht zu nehmen und die Einrichtung der Lohnbücher in der Weise umzugestalten, daß sie fortan als Lohnabrechnungsbücher dienen sollen. Mit dieser gesetzlichen Regelung hat sich der Centralverband Deutscher Industrieller gleichfalls schon einverstanden erklärt, hat indessen bei Annahme seines Beschlusses nicht voraussehen können, daß die Reichsregierung den weitergehenden Wünschen der Kommission, wonach die Vollmachten des Bundesrats auch auf die Landeszentralbehörden, und sogar auf die Polizeibehörden übergehen sollen, ohne weiteres eine Folge geben würde.

Meine Herren! Wenn man sich fragt, welche Gründe die Reichsregierung veranlaßt haben, so außerordentlich einschneidende Maßregeln auch ihrerseits gutzuheißen, so sucht man vergeblich darüber eine Aufklärung in den Motiven der Novelle. Es heißt dort kurz: „Den weiteren Beschlüssen der Kommission ist Rechnung getragen." Eine derartige Begründung ist etwas reichlich knapp für eine Neuerung, die zweifellos keine Verbesserung des bestehenden Zustandes ist, sondern ein gefährlicher Versuch, den Ortspolizeibehörden weitgehende Befugnisse in die Hand zu geben und sie mit der Anordnung von Maßnahmen zu betrauen, über deren Notwendigkeit, Zweckmäßigkeit und Wirkung Ihnen schlechterdings ein sachverständiges Urteil nicht zugebilligt werden kann. Es hat zwar den Anschein, als ob mit dem Zusatz „nach Anhören beteiligter Gewerbetreibender und Arbeiter" gewisse Kautelen gegen eine unsachgemäße Handhabung dieser Vorschriften gegeben seien; aber, meine Herren, das Wort „Anhören" verpflichtet den örtlichen Polizeiverwalter zu nichts; er ist hierdurch in keiner Weise an dem Erlasse einer Verordnung gehindert, falls er der Ueberzeugung ist, daß für seinen Amtsbezirk die Notwendigkeit der Einführung von Lohnbüchern vorliegt. Es kann also jederzeit der Fall eintreten, daß in zwei benachbarten Amtsbezirken in an sich ganz gleichartigen, industriellen Betrieben durchaus verschiedene Bestimmungen bestehen oder erlassen werden.

Meine Herren! Das sind doch Konsequenzen, die unbedingt vermieden werden müssen und die auch für den Arbeitgeber insofern von einschneidender Bedeutung sind, als sich bei einer derartig differenzierenden Behandlung der einzelnen Betriebe in den wirtschaftlichen Bedingungen dieser Betriebe erhebliche Verschiebungen und Benachteiligungen einstellen müssen. (Sehr richtig!) Es wird deshalb von den Interessenten mit Recht der Anspruch erhoben werden können, daß diese Vorschrift der Novelle abgeändert wird, und daß die Befugnisse zum Erlasse von Anordnungen über die Einrichtung von Lohnbüchern lediglich in die Hände hochstehender Behörden, in die des Bundesrats und der Landeszentralbehörden zu legen sind, die jederzeit in der Lage sein müssen, den sachlichen und örtlichen Verschiedenheiten der Betriebsverhältnisse Rechnung zu tragen. (Zustimmung.)

Diese gleiche Forderung wird aber mit noch größerem Nachdruck hinsichtlich der Bestimmungen der Novelle über den sanitären Maximal-Arbeitstag gestellt werden müssen und ich möchte mir daher, da es sich auch hier um Uebertragung sehr weitgehender Vollmachten an die lokalen Polizeibehörden handelt, gestatten, zunächst auf diese Materie der Novelle, die in § 120 f eine Neuregelung erfahren soll. einzugehen. Ich brauche wohl nicht die seitens der Industrie gegen diese Bestimmung erhobenen Bedenken im einzelnen erneut darzulegen, da gegen die Absicht des Gesetzgebers, derartige Machtmittel in die Hände der örtlichen Behörden zu legen, in der Resolution der Delegiertenversammlung vom 13. März 1908 bereits Protest erhoben worden ist und da die Ihnen vorliegende neue Resolution diesen Protest nochmals nachdrücklichst wiederholt.

Ich möchte aber doch an dieser Stelle die Bemerkung nicht unterdrücken, in welch auffälligem Gegensatz die sonst so oft von Mitgliedern des Reichstages gegen die Machtbefugnisse unserer lokalen Behörden vorgebrachten Klagen zu der Tatsache stehen, daß in diesen wenigen Bestimmungen der neuen Gewerbeordnungs-Novelle gerade diesen Behörden wieder umfangreiche Zuständigkeiten zugewiesen werden, welche sie in die Lage versetzen sollen, die Betriebe unserer Industrie in immer größerem Maße unter polizeiliche Kontrolle zu stellen. Daß auch hier mit den von der Reichstagskommission gegebenen Kautelen der Verpflichtung zum Anhören beteiligter Gewerbetreibender und Arbeiter nicht viel erreicht werden wird, bedarf nach meinen früheren Ausführungen keiner erneuten Darlegung und es soll nur hervorgehoben werden, daß die abzugebenden gutachtlichen Aeußerungen für die zur Entscheidung berufenen Instanzen in den hier zur Frage stehenden Fällen dann um so weniger Wert haben werden, wenn die Ansichten des Arbeitgebers und des Arbeitnehmers über die Frage „ob und wann die Dauer der Arbeitszeit überhaupt als übermäßig anzusehen ist", grundsätzlich voneinander abweichen werden. Es liegt auf der Hand, daß alsdann die örtlichen Polizeibehörden vielfach gar nicht in der Lage sein werden, die gesundheitlichen Interessen der Angestellten und das Lebensinteresse des Betriebes objektiv gegeneinander abwägen zu können. (Sehr wahr! Beifall.)

Meine Herren! Es wäre sicher erfreulicher gewesen, die Reichstagskommission hätte sich bei Beratung dieser Bestimmungen der Novelle die Worte in die Erinnerung zurückgerufen, die einst der damals allerdings erst neu mit der Leitung des Reichsamts des Innern betraute Graf Posadowsky im Reichstage sprach: „Wir können nicht alle Erwerbszweige polizeilich reglementieren. Schließlich fällt in der Tat ein Zuvielregieren in dieser Beziehung dem deutschen Volke geradezu auf die Nerven." Graf Posadowsky fügte dem wörtlich noch hinzu: „Wir können nicht dahin kommen, daß schließlich jeder Gewerbetreibende sich abends mit dem Polizisten zu Bett legen müsse und morgens mit dem Polizisten wieder aufstände." (Lebhafter Beifall.)

Meine Herren! Vielleicht besteht doch noch eine kleine Hoffnung, daß die Reichsregierung bei der weiteren Entscheidung über das Schicksal dieser Novelle die Nutzanwendung aus diesen Worten ziehen wird. Denn ich kann konstatieren, daß der neue Reichskanzler, Herr von Bethmann Hollweg, vor ganz kurzer Zeit — wenn ich nicht irre, war es am 19. Februar d. J. — im Reichstage Worte gesprochen hat, die inhaltlich mit den Ausführungen des Grafen Posadowsky völlig übereinstimmen. Der Herr Reichskanzler meinte damals:

„Bureaukratisches Regiment führe unser Volksleben zum Absterben. Man täusche sich, wenn man die Welt mit Gesetzesparagraphen und dem hinter ihnen stehenden Heere von Beamten verbessern zu können hoffe. Reglementiererei sei immer unpraktisch und führe dahin, hinter jeden Arbeitgeber und Arbeitnehmer einen Polizeimann zu stellen." (Sehr wahr!)

Ich will hier nicht die Frage erörtern, wieweit wir auf diesem, vom Herrn Reichskanzler so unbedingt verurteilten Wege des polizeilichen Ueberwachungssystems schon gekommen sind. Das dürfte aber feststehen, wird die vorliegende Novelle in der jetzigen Fassung Gesetz, dann haben wir abermals einen sehr bedenklichen Schritt in dieser Richtung weiter getan, und es liegt ferner auf der Hand, daß mit einer derart erweiterten Ausdehnung des sanitären Maximal-Arbeitstages durch polizeiliche Anordnungen auch die alte, auf die Einführung des **allgemeinen** Maximal-Arbeitstages für alle Arbeiter gerichtete Forderung der Sozialdemokraten eine neue Belebung erhalten würde. (Zustimmung.)

Meine Herren! Ich komme nunmehr zu einem Gegenstande der Novelle, welcher ganz besonders heftigen Angriffen seitens der Industrie, und zwar insonderheit seitens der Interessenten der Textilindustrie ausgesetzt gewesen ist. Die Novelle ordnet an, daß fortan alle Arbeiter unter 18 Jahren, somit auch alle jugendlichen weiblichen Arbeiter, dem Fortbildungsschulzwang unterworfen sein sollen, sobald die Anordnung selbst durch Ortsstatut einer Gemeinde oder eines weiteren Kommunalverbandes erfolgt. Von welchen außerordentlich schweren Folgen eine derartige Ausdehnung des Fortbildungsschulzwanges für unsere deutsche Industrie, vor allem für die Textilindustrie und auch die Nahrungs- und Genußmittelindustrie begleitet sein würde, ist in den früheren Resolutionen der Delegiertenversammlungen bereits zum Ausdruck gebracht und in mehreren besonderen Eingaben an den Bundesrat und den Reichstag in eingehendster Weise dargelegt und begründet worden. Es kann in der Tat entmutigend wirken, wenn man sieht, wie wenig Eindruck diese von ernster Sorge für unser deutsches Wirtschaftsleben diktierten Worte auf die Regierung und die Mitglieder der Reichstagskommission gemacht haben und wie wenig Berücksichtigung an diesen Stellen sachliche Ausführungen aus der Mitte der Praxis heraus urteilender Männer gegenüber den Ansichten theoretischer Sozialreformer gefunden haben.

Meine Herren! Es würde nur eine Wiederholung sein können, wenn ich alle Gründe nochmals darlegen wollte, welche gegen die Einführung der Fortbildungsschulpflicht für Arbeiterinnen unter 18 Jahren geltend gemacht worden sind. Ich will nur kurz betonen, daß in den Eingaben des Centralverbandes Deutscher Industrieller an den Bundesrat und den Reichstag schlagend nachgewiesen worden ist, daß, falls z. B. für die in Spinnereien und Webereien beschäftigten Arbeiterinnen unter 18 Jahren der Fortbildungsschulunterricht in die Tages-, also in die Arbeitszeit gelegt und somit ein Teil des die Maschinen bedienenden Personals stundenlang dem Betriebe entzogen würde, infolge der Einheitlichkeit des ganzen Arbeitsprozesses auch der ganze Betrieb zum Stillstand gebracht und lahmgelegt werden würde. (Sehr wahr!)

Es ist ferner darauf hingewiesen, daß durch die vorgesehene ortsstatutarische Einrichtung des Schulzwanges die Möglichkeit der ungleichmäßigen Behandlung ganz gleichartiger, aber z. B. in zwei verschiedenen Gemeinden gelegenen Betriebe eines bestimmten Industriezweiges gegeben sei, und daß daher in den Fällen einer differentiellen Behandlung mit Rücksicht darauf, daß eine Zwangsschulpflicht während der Arbeitszeit mit einer erheblichen Arbeitseinschränkung gleichbedeutend sein würde, für die betroffene Fabrik die Grundlagen der Konkurrenzfähigkeit ganz erheblich verschoben werden würden. (Sehr richtig!)

Meine Herren! Alles dieses, sowie die Erschwerung der Stellung der deutschen Industrie auf dem Weltmarkte durch derartige gesetzliche Maßnahmen ist in ausführlicher Begründung dargelegt worden und doch äußert sich die Reichsregierung in den Motiven der neuen Vorlage nicht mit einem einzigen Worte zu diesen schwerwiegenden Bedenken, sondern bezieht sich lediglich auf ihre früheren Ausführungen, die bereits damals jede Klarlegung darüber vermissen ließen, wie die Regierung sich die Durchführung des Unterrichts und des Schulplans überhaupt denkt. Eine solche Klarstellung wäre aber wohl um so erwünschter gewesen, als nach der auf Grund der Beschlüsse der Reichstagskommission eingefügten Zusatzbestimmung die Pflicht zum Besuch der Fortbildungsschule auch für die Zeit der Arbeitslosigkeit eingeführt werden kann. Auf welche Weise nun eine derartige Bestimmung eigentlich durchgeführt werden soll und wie die entlassenen oder feiernden Arbeiter männlichen und weiblichen Geschlechts unter 18 Jahren mit sanftem Zwange zum Schulbesuche angehalten werden sollen, das ist mir unklar und auch die Motive schweigen sich darüber aus. Vielleicht beabsichtigt die Regierung, es dem rheinisch-westfälischen Frauenverband in Kreuznach, auf dessen Baum ja die Frucht der Erkenntnis von der Notwendigkeit des erweiterten Fortbildungsschulzwanges gewachsen ist, zu überlassen, sich auch in dieser Hinsicht die nötigen Gedanken zu machen. (Heiterkeit.)

Zu befürchten steht aber jedenfalls, daß im Plenum des Reichstages eine große Mehrheit darauf drängen wird, daß der Fortbildungsschulunterricht während der Arbeitszeit erteilt werden muß und daß man zur Begründung dieser Forderung die üblichen Phrasen zu hören bekommen wird. Bezeichnend ist in dieser Hinsicht, daß z. B. ein Blatt, wie die „Soziale Praxis“, deren Einfluß an maßgeblichen Stellen nicht unbedeutend sein soll, diesem Wunsche bereits Ausdruck verliehen und die bestimmte Forderung aufgestellt hat, daß auf Grund besonderer reichsgesetzlicher Vorschrift die Unterrichtsstunden der Fortbildungsschule der

Hauptsache nach in die Tagesstunden zu verlegen sind. Die hiergegen von fast der gesamten deutschen Industrie geltend gemachten Bedenken verdienen nach den wörtlichen Ausführungen der „Sozialen Praxis“ nur deshalb Beachtung, „weil sie die rückständige soziale Auffassung in manchen industriellen Kreisen zeigen“.

Meine Herren! Es dokumentiert sich auch hier wieder, wie sehr sich bei unseren Sozialpolitikern, berufenen wie unberufenen, die Praxis herausgebildet hat, jeden, auch nur den leisesten Hinweis auf die Tatsache, daß neben den Interessen der Arbeiter im wirtschaftlichen und sozialen Leben der Nation doch auch noch andere der Berücksichtigung werte Interessen vorhanden sind, als einen Verstoß gegen den Kulturfortschritt und als äußerste Rückständigkeit zu bezeichnen und zu behandeln. (Sehr wahr! Beifall.) Die Frage, ob die vom Gesetzgeber beabsichtigten Maßnahmen praktisch auch durchführbar und vor allem, ob sie für die, die sie angeht, in der Praxis wirklich zu einer Wohltat werden, wird hierbei gar nicht untersucht. Meines Erachtens nach ist es aber durchaus nicht ohne Zweifel, ob mit der in Aussicht genommenen Erweiterung der Zwangsschulpflicht den weiblichen Arbeitern tatsächlich ein guter Dienst erwiesen werden wird. Denn falls sich ergeben wird, daß infolge der ortsstatutarischen Bestimmungen wiederum umfangreiche Störungen in den Fabrikbetrieben eintreten, dann werden sich die Arbeitgeber wohl ernstlich die Frage vorlegen, ob sie bei diesen fortgesetzten Beunruhigungen durch die Arbeiterinnen-Schutzgesetzgebung nicht besser auf die Dienstleistung weiblicher Arbeitskräfte verzichten und hierfür Ersatz einstellen können. Wenn aber alsdann die Folge sein wird, daß durch solche Akte der Gesetzgebung den weiblichen Arbeitern der Lohnverdienst geschmälert oder sogar die Mittel zum Leben genommen werden, dann werden sie der Regierung nur wenig Dank wissen für ihre soziale Fürsorge und werden auch durch die eloquenten Reden, die zu ihrem Schutz, sei es im Parlamente oder an anderen Stellen, gehalten worden sind, wenig entschädigt oder, falls sie hungert, satt gemacht werden. (Sehr richtig!)

Aus allen diesen Gründen, die, wie bereits gesagt, zu einem Teile schon früher in ihren Versammlungen, meine Herren, besprochen worden sind, ist in der vorgeschlagenen Resolution die Notwendigkeit einer Abänderung der Novelle in dieser Hinsicht ganz besonders betont worden.

Dagegen hat das Direktorium geglaubt, Ihnen einen weiteren Vorschlag, auch zum Artikel 3 der Novelle, betreffend die Strafverschärfungen bei Zuwiderhandlungen gegen die Arbeiterschutzvorschriften erneut Stellung zu nehmen, nicht unterbreiten zu sollen.

Die ursprünglichen Bestimmungen der Gewerbeordnungs-Novelle vom 16. Dezember 1907, welche auch bei wiederholter fahrlässiger Verletzung der Schutzvorschriften Gefängnisstrafe vorsahen, waren seitens der Industrie allgemein als ein unverdientes und kränkendes Mißtrauen empfunden worden und diesen Empfindungen war auch in der von der Delegiertenversammlung unter dem 13. März 1908 gefaßten Resolution Ausdruck gegeben worden. Ich glaube, meine Herren, es wird der Reichstagskommission die Anerkennung nicht versagt werden können, daß sie in dieser Hinsicht den Wünschen der deutschen Industriellen Rechnung getragen hat und daß sie den Arbeitgebern gegenüber ein größeres Wohlwollen bekundet hat, als die Regierung, indem sie die verschärften Strafen fortan nur dann Platz greifen lassen will, wenn die Straftat im Rückfalle vorsätzlich begangen wird, und wenn ferner seit der Rechtskraft der letzten Verurteilung noch keine drei Jahre, nicht wie die Regierung vorgeschlagen hatte, fünf Jahre, verflossen sind.

Auffallend bleibt ja immer noch die außerordentlich unterschiedliche Behandlung, die der Gesetzgeber dem Arbeitgeber und dem Arbeitnehmer bei Verstößen gegen die Arbeiterschutzvorschriften zuteil werden lassen will, und die soweit geht, daß der erstere, allerdings nur im Falle des vorsätzlichen Vergehens, immer noch eine Gefängnisstrafe zu gewärtigen hat, während dem letzteren in allen Fällen, sei der Verstoß vorsätzlich oder fahrlässig, lediglich eine Geldstrafe bis zu 6 M. oder entsprechende Haft nach dem neuen § 150 droht. Den früheren Vorschlag der Regierung, den Arbeitnehmer bei etwaigen Vergehen wenigstens der schärferen Vorschrift des § 147 der Gewerbeordnung (Geldstrafe bis 300 M. oder entsprechende Haft) zu unterwerfen, hat die Kommission abgelehnt. Auf diese Differenzierung möchte ich nur kurz hinweisen, die Gründe hierfür brauche ich wohl nicht darzulegen, sie dürften in der gegenwärtigen sozialpolitischen Strömung bei der übergroßen Mehrheit unseres Reichstages ihre genügende Erklärung finden.

Wenn ich hiernach, meine Herren, ein Resumé meiner Darlegungen gebe, so enthält die neue Novelle zur Gewerbeordnung zweifellos einzelne Bestimmungen, die als eine Verbesserung des bisherigen Rechtszustandes anzusehen sind, ferner Vorschriften, die in ihrem Grundprinzip noch annehmbar und erträglich sind, aber in den wichtigsten Teilen leider Bestimmungen, durch welche vitale Interessen unserer gewerbetreibenden Bevölkerung verletzt werden und gegen die daher von dieser Stelle aus aufs entschiedenste Verwahrung eingelegt werden muß. Es sind dieses Eingriffe in die Bewegungs- und Verfügungsfreiheit unserer Industrie, die für die Wettbewerbsfähigkeit derselben mit dem Auslande von den nachteiligsten Folgen begleitet sein müssen.

Eine derartige Reglementierung und Schablonisierung der einzelnen Betriebe durch die übermäßige Häufung neuer, bis in die kleinsten Einzelheiten gehender Ueberwachungsvorschriften, Verbote und Strafandrohungen kennt die ausländische Gesetzgebung nicht und selbst, falls sie sie kennen würde, würden diese Vorschriften dort kaum dieselben nachteiligen Folgen haben, wie bei uns. Denn in den meisten Staaten des Auslandes ist die Ausführung der Gesetze eine andere und es gilt vielfach das Wort:

„Il y a des arrangements avec le ciel",

also auch ganz gewiß mit der Polizei.

Bei uns in Deutschland dagegen wird, wenn diese Vorschriften Gesetz werden, alles mit bureaukratischer Genauigkeit und Gewissenhaftigkeit durchgeführt und eine Umgehung der Gesetze gibt es nicht. Diese Tatsache muß aber bei gesetzlichen Maßnahmen, die auf das Verhältnis unserer deutschen Industrie zur ausländischen einwirken, immer wieder hervorgehoben und kann auch heute nicht genug in den Vordergrund gerückt werden, da nach der Begründung zur Gewerbeordnungs-Novelle zu befürchten steht, daß die Verbündeten Regierungen auch gegen weitere gesetzgeberische Aktionen auf sozialpolitischem Gebiete nicht abgeneigt sind. Es heißt nämlich in den Motiven: „Die Verbündeten Regierungen müssen die Erwägung darüber vorbehalten, ob und inwieweit diese Beschlüsse — d. h. also die weitergehenden Beschlüsse der Kommission —, zur Grundlage für eine gesetzliche Regelung genommen werden können."

Meine Herren! Es wäre wirklich an der Zeit, daß nun endlich einmal die Regierung diesen immer weitergehenden sozialpolitischen Forderungen, die in ihrem Endresultat auf die Lahmlegung der privaten gewerblichen Produktion hinausgehen müssen, energisch entgegentritt und sich entschließt, den nun bereits seit mehreren Jahrzehnten unaufhaltsam arbeitenden Apparat der sozialen Gesetzgebung auf „langsam" zu stellen.

Denn falls nicht bald seitens der Verbündeten Regierungen mit ernstem Willen regulierend auf eine Gesetzgebung eingewirkt wird, die nicht mehr einem natürlichen Bedürfnis entspringt und die auch nicht mehr zur Bekämpfung ernster tief liegender Schäden unseres Volkslebens dient, sondern die lediglich als der Ausfluß eines übertriebenen sozialen Reformeifers und als eine Folge des Wettbewerbes der einzelnen Führer politischer Parteien um die Stimmen der breiten Masse der Bevölkerung anzusehen ist, dann erscheint es unausbleiblich, daß unserem deutschen Erwerbsleben schwere Krisen bevorstehen und daß unserem heimischen Gewerbefleiße die Lebensbedingungen abgeschnitten werden. (Sehr wahr!)

Dieses, meine Herren, sind die Grundgedanken und Gesichtspunkte, welche für die Stellungnahme des Centralverbandes Deutscher Industrieller zu den Bestimmungen der neuen Gewerbeordnungs-Novelle als maßgebend und bestimmend zu erachten sein dürften, und ich darf Sie im Auftrage des Direktoriums bitten, sich den Beschlußanträgen, die Ihnen nach dieser Richtung hin vorgelegt worden sind, freundlichst anschließen zu wollen. (Lebhafter Beifall.)

Vorsitzender: Meine Herren! Ich stelle den Bericht des Herrn Dr. Schweighoffer und den Vorschlag zu einer Beschlußfassung zur Diskussion. (Rufe: Annehmen!)

Es wird das Wort nicht gewünscht. Ein Widerspruch erhebt sich auch nicht gegen die Vorlage zu einer Beschlußfassung. Ich darf also annehmen, daß Sie dieser Vorlage einstimmig Ihre Genehmigung erteilen. (Beifall.)

Nun, meine Herren, lassen wir eine Pause eintreten. (Halbstündige Pause.)

Vorsitzender: Ich bitte Herrn Dietrich, das Wort zu nehmen.

Der Entwurf eines Hausarbeitsgesetzes.

Referent **Dr. Dietrich**, Syndikus der Handelskammer Plauen: Hochverehrte Herren! Der dem Reichstag im Februar d. J. vorgelegte Entwurf eines Hausarbeitsgesetzes ist der Ausdruck des seit langen Jahren nicht nur im Reichstage, sondern auch in der Industrie bestehenden Wunsches, gewisse Schattenseiten, die mit der Hausarbeit verbunden sind, namentlich vom Standpunkt der Volksgesundheit, zu mildern, und es ist keine Frage, daß der Wunsch an sich durchaus berechtigt ist, denn er entspricht doch im letzten Grunde dem Gedanken, von welchem unsere Sozialpolitik ausgeht: der Erhöhung unserer Volkskraft.

Auch der Centralverband Deutscher Industrieller hat in seiner Resolution vom 28. Oktober 1907 dem Gedanken einer Ausdehnung der Sozialpolitik auf die Hausindustrie sich sehr freundlich gegenübergestellt, er hat aber — und ich glaube mit vollem Recht — gleichzeitig an der Spitze seiner Resolution hervorgehoben, daß die Hausindustrie einen sehr wichtigen Bestandteil unserer gesamten Produktion bilde, und daß deshalb die Erhaltung der Hausindustrie im dringenden Interesse der Bevölkerung zahlreicher Gegenden Deutschlands und großer minder leistungsfähiger Bevölkerungsschichten liegt, daß sie ferner für zahlreiche Personen eine wichtige Quelle des Erwerbs und des Nebenerwerbs bildet. Der Centralverband Deutscher Industrieller hat sich deshalb gegen jede gesetzgeberische Maßnahme ausgesprochen, die eine Unterdrückung der Hausindustrie herbeiführen würde.

Ich glaube, meine Herren, daß dieser Gesichtspunkt der volkswirtschaftlichen Funktion der Hausindustrie grundlegend sein muß für ein sozialpolitisches Eingreifen, daß aber andererseits auf dieser Grundlage auch der Industrie ein verständnisvolles Mitwirken bei sozialpolitischen Maßnahmen der Hausindustrie gegenüber ermöglicht ist. Das führt aber bei negativer Umkehrung des Gedankens zu der weiteren Folgerung, daß dieses wirtschaftlich überaus empfindliche Gebiet unserer Produktion nicht, unbekümmert um seine Existenzbedingungen, zu einem Tummelplatz sozialpolitischer Probleme und Experimente gemacht werde, daß vielmehr bei einem sozialpolitischen Eingreifen den überaus mannigfachen wirtschaftlichen Verhältnissen der einzelnen Hausindustrien Rechnung getragen werde. Es führt zu dem Grundsatz der Spezialisierung.

Meine Herren! Wenn die Gesetzgebung zunächst überhaupt nicht und später nur indirekt — durch das Kinderschutzgesetz — sich an unsere Hausindustrie herangewagt hat, so liegt dem ganz offenbar das Gefühl zugrunde, daß wir es bei der Mannigfaltigkeit der Erscheinungen, mit denen wir rechnen müssen, hier mit einem Gegenstande zu tun haben, der bei sozialpolitischem Eingreifen nicht in derselben Weise wie die Fabrik behandelt werden kann, denn man muß sich sagen, daß jedes Eingreifen, sei es sanitärer Natur oder mit Rücksicht auf die Arbeitszeit, doch wieder seinen Ausdruck findet in erhöhten Produktionskosten; und das ist um so gefährlicher auf einem Gebiet, wie dem der Hausindustrie, bei dem es sich manchmal, namentlich im Export, in der Frage der Produktionskosten um Pfennige handelt, und wo es nicht leicht möglich ist, die Konsequenzen eines gesetzgeberischen Eingreifens nach dieser Richtung hin zu übersehen. Dazu kommt aber, daß die Hausindustrie eine sehr notwendige und wirksame Ergänzung gewisser Eigenproduktionsbetriebe ist, wie beispielsweise der Stickerei, auch der Musikinstrumentenindustrie und anderer Zweige, und daß gerade durch die Hausindustrie die Bodenständigkeit dieser Industrien an sich erhalten und ihre selbst durch hohe Zölle geförderte Uebertragung nach dem Auslande verhindert wird.

Meine Herren! Man wird es deshalb auch verstehen, daß der Fabrikant, welcher gezwungen ist, für seine Produktion die Hausindustrie in Anspruch zu nehmen, die Einzelheiten dieser Hausindustrie als einen Teil seines Produktionsgeheimnisses, seines Fabrikationsgeheimnisses betrachtet, und daß er also aus diesen rein produktionswirtschaftlichen Erwägungen heraus einem Eingriff und einer Offenlegung der Verhältnisse der Hausindustrie widerstrebt. Es braucht da nicht an irgendeine Böswilligkeit gedacht zu werden, sondern lediglich dieses Motiv, die Produktionsverhältnisse nicht offenzulegen, ist durchaus berechtigt vom Standpunkt der Fabrikanten.

Ich darf Ihnen wohl nicht vorführen, und es ist auch nicht nötig und auch nicht gut möglich, wie groß die Mannigfaltigkeit unserer Hausindustrie in Deutschland ist. Auch die Statistik gibt darüber keinen sicheren Anhalt. Nach der letzten Betriebszählung sollen ja rund 280 000 Hauptbetriebe mit 405 000 Personen in der Hausindustrie in Deutschland tätig gewesen sein. Die Zahl hat sich seit der vorherigen Statistik erheblich verringert. Aber die Statistik selber sagt, daß sie keine authentische Auskunft geben kann. Es kann das auf einer veränderten Zählung beruhen. Mir ist es allerdings wahrscheinlich, daß sich die Hausindustrie bis zu einem gewissen Grade verringert hat. Aber selbst wenn das der Fall ist, so sieht man doch aus dieser Zahl von 400 000 im Hauptberufe in der Hausindustrie beschäftigten Personen, welche Bedeutung die Hausindustrie für unsere deutsche Produktion hat.

Räumlich verteilt sich die Hausindustrie nicht gleichmäßig auf unser Wirtschaftsgebiet. Am stärksten ist sie in Sachsen vertreten, dann kommt Berlin, dann kommen die Rheinlande, es sind auch die thüringischen Staaten ziemlich stark beteiligt, Bayern und auch Elsaß-Lothringen. Die Hausindustrie erstreckt sich auf fast alle Erwerbszweige, in erster Linie aber auf die Konfektion und auf die sonstige Textilindustrie.

Meine Herren! Dem großen Publikum sind die Verhältnisse der Hausindustrie nun seit einigen Jahren etwas nähergerückt worden, und zwar durch die sogenannten Heimarbeitsausstellungen, als deren erste die im Januar und Februar 1906 zu Berlin veranstaltete zu gelten hat. Diese Heimarbeitsausstellung war von philantropischen Vereinen im Verein mit Gewerkschaften veranstaltet worden, und zwar zu dem ausgesprochenen Zwecke, das soziale Gewissen aufzurütteln und das in der Hausindustrie herrschende Elend drastisch darzustellen. Dieser Zweck ist auch zum Teil erreicht worden. Man hat aber dann doch mit Recht Widerspruch erhoben gegen die Elendsmalerei, die in den Heimarbeitsausstellungen betrieben wurde, und man hat auf die Einseitigkeit, namentlich der Berliner Ausstellung hingewiesen. Die Einseitigkeit lag bekanntlich darin, daß hochwertige Waren in ihrem Verkaufswert mit den darauf entfallenden Arbeitslöhnen verglichen wurden. Dieser unzulässige Vergleich ist ja später durch die Frankfurter Heimarbeitsausstellung korrigiert und es sind dort die Arbeitszeiten mit den Arbeitslöhnen in ein richtiges Verhältnis gesetzt worden.

Auch Sachsen hat sich für eine Heimarbeitsausstellung interessiert und die sächsischen Handelskammern befragt, ob sie geneigt wären, dazu mitzuwirken. Die von mir vertretene Kammer Plauen hat seinerzeit ihre Bereitwilligkeit erklärt, wollte aber dann noch einen Schritt weiter gehen und es nicht mit einer Ausstellung hergestellter Produkte bewenden lassen, sondern wünschte, daß diese Heimarbeitsausstellung zugleich den Ausgang bilden sollte für Besprechungen zur Hebung der Hausindustrie, für Besprechungen der Regierung, der beteiligten Industriellen und auch der Arbeiter.

Inwieweit nun diese Heimarbeitsausstellungen für die Reichsregierung die Veranlassung für die Vorlegung des gegenwärtigen Gesetzentwurfs gewesen sind, läßt sich schwer sagen. Aber jedenfalls sind sie der unmittelbare Anlaß gewesen für die Einbringung des bekannten Antrages Hitze vom 26. Februar 1907, in welchem die Grundzüge für das jetzt vorliegende Heimarbeitsgesetz bereits aufgestellt waren. Die Regierung hatte aber inzwischen einen anderen Weg gewählt, nämlich den Weg des Spezialgesetzes auf einem Gebiet, für welches ein Eingreifen sich als notwendig herausgestellt hat: auf dem Gebiete der Zigarren-Hausarbeit, und hat eine entsprechende Vorlage am 23. September 1907 gemacht, die eine Ergänzung bilden sollte zu den Bestimmungen über die Einrichtung von Fabriken und Werkstätten der Zigarrenindustrie. Ich gehe auf diesen Gesetzentwurf natürlich nicht ein; aber ich möchte hervorheben, daß in der Begründung dieses Entwurfs die Regierung den Grundsatz vertreten hatte, daß ein sozialpolitisches Eingreifen in die Hausindustrie nur möglich sein wird bei einer genügenden Spezialisierung. In der Begründung dieses Zigarren-Hausarbeits-Gesetzentwurfes heißt es nämlich folgendermaßen:

„Bei einer umfassenden Regelung der gesamten Hausarbeit in der gesundheitsgefährlichen Zigarrenindustrie handelt es sich um den ersten Schritt auf einem Gebiete, das von der Gesetzgebung bisher in der Weise noch nicht in Angriff genommen worden ist. Der Aufstellung der für erforderlich erachteten Bestimmungen sind daher umfangreiche Vorarbeiten vorausgegangen. Insbesondere sind die

Grundzüge für die Regelung eingehender Beratung unterzogen worden unter Zuziehung besonders sachverständiger Gewerbeaufsichtsbeamten sowie von Vertretern der beteiligten Gewerbetreibenden und Hausarbeiter. Auf Grund des Ergebnisses dieser Verhandlungen und der demnächst vom Bundesrat vorgenommenen Ermittelungen ist der vorliegende Entwurf ausgearbeitet worden."

Die Reichsregierung vertritt also hiermit den Standpunkt, daß auf dem Wege der Spezialgesetzgebung für die einzelnen Hausindustrien vorgegangen werden müsse, unter spezieller Berücksichtigung ihrer Interessen. Meine Herren! Dieser Standpunkt scheint mir auch der einzig berechtigte, und zwar nicht nur vom Gesichtspunkte der inneren Produktion aus, sondern auch vom internationalen Gesichtspunkte; denn auch auf internationalem Gebiete werden wir gewisse Abmachungen treffen müssen, wenn wir gewisse Hausindustrien wirklich einer durchgreifenden Gesundung entgegenführen wollen. Ich darf vielleicht daran erinnern, daß das Berner Uebereinkommen vom 26. September 1908 sich zwar ausdrücklich nur auf die Fabrikbetriebe bezieht und unter allen Umständen ein Eingreifen in Familienbetriebe ablehnt; auf der anderen Seite ist aber der Weg der internationalen Spezialgesetzgebung auch für die Hausindustrie an sich eröffnet, und er soll ja auch von dem internationalen Verein für gesetzlichen Arbeiterschutz beschritten werden. Ich selber habe der deutschen Sektion dieses Vereins für ein wichtiges Gebiet des internationalen Arbeiterschutzes, das zunächst von dieser Vereinigung in Angriff genommen worden ist, ein Gutachten erstattet, in welchem ich mich im Einvernehmen mit meiner Handelskammer auch für eine internationale Regelung des Arbeiterschutzes in der Hausindustrie der Schiffchen-Stickerei, und zwar auch in Familienbetrieben, erklärt habe.

Ich meine also, meine Herren, daß der Weg der Spezialgesetzgebung sowohl vom Standpunkt der inneren Produktion als auch vom Standpunkt einer internationalen Regelung aus der durchaus sachgemäße und gegebene ist.

Die Regierung hat nun aber diesen von ihr in bezug auf die Zigarren-Hausindustrie zuerst eingeschlagenen Weg nicht ganz innegehalten, sondern mit dem Entwurf der Gewerbenovelle vom 16. Dezember 1907 dem Reichstag als Titel VIIa auch gewisse Bestimmungen allgemeiner Natur über die Heimarbeiten unterbreitet und ist, als die Novelle in der vorigen Session nicht zur Verabschiedung gelangte, noch einen Schritt weiter gegangen, indem sie die Bestimmungen dieses neuen Titels VIIa zu einem besonderen Gesetzentwurf verarbeitet und wieder eingebracht hat. Es sollten damit auch zugleich die Grundlagen für die Regelung der Zigarren-Hausindustrie gegeben werden, so daß von einem Spezialgesetz für die Zigarrenindustrie abgesehen werden konnte. Der damalige Staatssekretär v. Bethmann Hollweg hatte hierauf auch schon in der Reichstagssitzung vom 28. Februar 1910 hingewiesen. Er sagte: Ich halte es nicht für unmöglich, daß man die beiden Novellen — die damals gemeinsam zur Verhandlung standen — zusammenarbeitet.

Meine Herren! Mit der Zusammenwerfung dieser beiden Gesetzentwürfe kann man sich im allgemeinen wohl einverstanden erklären. Sie war auch insofern möglich, als tatsächlich die Bestimmungen dieses jetzt uns vorliegenden Gesetzes nichts anderes sind als diejenigen Bestimmungen, die bereits im Zigarren-Hausarbeits-Gesetz enthalten waren, nur ohne Bezugnahme auf konkrete Verhältnisse. Dieser Gesetzentwurf will nichts anderes als ein Rahmengesetz, als eine Blankovollmacht an den Bundesrat, auf Grund dieser Bestimmungen für die einzelnen Hausindustrien Vorschriften zu erlassen. Sie sehen also, meine Herren, mit diesem Gesetze verträgt sich an sich sehr wohl der von mir in erster Linie vorangestellte Gesichtspunkt der Spezialisierung.

Es besteht nun aber die große Gefahr, daß der Reichstag nach der bisherigen Stellungnahme der Reichstagskommission aus diesem Gesetz etwas anderes macht, als der Natur der Sache nach zulässig ist, und als die Regierung mit dem Gesetzentwurf wollte, daß nämlich der Reichstag ohne Rücksicht auf die Verhältnisse der einzelnen Hausindustrien die Bestimmungen des Gesetzentwurfes zu zwingenden Vorschriften allgemeiner Natur ausgestaltet und damit in unverständiger Weise in die Verhältnisse der Hausindustrien generalisierend eingreift.

Bevor wir uns mit den Einzelheiten — ich kann nicht einmal sagen Einzelheiten, sondern nur mit den hauptsächlichsten Punkten — des Gesetzentwurfs beschäftigen, gestatte ich mir, kurz darauf hinzuweisen, daß mit diesem Gesetzentwurf keineswegs die gesamte Hausindustrie geregelt werden soll, wie man mißverständlicherweise aus dem Titel entnehmen könnte, sondern der Entwurf bezieht sich lediglich auf denjenigen Teil der Hausindustrie, der sich in Familienbetrieben vollzieht, in denen kein gewerblicher Arbeitsvertrag vorliegt.

Wir müssen uns dabei vergegenwärtigen, daß die Hausindustrie einmal eine wirtschaftliche und dann eine technische Seite aufweist. In wirtschaftlicher Beziehung sagt der Begriff der Hausindustrie nichts anderes, als daß jemand für fremde Rechnung arbeitet. Es ist damit nichts über die Natur des Gewerbebetriebes gesagt. Die kann sich sowohl fabrikmäßig als auch im Kleinbetriebe abspielen. Unter Hausindustrie im engeren Sinne versteht man natürlich den Kleinbetrieb. Soweit sich die Hausindustrie in Fabriken oder in Werkstätten oder auch in Familienbetrieben abspielt, deren Mitglieder untereinander in einem gewerblichen Vertragsverhältnis stehen, fallen sie unter die Bestimmungen der Gewerbeordnung.

Nun vollzieht sich ja ein großer Teil der hausindustriellen Produktion in solchen Betrieben, bei denen kein gewerbliches Arbeitsverhältnis vorliegt, sondern nur ein tatsächliches Arbeitsverhältnis, und deswegen war es nötig, gewisse Bestimmungen der Gewerbeordnung auch auf diese Betriebe auszudehnen und dann auch auf solche, in welchen einzelne Hausgewerbetreibende nur in einem gemeinsamen Raum arbeiten. Die letzte Bestimmung ist offenbar dem Zigarrenarbeitsgesetz entnommen worden. Sie spielt für eine Reihe von Hausindustrien aber keine Rolle. Die Bestimmungen der Gewerbeordnung in § 120a bis e, die sich auf die sanitären Vorschriften beziehen, erstrecken sich indes auf sämtliche Hausgewerbebetriebe schon, soweit in ihnen gewerbliche Arbeitsverhältnisse vorliegen. Die Bestimmungen der eigentlichen Arbeiterschutzgesetzgebung der §§ 135ff. bezogen sich bisher aber nur auf solche Betriebe, in welchen kein Familienbetrieb vorherrscht. Auch die Gewerbeordnungsnovelle hatte das aufrechterhalten, und erst in der dritten Beratung ist diese Beschränkung gefallen — meine Herren, ich glaube mit Recht — auf Grund eines vom Zentrum unterstützten sozialdemokratischen Antrages; denn es mußte hier die Scheidewand fallen, daß sich etwa die Familienbetriebe darauf zurückziehen könnten, daß sie in einem gewerblichen Arbeitsverhältnis ihrer Mitglieder untereinander arbeiten; sonst wären sie nicht faßbar gewesen. Es mußte auf diese Weise eine geschlossene Kette hergestellt werden. Die Bestimmungen über die Lohnbücher beziehen sich auf sämtliche Hausgewerbetreibenden, also nicht nur auf die gewerblichen, sondern auch auf die anderen. Sie regeln den Verkehr zwischen den Gewerbetreibenden und ihren Hausarbeitern. Auf der einen Seite enthält der Entwurf also nichts anderes als eine Ausdehnung gewisser Bestimmungen der Gewerbeordnung auf die nicht gewerbsmäßig betriebene Hausindustrie. Auf der anderen Seite enthält der Entwurf aber auch Bestimmungen, die ihrerseits wieder hineingreifen in die Verhältnisse der Gewerbeordnung, nämlich die Bestimmungen der §§ 3 und 4, die sich auf den Verkehr zwischen Arbeitgebern und den Hausgewerbetreibenden beziehen. Für die Regelung der Hausindustrie kommen also sowohl die Bestimmungen der Gewerbeordnung als auch diejenigen des Gesetzentwurfes in Betracht.

Von den Bestimmungen des Gesetzentwurfs möchte ich vielleicht zunächst diejenigen vorwegnehmen, welche die Grundlage für die Regelung eines sozialpolitischen Eingreifens überhaupt bilden müssen, nämlich diejenigen, welche sich auf die Registrierpflicht beziehen.

Meine Herren! Die Registrierpflicht bildete auch den ersten Gegenstand der Resolution von Hitze und Genossen, welche ich erwähnt habe. Sie war aber in dem ersten Entwurf der Regierung nur vorgesehen für Betriebe, die mit besonderen Gefahren verbunden sind. Die Reichstagskommission hat das geändert, und in dem jetzt vorliegenden Entwurf ist diese Registrierpflicht auf alle Betriebe ausgedehnt worden. Es ist also vorgeschrieben, daß der Fabrikant ein Verzeichnis der von ihm beschäftigten Personen zu führen hat.

Das ist nach meinem Dafürhalten an sich nicht zu umgehen. Es ist aber auf der anderen Seite auch Fürsorge zu treffen, daß dieses Verzeichnis nicht in falsche Hände kommt, sondern lediglich der Behörde zur Verfügung steht; denn es befinden sich in einer Reihe von Industrien Kräfte, die hausindustriell tätig sind, insbesondere Frauen und Töchter von Beamten, die aber nicht öffentlich als in einem gewerblichen Arbeitsverhältnis stehend betrachtet werden wollen. Es darf also dieses Verzeichnis nicht etwa dem Zugriff einer Agitation offenstehen. Dann ist aber auch zu berücksichtigen, daß das Verzeichnis den Gewerbetreibenden selbst eine ziemlich erhebliche Schreibarbeit auferlegt, und es ist deshalb in der Ihnen vorliegenden Resolution zum Ausdruck gebracht, daß dieses Verzeichnis, soweit irgend möglich, verbunden werden möchte mit demjenigen, das für die Krankenversicherung der Hausgewerbetreibenden in § 501 des Reichsversicherungsentwurfs vorgesehen ist.

Meine Herren! Also mit diesen grundlegenden Bestimmungen muß man sich, wenn man überhaupt auf dem Standpunkt eines sozialpolitischen Eingreifens in die Hausindustrie steht, einverstanden erklären.

Die übrigen Bestimmungen des Entwurfs lassen sich in drei Gruppen teilen, nämlich erstens in solche, welche die Arbeitsbedingungen und die Bedingungen und Anforderungen an die Einrichtung des Betriebes der Hausgewerbetreibenden vom Standpunkt der Hausgewerbetreibenden selber aus betreffen, zweitens in solche, welche im öffentlich-sanitären Interesse gewisse Anforderungen stellen, und drittens in solche, welche das Verhältnis der Handelsgewerbetreibenden zu ihren Arbeitgebern zu regeln suchen. Dazu treten noch Bestimmungen über die Kompetenz der Behörden, auf die ich hier nicht eingehe, weil sie bereits in dem vorigen Referat behandelt sind, und unter dieselben Bedingungen fallen, ferner noch Strafbestimmungen, auf die ich ebenfalls nicht einzugehen brauche.

Was nun die erste Gruppe der Bestimmungen betrifft, so sind sie enthalten in den §§ 5, 7 und 9, und zwar sollen hiernach die Bestimmungen des § 120a bis c der Gewerbeordnung auch auf die hausindustriellen Familienbetriebe übertragen werden, und es sollen in ihnen Vorkehrungen gegen Gefahren des Lebens und der Gesundheit der Arbeiter getroffen werden. Diese Bestimmungen sollten nach dem ersten Entwurf sich lediglich auf solche Betriebe beziehen, welche mit besonderen Gefahren für Leben und Gesundheit verbunden sind. Sie waren nur vorgesehen für besondere Gefahren in den einzelnen Betrieben. Die Reichstagskommission hat aber diese Bestimmungen ausdehnen wollen auch auf solche Betriebe, die überhaupt mit Gefahren verbunden sind. In dem neuen von der Regierung vorgelegten Entwurf ist diesem Beschluß der Reichstagskommission Rechnung getragen worden, und das scheint mir auch nicht bedenklich, da nach dem § 7, soweit es sich um dringende Fälle handelt, eine angemessene Frist zu geben ist, und da ferner auf bestehende Betriebe Rücksicht genommen werden soll.

Die Ziffer 2 des § 5 entspricht der Vorschrift des § 120c der Gewerbeordnung, wonach auf die Gesundheit und Sittlichkeit der Arbeiter unter 18 Jahren entsprechend Rücksicht genommen werden soll. Diese Vorschrift ist auch ausgedehnt worden auf die Hausarbeiterinnen ohne Beschränkung des Alters, und gleichzeitig ist in dem Absatz 2 dieses Paragraphen vorgesehen, daß die Bestimmungen über die Beschäftigung der Kinder, welche im Kinderschutzgesetz enthalten sind, über das dort zulässige Alter von 10 bis 12 Jahren für eigene und fremde Kinder hinaus ausgedehnt, und daß auch die Sonntagsarbeit für Personen unter 16 Jahren in der Hausindustrie verboten werden kann. Meine Herren, gegen diese Ausdehnung der Bestimmungen an sich wird ja auch nichts einzuwenden sein; aber man muß sich nur fragen: wie soll es denn nun eigentlich mit der Kontrolle in der Hausindustrie gehandhabt werden? Das ist ja der wunde Punkt.

Die Ziffer 3 dieses Paragraphen enthält besondere Vorschriften für gewerbliche Arbeiten, die nur in Räumen vorgenommen werden sollen, die nicht gleichzeitig zum Wohnen, Schlafen usw. dienen. Diese

Vorschrift wird aber dann noch verschärft durch eine Bestimmung im § 9, wonach derartige hausindustrielle Familienbetriebe einfach vom Bundesrat und sogar von der Polizeibehörde, was ja ganz unzulässig erscheint, verboten werden können. Meine Herren, es mag ja sein, daß das in der Hausindustrie nicht anders zu regeln ist. In einem großen Betriebe, in einer Fabrik, kann man vorschreiben, daß hierfür besondere Räume erstellt werden. Aber in der Hausindustrie läßt sich das nicht vorschreiben. Dann muß also dieser Betrieb geschlossen werden. Aber, meine Herren, ich halte es sowohl im Interesse der Gewerbetreibenden, welche derartige Hausindustrielle beschäftigen, als auch im Interesse der Hausindustriellen selber doch für richtig, hierbei auch die Frage zur Erwägung zu stellen: wer entschädigt denn nun diese Gewerbetreibenden und diese Hausindustriellen, die bisher mit ihrer Existenz auf einen derartigen Betrieb angewiesen waren?

Die §§ 6 und 9 enthalten Vorschriften über die Einrichtung von hausindustriellen Betrieben, welche der Herstellung, der Verarbeitung oder der Verpackung von Nahrungs- und Genußmitteln dienen, und zwar insoweit sich hierbei Gefahren für die öffentliche Gesundheit ergeben. Meine Herren, hiernach kann der Bundesrat auch für diese Räume besondere Vorschriften erlassen, und es ist durchaus richtig, nach meinem Dafürhalten, daß vom Standpunkt des öffentlichen Interesses aus diese Betriebe besonderer Vorrichtungen bedürfen. Es finden sich hier aber Bestimmungen, gegen welche prinzipieller Widerspruch zu erheben ist. In § 12 Ziffer 2 werden die Gewerbetreibenden verpflichtet, auch ein Verzeichnis dieser Betriebe zu führen, an welche sie Arbeiten der Nahrungs- und Genußmittelherstellung und Verpackung ausgeben. Das ist richtig. Dann ist aber in § 14 vorgesehen, daß die Gewerbetreibenden der Nahrungs- und Genußmittelindustrie diese Betriebe selbst in gewissen Zeiträumen zu kontrollieren haben. Meine Herren, das ist eine Bestimmung, gegen welche nicht scharf genug Widerspruch erhoben werden kann, und zwar grundsätzlicher Widerspruch. In dem ersten Entwurf des Hausarbeitsgesetzes hat sogar gestanden, daß für alle gefährlichen Betriebe den Gewerbetreibenden eine Kontrollpflicht auferlegt werden soll. Das ist jetzt auf die Betriebe der Nahrungs- und Genußmittelindustrie beschränkt worden. Nun sind mir zwar Verhältnisse im Braunschweigischen bekannt, wo sich die Gewerbetreibenden im eigenen Interesse einer Kontrolle der Verpackung von Nahrungs- und Genußmitteln unterzogen haben. Wenn aber der Staat im öffentlich-rechtlichen Interesse eine Beschränkung, eine besondere Vorschrift über die Ausgestaltung dieser Betriebe erläßt, so ist es nach meinem Dafürhalten ganz unmöglich, den Gewerbetreibenden die Kontrolle über diese Betriebe aufzuerlegen und sie damit gewissermaßen verantwortlich für die Innehaltung dieser Vorschriften zu machen. Ganz abgesehen davon ist es aber nicht gut möglich, den Gewerbetreibenden den Zutritt zu diesen Betrieben zu lassen; denn auch schon im Interesse der gegenseitigen Konkurrenz erscheint es nicht ohne weiteres zulässig, daß die verschiedenen Gewerbetreibenden, welche denselben Hausindustriellen beschäftigen, in gleicher Weise zu dessen Räumen Zutritt haben. Ich meine, daß hier doch der Staat dafür sorgen muß, daß eine Kontrolle eintritt, und daß sie nur durch staatliche Organe ausgeübt werden kann, und zwar in erster Linie durch die Gewerbeaufsichtsbeamten. Die sind ja auch als Kontrollorgane im Gesetzentwurf im allgemeinen vorgesehen.

Daneben heißt es aber noch in § 16, daß der Bundesrat oder die Landeszentralbehörde eine Aufsicht auch anderweit regeln könne. Ich nehme an, daß hiermit auch nur gemeint sein kann eine Regelung und Aufsicht durch staatliche Organe. Denn prinzipiell muß abgelehnt werden, daß dem Gewerbetreibenden eine Kontrolle auferlegt wird, und dieses kommt ebenfalls in der Ihnen vorgelegten Resolution mit zum Ausdruck.

Ich komme nun, meine Herren, zu denjenigen Bestimmungen des Entwurfes, welche unabhängig von der Frage, ob Familienbetrieb oder nicht, auf den Verkehr der Auftraggeber mit dem Hausgewerbetreibenden sich beziehen, auf die §§ 3 und 4. Der § 3 enthält Vorschriften über die Bekanntgabe der Löhne, der § 4 solche über die Einrichtung der Räume, in welchen Hausarbeiten an Hausarbeiter ausgegeben werden.

Meine Herren! Am wenigsten bedenklich erscheinen mir noch die Vorschriften des § 4. Hiernach sollen auf Grund von Anordnungen der Gewerbeaufsichtsbehörden von den Polizeiorganen Anordnungen in einzelnen Betrieben getroffen werden können, welche ein gar zu langes Warten der Hausindustriellen bei der Entgegennahme oder bei der Abnahme der Arbeiten verhüten. Die Bestimmungen sollen sich dann auch auf die Regelung des Betriebes erstrecken und nicht etwa nur auf die Aufstellung von Ladentischen usw., sondern auch ferner auf die Vorbereitung der auszugebenden Arbeiten. Meine Herren! Wieweit ein derartig schwankender und kautschukartiger Begriff, wie die Regelung der Vorbereitung der Ausgabe von Arbeiten, ausgedehnt werden kann, entzieht sich meiner

Beurteilung. Die Handelskammer Schweidnitz hat gegen diese Bestimmung deshalb von vornherein protestiert. Ich glaube aber, daß so erhebliche Mißstände nach dieser Richtung hin gar nicht bestehen werden, und daß sich die Verhältnisse ziemlich einfach regeln werden. Aber immerhin ist es ein ziemlich weiter Begriff und bis zu einem gewissen Grade bedenklich. Doch soll eine derartige Regelung nach Absatz 2 für solche Betriebe, die bei Erlaß dieses Gesetzes bereits bestehen, nicht eintreten, so lange sie nicht erweitert oder wesentlich verändert werden, und auch sonst sind Uebergangsbestimmungen getroffen.

Meine Herren! Ich komme nun zu dem bedenklichsten Punkt der ganzen Vorlage, nämlich zu § 3. Ich möchte zunächst bemerken, daß die jetzige Fassung des § 3 von dem ersten Entwurf bis zu einem gewissen Grade abweicht. Während nämlich der erste Entwurf vorgesehen hatte, daß in den Betriebsräumen für Arbeitsausgabe Lohntafeln aufzustellen sind, auf denen in deutlicher Schrift die Löhne zu verzeichnen sind, verlangt der gegenwärtige Entwurf, daß eine allgemeine Bekanntgabe der Löhne stattfinden soll, die also auch in der Form von offen auszulegenden Büchern bestehen kann, und er sieht Lohntafeln nur subsidiär vor. Die Vorschrift besagt, daß der Bundesrat bestimmen kann, daß in denjenigen Räumen, in welchen Arbeit für Hausarbeiter ausgegeben oder Arbeit solcher Personen abgenommen werden, die für die einzelnen Arbeiten jeweilig gezahlten Löhne den Hausarbeitern allgemein bekanntgegeben werden müssen. Meine Herren! Nach der Begründung erscheint diese Vorschrift, neben der diejenige des § 114a der Gewerbeordnung über Lohnbücher, die nur fakultativ einzuführen ist, natürlich bestehen bleibt, als eine weitere Maßnahme zur Klarstellung der in der Hausindustrie bezahlten Löhne erforderlich. Es heißt in der Begründung, daß sich die vielfach vorhandenen niedrigen Löhne in der Hausindustrie nur zum Teil durch das Ueberangebot der Arbeitskräfte erklären, zum Teil aber nur daraus erklärt werden können, daß der Arbeitgeber die Unkenntnis der Arbeiter über die in der Industrie gezahlten Löhne zu seinem eigenen Vorteil ausnutzt, die Hausindustriellen also übervorteilt. Die Maßnahme wird also begründet mit der Behauptung eines unlauteren Verhaltens der Arbeitgeber gegenüber den Hausindustriellen.

Meine Herren! Wenn eine Regierungsvorlage mit einer solchen Begründung ganz neue gesetzliche Bestimmungen einführt, so ist die Regierung nach meinem Dafürhalten auch verpflichtet, Tatsachen in der Begründung anzuführen, welche zeigen, daß diese Behauptung an sich richtig ist und in welchem Umfange derartige Mißstände bestehen. (Lebhafte Zustimmung.) Ich habe aber darüber gar nichts in der Begründung finden können. (Dr. Tille: Ich auch nicht!) Ich muß aber auf der anderen Seite sagen, daß es durchaus gar nicht notwendig ist, hier ein unlauteres Verhalten des Arbeitgebers gegenüber den Hausindustriellen anzunehmen, wenn er einem neu in die Hausindustrie eintretenden Arbeiter geringere Löhne zahlt, sondern ich glaube, das Verhältnis erklärt sich doch ganz ungezwungen daraus, daß einem neuen Arbeiter, der erst in diese Beschäftigung eintritt, gar nicht der gleiche Lohn gezahlt werden kann wie dem älteren Arbeiter, der in dieser Arbeit schon erfahren ist. (Sehr richtig!) Der Arbeitgeber muß doch die Möglichkeit haben, nach den Qualitäten des Arbeiters den Lohn abzustufen. Meine Herren, der neue Arbeiter verpfuscht ihm ja einen großen Teil der Ware, und es ist durchaus nicht zu unterstellen, daß der Arbeitgeber die Unkenntnis über die Löhne in der Hausindustrie in einer derartigen Weise ausnützt.

Meine Herren! Nach meinem Empfinden beruht dieser ganze Paragraph auf einer ganz dilettantenhaften Vorstellung von den Verhältnissen in der Hausindustrie (sehr richtig!); er beruht nämlich auf der Vorstellung, daß die Hausarbeiter keine Fühlung untereinander hätten. Aber, meine Herren, das ist nicht wahr. Die Hausarbeiter in einem geschlossenen Kreise, der überhaupt für größere Bevölkerungsschichten als hausindustrieller Erwerb in Frage kommen kann, sind sich über die Lohnverhältnisse sehr wohl im klaren. Sie wissen auch sehr wohl, daß sich der Lohn naturgemäß abstufen muß nach den verschiedenen Qualitäten der Arbeiter.

Man muß sich, meine Herren, aber nun weiter fragen, welche rechtliche Bedeutung denn eine derartige Offenlegung der Löhne seitens der Auftraggeber hat, und zwar einmal auf seiten der Auftraggeber und dann auf seiten der Hausgewerbetreibenden. Meine Herren, soll denn diese Bestimmung etwa die Bedeutung einer Auslobung im Sinne des Bürgerlichen Gesetzbuchs haben, dergestalt, daß der Auftraggeber an diese Löhne gebunden ist, oder soll er die Möglichkeit haben, auch darüber hinauszugehen? Das würde dann diejenigen Arbeitnehmer wieder schädigen, denen er nicht die höheren Löhne bewilligt. Soll aber ferner dann der Hausindustrielle, der selber diese Bücher nun einsieht, seinerseits an diese Löhne gebunden sein? Meine Herren, soweit ich Hausindustrielle kenne, wird das sehr wahrscheinlich dazu führen, daß hernach noch ein viel stärkeres Unterbieten der Hausindustriellen selber, zu niedrigeren Löhnen zu arbeiten, stattfindet. (Generalsekretär Stumpf: Sehr richtig!)

Wie steht es denn aber auch ferner, wenn nicht der Gewerbetreibende direkt mit dem Hausgewerbetreibenden verkehrt, sondern wenn dazwischen der Faktor, der Zwischenmeister tritt? Der Verdienst des Zwischenmeisters liegt in gewissen Prozenten. Er liegt doch darin, daß er dem Hausgewerbetreibenden die Arbeit zuführt, und daß er sie ihm wieder abnimmt. Es müßte dann doch ein gewisser Prozentsatz bestimmt werden, der von dem Zwischenmeister genommen werden kann.

Meine Herren! Sie sehen, Sie kommen hier in Konsequenzen, die wirtschaftlich gar nicht durchzuführen sind, und meine feste Ueberzeugung ist, daß diese Aufstellung der Lohntafeln oder die Fixierung der Löhne nur eine Quelle des Uebels und des Unfriedens zwischen Hausgewerbetreibenden und Arbeitgebern sein wird. Denn, ich muß noch einmal hervorheben: über die Höhe der Löhne bestehen in den meisten hausindustriellen Gebieten gar keine Zweifel, sondern die Differenzen liegen vielmehr auf einem ganz anderen Gebiete; nach meinem Dafürhalten liegen sie auf dem Gebiete der Auslegung des Werkvertrages nach dem Bürgerlichen Gesetzbuch. Ich habe selber in sehr intensiver Weise in der Stickerei-Hausindustrie mitgearbeitet und mitarbeiten helfen, um der Möglichkeit einer — ich möchte sagen — unter Umständen auch frivolen Auslegung der Bestimmungen des Bürgerlichen Gesetzbuches über den Werkvertrag durch die Arbeitgeber entgegenzuwirken. Der Arbeitgeber kann nach dem Werkvertrage Wandlung oder Minderung des Werklohnes fordern. Er hat es vollständig in der Hand, in Zeiten, wo ein Konjunkturrückgang eintritt, an der Ware zu mäkeln und eine Minderung usw. zu verlangen. Hier können Spezialbestimmungen in den einzelnen Industrien über die Auslegung des Werkvertrages von Nutzen sein. Das muß aber den einzelnen Industrien überlassen werden und darf nicht durch irgendeine gesetzliche Bestimmung vorgeschrieben werden.

Nun möchte ich aber noch auf eine ganz andere Seite der Offenlegung dieser Bücher hinweisen. Es macht ja für den Gewerbetreibenden, der Hausindustrielle beschäftigt, an sich eine ganz ungeheure Arbeit, derartige Löhne überhaupt festzusetzen, wenn er eine Reihe von verschiedenen Hausarbeitern beschäftigen muß. Ich habe mir zu diesem Zweck von einem unserer Kammermitglieder, der die Instrumentenindustrie vertritt, eine derartige Liste aufstellen lassen. Er hat sie mir gegeben, sagt aber, sie ist ganz unvollständig. Nun kommt aber noch hinzu, daß in dieser Hausindustrie ja ein Teil Material mitgegeben wird und ein Teil Material von dem Hausarbeiter zu liefern ist. Das wird zunächst einmal eine ziemlich komplizierte Liste. Und dann muß man sich schließlich doch auch sagen: was hat das eigentlich für einen Sinn? Was soll der einzelne Hausindustrielle, der beispielsweise nur Futteralkästen herstellt, aber keine Bälge macht, davon haben, daß er die Löhne für die ganzen einzelnen Teile der Hausindustrie in diesem vor ihm aufliegenden Buch des Arbeitgebers einsehen kann? Meine Herren, da komme ich auf die allergefährlichste Seite der Auflegung der Bücher, nämlich darauf: *wer garantiert denn eigentlich dafür, daß nicht auf diese Weise die ganze Kalkulation des Fabrikanten auf unlauterem Wege* bekanntgegeben wird. (Sehr richtig!) Wer garantiert dafür, daß nicht ein smarter Amerikaner herkommt und auf diese Weise gerade in *die* Verhältnisse eindringt, in die er bisher noch nicht hat eindringen können, trotz seiner Vorschrift der Deklaration? Was soll das überhaupt heißen? Wie kann man von einem Fabrikanten verlangen, hier kollektiv gewissermaßen seine ganzen Produktionsverhältnisse klarzulegen. (Sehr richtig!) Meine Herren, ich bin der Meinung, daß diese Bestimmungen durchaus unsachlicher Natur sind. Sie können im einzelnen vielleicht vorgeschrieben werden, aber doch nur unter sorgfältiger Abwägung aller Verhältnisse und nur da, wo die Verhältnisse durchaus ganz einfach liegen.

Meine Herren! Nun komme ich aber zu demjenigen Punkte, wo Vernunft Unsinn wird (Heiterkeit), oder wo Wohltat Plage wird. Die Regierung hat sich in diesem Gesetzentwurf noch darauf beschränkt, derartige Vorschriften nur fakultativ zu geben, natürlich auch der Polizeibehörde — die kann ja gar nicht dafür in Frage kommen. Aber aus diesen Vorschriften hat nun die Reichstagskommission eine *zwingende Norm* machen wollen. Die Reichstagskommission hat vorgeschrieben, daß in denjenigen Räumen, in welchen Arbeiten für Hausarbeiter ausgegeben oder Arbeiten solcher Personen abgenommen werden, dem Hausarbeiter durch offene Auslegung der Lohnlisten oder Aushändigung einer Lohntabelle die Möglichkeit gegeben sein muß, sich über die für die einzelnen Arbeiten jeweilig zu zahlenden Löhne zu unterrichten. Die Kommission verlangt also als zwingende Norm eine allgemeine Vorschrift, daß die Löhne offen ausgelegt werden müssen. *Eine derartige zwingende Vorschrift verstößt aber nach meinem Dafürhalten vollständig gegen den Grundsatz* der Spezialisierung und gegen den Grundsatz der Beachtung der einzelnen Verhältnisse in der Hausindustrie, und es scheint mir hier eine ganz unverständliche Generalisierung vorzuliegen, die nicht statthaft ist.

Mit welchem Mangel an Sachkenntnis nun aber die Reichstagskommission bei dieser zwingenden Vorschrift vorgegangen ist, ergibt sich aus folgendem. Sie hat einen Zusatz gemacht, in dem sie glaubt, eine ganz besonders große Weisheit zu offenbaren. Sie hat nämlich gesagt, daß diese Bestimmung nicht gelten soll für neue Muster. (Hört, hört!) Meine Herren, das kann ja unter Umständen ganz richtig sein für eine Hausindustrie, die immer auf ausgetretenen Wegen weiterarbeitet. Aber für die Verhältnisse der Stickereiindustrie würde die ganze Geschichte ja einfach für die Katze sein, denn hier handelt es sich ja in jeder Saison nur um neue Muster, die ausgegeben werden. Da steht ja nun die ganze Sache auf dem Kopf, wenn diese Lohntabellen nicht für neue Muster gelten sollen. Der Fabrikant hat ja aber gerade das größte Interesse daran, daß zwischen ihm und dem Hausindustriellen vor der Saison eine gewisse Klarheit für die Kalkulation der neuen Muster geschaffen wird. Gerade für neue Muster sollten ja diese Löhne gelten. Wir haben Zeiten in der Stickerei gehabt, wo himmelhoch jauchzend — zu Tode betrübt einmal die Hausindustrie daniederlag, wo das Geschäft nicht ging, und dann bei lebhaftem Geschäft der Lohnsticker auf der anderen Seite dem Fabrikanten die Ware vor die Füße warf und sagte, er arbeite nicht mehr um den Preis; wo die Löhne in der Hausindustrie um 100 und 200 Prozent gestiegen sind — alles für neue Muster. Meine Herren, hierfür sollen nun die Verhältnisse gar nicht gelten! Sie sehen also, zu welchen Konsequenzen eine derartige generelle Vorschrift führt, wie sie die Reichstagskommission hier eingeführt hat.

Die Resolution, welche das Direktorium Ihnen hier vorlegt, spricht also auch aus, daß nach dieser Richtung hin eine generelle Vorschrift vermieden werden möchte.

Die Reichstagskommission hat aber ferner noch einen § 3a in Vorschlag gebracht, wonach auch die Einführung von Lohnbüchern zu einer zwingenden Norm werden soll. Ueber die Lohnbücher selbst spreche ich hier nicht. Ich meine aber, daß die Aufstellung einer derartigen zwingenden Norm für die Lohnbücher unter demselben Gesichtspunkt zu betrachten ist wie das, was ich eben über die Lohntafeln ausgeführt habe.

Meine Herren! Ich könnte damit meine Aufgabe als erfüllt ansehen, Ihnen den Gesetzentwurf in seinen Einzelheiten vorzuführen, wenn ich nicht gezwungen wäre, auf einen Punkt einzugehen, der in der Richtung der von mir gekennzeichneten Bestrebungen liegt, die Hausindustrie zu einem Tummelplatz sozialtheoretischer Maßnahmen zu machen; ich meine nämlich die Bestrebungen der Reichstagskommission auf Einführung eines gesetzlichen Mindestlohnes. Es ist Ihnen ja bekannt, daß die Reichstagskommission über den Gesetzentwurf hinaus in den ersten Entwurf, und auch neuerdings wieder in den zweiten Entwurf Bestimmungen aufgenommen hat und aufnehmen will, welche im letzten Grunde einen staatlich garantierten Mindestlohn einführen wollen, und deshalb vorschrieb: zunächst paritätisch zusammengesetzte Lohnämter, ferner die Festsetzung von Mindestzeit- und Mindeststücklöhnen durch Lohnämter, nicht nur für die in der Hausindustrie, sondern auch für die in Werkstätten und Fabriken des betreffenden Gewerbebetriebes beschäftigten Arbeiter, drittens die rechtsverbindliche Festlegung der Löhne durch eine Behörde, so daß entgegenstehende Vereinbarungen zum Nachteil der Hausarbeiter nicht rechtsverbindlich sind, viertens die rechtsverbindliche Ausdehnung von Tarifverträgen zwischen Arbeitgebern und Hausindustriellen oder ihren Organisationen auf sämtliche Hausarbeiter des betreffenden Gewerbes.

Meine Herren! Die Begründung zu dem neuen Gesetzentwurf sagt ziemlich lapidarisch zu dieser Sache, daß die Verbündeten Regierungen nicht in der Lage seien, ihre bisher hierzu eingenommene ablehnende Stellung zu ändern. Die zu diesem Antrage verdichteten Bestrebungen sind aber nicht nur für die Hausindustrie, sondern für die ganze gewerbliche Produktion von außerordentlich grundlegender Bedeutung. Wir müssen deshalb hier einen Augenblick verweilen. Es handelt sich um Probleme, die noch in keiner Weise irgendwie wissenschaftlich geklärt sind, und die man auf diese Weise doch ganz unmöglich so nebenbei in einem Gesetzentwurf lösen kann.

Bevor ich jedoch hierauf mit einigen Worten eingehe, möchte ich mir einige Bemerkungen erlauben über die maßgebenden Persönlichkeiten, von denen diese Bestrebungen unterstützt werden. Soweit es sich hier um die Sozialdemokraten handelt, kann ich mich wohl einer Bemerkung enthalten. Aber, meine Herren, es ist Ihnen ja bekannt, daß diese Bestrebungen auf Einführung eines Mindestlohnes für die Hausindustrie, also einer gesetzlichen Garantie, auch von einer Reihe von Persönlichkeiten geteilt werden, die aus rein menschlicher Empfindung heraus eine Besserung des Loses der Heimarbeiter erstreben und die in einer hochherzigen und an sich sympathischen Gesinnung sich für eine derartige Regelung erwärmen. Meine Herren, ich glaube auch in Ihrem Sinne zu sprechen, wenn ich vom rein menschlichen Standpunkt aus derartigen Persönlichkeiten, unter denen ich an erster Stelle den Zentrumsabgeordneten Herrn Dr. Pieper und dann den Herausgeber der „Sozialen Praxis“, Herrn Professor Franke, nenne, die Anerkennung ihres Eintretens für die Hausindustrie nicht versage. Ich bin auch der Meinung, daß keiner hier im Saale ist, der nicht erbärmlich bezahlten Hausindustriellen einen höheren Lohn von Herzen gönnte, und ich habe mir deshalb auch sehr eingehend, ganz unabhängig von irgendeiner Doktrin, überlegt, ob es denn überhaupt möglich sei, den Hausindustriellen in irgendeiner Form einen staatlich garantierten Mindestlohn zu gewähren. Ich bin aber zu der Ansicht gekommen, daß das nicht möglich ist, und ich bin weiter zu der Ansicht gekommen, daß es deshalb ein großes Unrecht sei, den Hausarbeitern das trügerische Phantom eines gesetzlich garantierten Mindestlohnes vorzuspiegeln. (Sehr wahr!)

Meine Herren! Die Garantie eines Mindestlohnes beruht nach meinem Dafürhalten auf einer Verkennung der Funktionen des Staates. Auf die Lohnhöhe kann der Staat doch nur dann einen Einfluß haben, wenn er selbst Produzent ist oder wenn er die gesamte Produktion regelt. Ueberläßt er aber die Produktion der Privatwirtschaft, so kann er einen Einfluß auf die Lohnhöhe nicht üben. Er kann nur die Löhne klarstellen, er kann auch gewisse Vereinbarungen fördern zur Klarstellung oder Instanzen ernennen zur Vereinbarung von Löhnen. Er kann aber in die Löhne selbst nicht eingreifen, es müßte denn sein, daß er sich bereit erklärte, die Waren dieser Privatindustrie zu bestimmten vorher zu fixierenden Preisen abzunehmen. (Heitere Zustimmung.)

Wenn man diesen dogmatisch-theoretischen Standpunkt für richtig hält, wird man andererseits nun einigermaßen verblüfft sein, wenn man hört, daß in England ja die Sache schon gesetzlich geregelt ist, und daß es sich für uns um kaum mehr handeln kann, als diesen englischen Vorgang auf Deutschland zu übertragen. Es ist gesagt worden, die Reichstagskommission bezweckt ja nichts anderes, als das, was in England bereits in dieser Beziehung besteht, auch für uns nutzbar zu machen.

Nun besteht in der Tat in England ein Gesetz unter dem Namen **Trade Boards Act**, das am 1. Januar d. J. in Kraft getreten ist, und dieses Gesetz bestimmt auch in der Tat, daß für gewisse Hausindustrien, die namentlich aufgeführt sind, insbesondere für die Konfektionsbetriebe, für die Kettenschmiederei und für Kartonnagearbeiten usw. Lohnämter vorgesehen werden, von denen Mindestzeit- und Mindeststücklöhne festgesetzt werden, die nach sechs Monaten dergestalt in Kraft treten, daß der Arbeitgeber verpflichtet ist, den Arbeitern — abgesehen von invaliden Arbeitern, wofür Ausnahmen gestattet werden — diese Mindestlöhne zu gewähren. Solange diese Löhne nicht rechtsverbindlich in Kraft gesetzt sind, haben sie nur die Bedeutung einer Richtschnur, aber mit der Maßgabe, daß der Staat und die Gemeinden Submissionen nur an solche Gewerbetreibenden ausgeben dürfen, welche sich verpflichten, auf diese Löhne einzugehen.

Meine Herren! Es ist also gar kein Zweifel, daß in England ein derartiges Gesetz besteht, das die Lohnhöhe fixiert. Bei dieser gesetzlichen Maßnahme fehlt es aber nur an einem kleinen Etwas, nämlich an der Verpflichtung des Arbeitgebers, überhaupt Arbeit auszugeben. Diese Verpflichtung kann nicht gesetzlich fixiert werden, und deshalb ist die beste Kritik dieses Entwurfes diejenige, welche sich bei der Besprechung des damals noch im Entwurf begriffenen Gesetzes in der „Sozialen Praxis" findet. Hier heißt es nämlich folgendermaßen:

„Nach unseren deutschen Begriffen gehen diese Vorschläge und Forderungen des Unterhaus-Komitees schon sehr weit. In England begrüßt man zwar die Energie, die auf den wunden Punkt in jeder Hausindustrie hinweist und hier Abhilfe verlangt, aber man findet, daß eine Lücke gelassen ist, in der alle Wirkung für die Heimarbeit wieder verschwinden könnte. Radikale Sozialreformer und Sozialisten fürchten nämlich, daß die Regelung durch Lohnämter und Mindestlöhne die Unternehmer veranlassen würde, die Heimarbeit in die Fabriken und Werkstätten zu verlegen und dort mit verstärktem Lohndruck vorzugehen. Deshalb verlangen sie gleichzeitig mit den Lohnämtern und Mindestlöhnen in der Heimarbeit auch dieselben Einrichtungen für Fabriken und Werkstätten, in denen gleiche Waren, wie in der Hausindustrie, erzeugt werden."

Meine Herren! Die „Soziale Praxis" knüpft daran die Bemerkung: „Das halten wir für eine gefährliche Forderung. Wer zuviel verlangt, bekommt leicht gar nichts. Es wird schon schwer sein, die Vorschläge des Parlamentsausschusses in England durchzubringen."

Sie sehen also, meine Herren, wohin der Weg führt. Die Reichstagskommission hat nun aber gleich reine Bank gemacht und hat verlangt, daß die Lohnämter nicht nur für die in der Hausindustrie, sondern auch für die in Werkstätten und Fabriken beschäftigten Arbeiter derjenigen Gewerbszweige, auf welche sich diese Löhne beziehen, Mindeststücklöhne und Mindestzeiten festsetzen. Von da an bis zu einer allgemeinen Festsetzung der Löhne ist bei dem Ineinandergreifen der verschiedenen Industrien und auch bei der Verquickung derselben mit den Eigenindustrien schließlich nur noch ein Schritt. (Sehr wahr!)

Meine Herren! Ich kann mich nicht entschließen, zu glauben, daß auf diese Weise in die Produktion eingegriffen werden kann. Bei diesen Bestrebungen liegt nach meinem Dafürhalten lediglich eine **grobe Verwechselung der Rechtsfunktionen des Staates mit den natürlichen Wirkungen der privatwirtschaftlichen Produktion** vor. Ich möchte aber noch einen Augenblick dabei verharren, um zu zeigen, zu welchen Unmöglichkeiten eine derartige Regelung überhaupt führt. Ich möchte betonen, daß diese Regelung ja nicht allgemein verlangt wird, sondern für bestimmte Gewerbezweige, in denen Hausarbeiter in großer Zahl zu einem im Vergleich zu anderen Arbeitern außerordentlich niedrigen Lohne beschäftigt sind. Meine Herren, wenn ein Eingriff in die Lohnhöhe nur in diesen Beschäftigungen der Fall sein sollte, dann muß man sich doch immerhin überlegen: woher kam denn nur der geringe Lohn? Lag er ausschließlich in dem Lohndruck des Arbeitgebers oder erklärt er sich nicht aus natürlichen Bedingungen? Meine Herren, wer nur einigermaßen mit der Hausindustrie Bescheid weiß, wird wissen, daß wir es hier mit einer Reihe von absterbenden Industrien zu tun haben, die in keiner Weise zu langem Leben erweckt werden können. Ich darf vielleicht an ein drastisches Beispiel aus der Vergangenheit erinnern, nämlich an das Bestehen der Krinoline, die derzeit einer großen Anzahl von Hausarbeitern einen sehr reichlichen Verdienst gab. Als aber die Mode der Krinoline das Todesurteil gesprochen hatte, wäre keine staatliche Behörde jemals imstande gewesen, hier einzugreifen, den Arbeitern irgendeinen Erwerb zu geben. Sie sehen also, daß es ganz unmöglich ist, selbst in Beschränkung auf solche Hausindustrien, in welchen schlechte Löhne bezahlt werden, eine derartige Vorschrift zu machen.

Dazu kommt aber noch, daß jede Fixierung der Löhne unsere Arbeiten einfach ins Ausland treiben würde und die Fabrikanten veranlassen müßte, den Veredelungsverkehr in Anspruch zu nehmen.

Ueberhaupt leiden wir, wenigstens in Sachsen, ja gar nicht an einer Ueberfülle von Hausarbeitern, sondern im Gegenteil, wir haben einen beständigen Mangel, und es werden je nach der Konjunktur sehr hohe Löhne gezahlt. Also ich bin der Meinung, daß die rechtsverbindliche Festsetzung von Mindestlöhnen als eine für den Staat unerfüllbare Aufgabe abzulehnen ist, und das kommt auch in der Ihnen vorliegenden Resolution entsprechend zum Ausdruck.

Nun muß man sich schließlich nur noch die Frage vorlegen: Sollen wir denn nun die Hände in den Schoß legen? Sollen wir dem Arbeiter sagen: du mußt deinen Betrieb hygienisch einrichten, du darfst nicht so lange arbeiten, aber die Garantie, daß du höhere Löhne bekommst, erhältst du nicht! Meine Herren, ich bin persönlich der Meinung, daß auf diesem doch sehr empfindlichen Gebiet gerade auch mit Kollektiv-Arbeitsverträgen, mit Tarifverträgen gearbeitet werden kann. Wir haben in der sächsischen Stickereiindustrie in den 80er Jahren einen Tarifvertrag gehabt, zugleich mit dem geschlossenen Verkehr für Fabrikanten und Lohnsticker, der für die Handmaschinenstickerei in sehr hohem Maße die Löhne aufrecht erhalten hat. Die Einführung dieses Tarifes und Verbandsverkehrs ist aber nur möglich gewesen bei ganz genauer Kenntnis der Verhältnisse, und war damals nur möglich, weil diese sächsische Industrie damals das Monopol der Herstellung von Handmaschinenstickereien zusammen mit der Schweizer Industrie hatte. — Es dürfte den meisten der hier Anwesenden vielleicht nicht bekannt sein, daß dies das erste Beispiel einer internationalen Tariffestsetzung in der Hausindustrie ist, das erste Beispiel eines Arbeitskartells, das geschlossen worden ist zwischen Sachsen und der Schweiz und das eine lange Zeit hindurch bestanden hat. Es sind die Stichlöhne festgesetzt im Verbandsverkehr und es sind tatsächlich Hunderttausende von Löhnen der sächsischen und der Schweizer Industrie erhalten worden. Als aber dann die Mac Kinley-Bill kam und der amerikanische Markt für den Schweizer Export zerstört wurde, da gab es kein Halten mehr, und der früher blühende Zentralverband der Sächsischen Stickereiindustrie mußte einfach seine zum Teil mühselige und auch widerwärtige Arbeit — da eine ganze Anzahl von Hausindustrien nicht heranzuziehen war — aufgeben, und er ist schließlich eingegangen, so daß man in Sachsen nur von dem „seligen“ Zentralverband spricht, womit natürlich der Zentralverband der Sächsischen Stickereiindustrie gemeint ist.

Also, meine Herren, Sie sehen, daß hier unter bestimmten Voraussetzungen etwas Gutes geschaffen werden kann, und ich habe mich auch bemüht, auf dem Gebiet der Schiffchenstickerei eine Organisation der Hausindustrie herbeizuführen, um gewisse Mißstände zu beseitigen. Das ist geschehen auf Veranlassung der Fabrikanten; die an mich herangetreten sind und gesagt haben, wir kommen hier nicht weiter mit diesen Verhältnissen der Produktion in der Lohnindustrie, es geht in der Kalkulation jetzt alles wild durcheinander, wir müssen erst einmal Grundsätze schaffen und dazu brauchen wir eine Organisation der Lohnsticker. Diese habe ich derzeit geschaffen. Eine Reihe von Fabrikanten wäre auch sehr gern bereit gewesen, einen Tarifvertrag mit den Schiffchenbahnmaschinenbesitzern zu schließen. Meine Herren, ich sage das alles aber nur für meine Person und mit dem ausdrücklichen Bemerken, daß man auch hier nicht generalisieren darf, denn auch der Tarifvertrag für die Hausindustrie muß aus den Verhältnissen herauswachsen. Aber im letzten Grunde sehe ich auch in diesen Tarifverträgen nicht etwa ein Mittel, nun den Hausgewerbetreibenden das goldene Zeitalter zu versprechen — das kann in dieser Weise überhaupt nicht geschehen —, ich verspreche mir überhaupt nicht sehr viel von einem direkten oder etwa durch den Staat geförderten Eingreifen in die Lohnhöhe. Viel mehr verspreche ich mir davon, wenn der Staat etwas reichere Mittel, wie das andere Staaten, beispielsweise Oesterreich, tun, aufwenden wollte, um das geistige und sittliche Niveau der Hausgewerbtreibenden durch Heranbildung in Schulen, durch Unterstützung von Lehrkursen usw. zu fördern. In dieser Beziehung kann nach meinem Dafürhalten noch ziemlich viel geschehen, aber doch immer nur für die l e b e n s f ä h i g e n Industrien. Für die absterbenden Industrien sollte man nicht noch etwa Mittel verwenden, und man sollte sie auch nicht als Beispiel anführen für eine Förderung und eine Regelung der Hausindustrie. Soweit es sich also um lebensfähige Industrien handelt, kann der Staat aber wohl fördernd eingreifen.

Wir haben das ja auch in Oesterreich gesehen, wo die Herstellung gehäkelter Spitzen eine außerordentliche Belebung erfahren hat, deren Produkte Sie hier ja an der Ecke dieses Hauses in dem Laden von B r a u n zum Teil vielleicht bewundert haben.

Aber, meine Herren, auch auf anderen Gebieten kann der Staat, wenn er sich wirklich so sehr für die Hausindustrie interessiert, etwas leisten: wenn er bei den Handelstarifverträgen seine besondere Aufmerksamkeit denjenigen Produkten widmet, die überwiegend in der Hausindustrie hergestellt werden.

Meine Herren! Auch diese Gesichtspunkte sind kurz in der Resolution zum Ausdruck gebracht.

Meine Herren! Es ist unzweifelhaft ein schwieriges, in seinen mannigfachen Erscheinungsformen schwer zu übersehendes Gebiet, auf das mit dem Entwurf eines Hausarbeitsgesetzes ein Stück sozialpolitischer Fürsorge ausgedehnt werden soll. Um so mehr aber ist es gerechtfertigt, daß man bei allem guten Willen nicht nur das Herz, sondern auch den Verstand hier sprechen läßt, daß man nicht Forderungen erhebt, deren Erfüllung unmöglich ist. Die vorliegende Resolution hält sich deshalb auch in den Grenzen des Durchführbaren, und wenn sie von Ihnen, wie ich nicht zweifele, angenommen wird, so bekunden Sie damit, daß Sie auch auf dem Gebiete der Hausindustrie Sozialpolitik treiben wollen, aber eine Sozialpolitik ohne Phrase und ohne Pose. (Lebhafter Beifall.)

Der Entwurf der Resolution hat folgenden Wortlaut:

„Unter Hinweis auf die in der Delegiertenversammlung vom 28. Oktober 1907 gefaßte Resolution ist grundsätzlich der mit dem Entwurf des Hausarbeitsgesetzes in Verbindung mit den Bestimmungen der Gewerbeordnung beabsichtigten Regelung der Hausarbeit insoweit zuzustimmen, als die zu erlassenden Maßnahmen die Erhaltung der Hausindustrien und den Wettbewerb der in ihnen hergestellten Waren, namentlich auf den ausländischen Märkten, nicht gefährden. Bei der überaus großen Verschiedenartigkeit der Hausindustrien ist deshalb zu fordern, daß dem Erlaß von Bestimmungen für sie sorgfältige Erhebungen sowohl bei den beteiligten Gewerbetreibenden als auch bei den Hausarbeitern vorangehen und daß demgemäß generalisierende Vorschriften zwingender Natur in dem Gesetzentwurf vermieden werden, dem Bundesrate oder der Landeszentralbehörde vielmehr nur die Befugnis zum Erlaß von Vorschriften, die den besonderen Verhältnissen der einzelnen Hausindustrien anzupassen sind, erteilt werde.

Als zwingende allgemeine Vorschrift kann lediglich diejenige Bestimmung des Entwurfes zugestanden werden, wonach Gewerbetreibende ein Verzeichnis der von ihnen beschäftigten Hausgewerbetreibenden und Faktore zu führen und der Behörde vorzulegen und einzureichen haben, doch ist zur Vermeidung unnötigen Schreibwerks dieses Verzeichnis mit dem bei der Krankenversicherung der Hausgewerbetreibenden nach dem Entwurfe der Reichsversicherungsordnung (§ 501) vorgesehenen zu verbinden.

Die zur Sicherung eines gefahrlosen Betriebes, zur Wahrung der Gesundheit und Sittlichkeit und zur Verhütung einer übermäßigen Arbeitszeit der Hausgewerbetreibenden vorgesehenen Bestimmungen sowie die im Interesse der öffentlichen Gesundheit vorgesehenen sind im allgemeinen zu billigen. Die Befugnis zum Verbot gefährlicher oder sittlich bedenklicher Arbeiten (§ 9) und zur Ausdehnung dieses Verbots auf Betriebe mit gewerblichen Arbeitern ist nicht den Polizeibehörden, sondern dem Bundesrat und den Landeszentralbehörden vorzubehalten. Die Pflicht zur Ueberwachung der Hausgewerbetreibenden ist nicht den sie beschäftigenden Gewerbetreibenden (§ 14), sondern staatlichen Organen zu übertragen.

Die Vorschriften der Gewerbeordnung bzw. des Gesetzentwurfs, welche sich auf die Führung der Lohnbücher und auf die allgemeine Bekanntgabe von Löhnen in den einzelnen Gewerbezweigen beziehen, dürfen nicht zwingender Natur sein, ihre Einführung ist vielmehr dem Bundesrate und der Landeszentralbehörde — nicht dagegen der Polizeibehörde — nach Anstellung der erforderlichen Erhebungen vorzubehalten.

Die von der Reichstagskommission geforderte, von der Reichsregierung in den Entwurf jedoch nicht aufgenommene rechtsverbindliche Festsetzung von Mindestlöhnen ist als eine für den Staat unerfüllbare Aufgabe abzulehnen.

Im übrigen sind — außerhalb des Rahmens der Gewerbeodnung und des Gesetzentwurfs — Maßnahmen zu befürworten, welche das sittliche und geistige Niveau der Hausgewerbetreibenden, insbesondere durch Errichtung und Unterstützung von Schulen zur Erzielung höherer Kunstfertigkeit in lebensfähigen Hausindustrien, zu heben geeignet erscheinen. Auch ist beim Abschluß von Handelstarifverträgen denjenigen Waren eine besondere Aufmerksamkeit zu widmen, deren Herstellung überwiegend in der Hausindustrie erfolgt."

Vorsitzender: Meine Herren! Ich bitte, in die Besprechung des Berichtes des Herrn Dr. Dietrich und der Ihnen vorgeschlagenen Entschließung einzutreten.

Wird das Wort nicht gewünscht?

Meine Herren! Ich persönlich möchte darauf hinweisen, daß die Einführung der Tarifverträge von dem Herrn Berichterstatter nur für den speziellen Fall gedacht und der Vorschlag auch rein persönlich gemacht ist. Die Tarifverträge dürften von dem weitaus größten Teile der deutschen Industrie strikt abzulehnen sein. (Sehr richtig!) Es ist kein Zweifel daran, daß die Angaben, die über englische Tarifverträge in Deutschland gemacht werden, größtenteils irrig sind. (Sehr richtig!) Die englischen Tarifverträge beruhen auf ganz anderen Grundlagen, als sie uns gewöhnlich mitgeteilt werden. Es steht dort den Unternehmern durchaus frei, nicht nur die Arbeiter von den Gewerkschaften zu nehmen, sondern auch andere zu beliebigen Löhnen. Es ist nur den Gewerkschaftsmitgliedern vorgeschrieben, daß sie nicht Arbeit zu niedrigeren Löhnen als zu den von den Gewerkschaften festgesetzten annehmen dürfen. Das ist also etwas ganz anderes, als was wir unter Tarifverträgen verstehen.

Nun, meine Herren, hat in Deutschland neuerdings eine Sitte, die in England so großes Unheil anrichtet, bereits Eingang gefunden, nämlich die Streckung der Arbeit. Ich könnte Ihnen eine ganze Reihe von Beispielen mitteilen, daß die Leute absichtlich den Verdienst aus Akkordarbeiten bis zu einem Drittel ermäßigt haben, um eben den Lohn in die Höhe zu treiben.

Also, ich glaube, wir sollten nicht unterlassen, zu sagen, daß Tarifverträge im allgemeinen für die Industrie nicht annehmbar sind. (Sehr richtig!) Sie können nur in ganz bestimmten Fällen vielleicht das Instrument sein, von dem man so viel spricht, daß es den Frieden stiftet zwischen Arbeitgebern und Arbeitnehmern. Im allgemeinen aber sind sie gewiß nicht das ersehnte Instrument. (Generalsekretär Stumpf: Fixe Idee!) (Heiterkeit.)

Ich darf annehmen, meine Herren, daß Sie der vorgeschlagenen Resolution zustimmen, und daß ich nun weitergehen darf.

Meine Herren! Es wird Ihnen vorgeschlagen, an unseren Herrn Vorsitzenden, Herrn Landrat Rötger, der zurzeit in Rom ist, eine Begrüßungsdepesche zu schicken (Beifall), und zwar in folgender Form:

„Die sehr zahlreich versammelten Delegierten des Centralverbandes Deutscher Industrieller senden Ihnen die wärmsten Grüße und den Wunsch, daß der Aufenthalt in dem schönen Italien Ihnen die erhoffte Erholung von der gewissenhaften Erfüllung Ihrer vielseitigen im Interesse der Industrie übernommenen Verpflichtungen bringen möchte."

Darf ich Ihre Zustimmung dazu annehmen? (Beifall.)

Wir kommen zu Punkt 4c:

Das Stellenvermittlergesetz.

Ich bitte Herrn Dr. Tänzler, seinen Bericht zu erstatten.

Referent Dr. **Tänzler**, Syndikus der Hauptstelle Deutscher Arbeitgeberverbände, Berlin: Meine Herren! Die Resolution, die Ihnen zu dem Entwurfe des Stellenvermittlergesetzes vorgeschlagen wird, lautet folgendermaßen — ich darf sie vielleicht vor meinen Ausführungen verlesen —:

„Der Centralverband Deutscher Industrieller ist in Uebereinstimmung mit der Regierung und mit der Mehrheit der Parteien davon durchdrungen, daß die Frage der Arbeitsvermittelung eine hervorragende Bedeutung für unsere Wirtschafts- und Sozialpolitik hat, er ist aber der Ueberzeugung, daß diese Frage zugleich auch eine der schwierigsten ist.

Die Industrie verkennt nicht, daß sich auf dem Gebiete der privaten gewerbsmäßigen Stellenvermittelung Mißstände gezeigt haben, sie erkennt deshalb die Notwendigkeit durchaus an, diese Mißstände zu beseitigen oder zu beschränken.

Aus dieser Erwägung erklärt sich der Centralverband Deutscher Industrieller mit den Bestimmungen des vorliegenden Entwurfes eines Stellenvermittlergesetzes einverstanden, soweit sie die Abstellung dieser Mißstände und Auswüchse bezwecken.

Insbesondere erklärt sich der Centralverband Deutscher Industrieller damit einverstanden, daß für das Gewerbe eines Stellenvermittlers eine behördliche Erlaubnis verlangt wird, die im Falle der Unzuverlässigkeit des Nachsuchenden versagt werden soll, ferner damit, daß die Landeszentralbehörden Taxen für die Gebühren feststellen können, endlich mit dem Verbote bestimmter Nebenbetriebe und mit den vorgesehenen Strafbestimmungen.

Der Centralverband erhebt jedoch ernste Bedenken dagegen, daß die Feststellung eines mangelnden Bedürfnisses als Versagungsgrund anzunehmen ist. Die Feststellung eines solchen Bedürfnisses oder Bedürfnismangels ist für die entscheidende untere Verwaltungsbehörde in Rücksicht auf die oben erwähnte große wirtschaftliche Bedeutung der Arbeitsvermittelung eine kaum zu lösende Aufgabe, namentlich dann, wenn sich die Arbeitsvermittelung über den lokalen Bezirk der entscheidenden Behörde hinaus erstreckt.

Der Centralverband Deutscher Industrieller erklärt sich ferner mit aller Entschiedenheit gegen jede Bestimmung, welche über den Rahmen der gewerbsmäßigen Stellenvermittelung hinaus eine auf gesetzliche Förderung oder Monopolisierung einer bestimmten Arbeitsnachweisart gerichtete Tendenz verfolgt. Es erscheint überhaupt unangängig, in einem die gewerbsmäßige Stellenvermittelung regelnden Gesetze zugleich Bestimmungen über nichtgewerbsmäßige Arbeitsvermittelung zu treffen, noch dazu in der so weitgehenden, einem Blankettgesetze gleichkommenden Form des § 12 des Entwurfs; des weiteren aber geht die mit dem Gesetze bezweckte Bevorzugung der öffentlichen paritätischen Arbeitsnachweise über deren wirtschaftliche Bedeutung hinaus und erstrebt in einer Industrie und Arbeiterschaft gleichermaßen schädigenden Weise eine Beschränkung der in ihrer Bedeutung für die Arbeitsbeschaffung zum mindesten gleichbedeutenden Arbeitsnachweise der Arbeitgeber."

Geehrte Herren! Die Frage der Arbeitsvermittlung hat gerade in der letzten Zeit mit im Vordergrunde des öffentlichen Interesses und der öffentlichen Erörterung gestanden. Ich erlaube mir, Sie zu erinnern an die Verhandlungen im Reichstage im Dezember 1909, die sich an die Interpellationen der Zentrums- und der sozialdemokratischen Fraktion über den Arbeitsnachweis des Zechenverbandes im Ruhrrevier anschlossen. Ich erlaube mir, Sie zu erinnern an die Wiederholung derselben Interpellation im Preußischen Abgeordnetenhause und an die verschiedenen Anträge, die in den Landtagen der Einzelstaaten von verschiedenen Parteien eingebracht worden sind, und die mehr oder weniger eine größere Bevorzugung der öffentlichen Arbeitsnachweise vor den anderen Arbeitsnachweisen erstrebten.

Jetzt ist es ein neuer Entwurf, welcher sich mit der Frage der Arbeitsvermittlung befaßt, der Entwurf des Stellenvermittlergesetzes, der dem Reichstage am 8. Februar dieses Jahres zugegangen ist. Bereits in der Plenarsitzung vom 15. Februar wurde dieser Entwurf der ersten Lesung unterworfen, und nach kurzer Beratung und wohlwollender Beurteilung seitens der meisten Parteien an eine 21gliedrige Kommission des Reichstages verwiesen. Diese Kommission hat sich in mehreren Sitzungen mit dem Entwurfe beschäftigt, und sie wird die unterbrochenen Sitzungen unmittelbar nach den Osterferien wieder aufnehmen. Es steht dann zu erwarten, daß ziemlich bald der Gesetzentwurf im Reichstage verabschiedet wird, damit er, wie das Gesetz selbst will, bereits am 1. Oktober dieses Jahres in Kraft treten kann.

In der Industrie hat nach meinem Erachten dieser Entwurf des Stellenvermittlergesetzes noch nicht die Beachtung gefunden, die er mit Rücksicht auf die weittragende Bedeutung einiger seiner Bestimmungen meiner Ansicht nach durchaus verlangt. Das ist erklärlich. Wer lediglich die Ueberschrift angesehen hat und vielleicht dann noch bis zum § 1 durchgedrungen ist (Heiterkeit), wird allerdings der Auffassung sein, daß dieses Gesetz weiter nichts bezweckt, als eine Regelung der gewerbsmäßigen Stellenvermittlung eintreten zu lassen, und er wird sehr erstaunt sein, wenn er im weiteren Verlaufe des Gesetzentwurfs findet, daß da noch eine ganz andere Tendenz hindurchgeht, eine Tendenz, die er gar nicht vermutet hat und die schließlich dazu führt, daß in diesem Gesetze außer der gewerbsmäßigen Arbeitsvermittlung noch weittragende Bestimmungen über die nicht gewerbsmäßige Stellenvermittlung getroffen werden, entgegen der Ueberschrift und entgegen der Begriffsbestimmung in § 1 des Entwurfs.

Die bisherige Rechtslage ist, kurz gesagt, folgende: Bis zum Jahre 1900 bedurfte es für die gewerbsmäßige Stellenvermittlung einer besonderen Erlaubnis durch die Behörde nicht. Seit dem 1. Oktober 1900 ist aber diese behördliche Konzession durch eine Novelle eingeführt worden, der Vermittler bedarf also einer Konzession, die dann versagt werden muß, wenn die Unzuverlässigkeit des Nachsuchenden in bezug auf diesen Gewerbebetrieb anzunehmen ist. Des weiteren trifft die Gewerbeordnung einige Bestimmungen über die Gebühren der Stellenvermittler, das heißt nicht nach der Richtung, daß sie etwa die Höhe der Gebühren nach oben begrenzt, sondern die Stellenvermittler sind verpflichtet, ihre Gebührentaxe, die sie ganz beliebig nach ihrem freien Ermessen festsetzen können, der Polizeibehörde vorzulegen. Dort wird sie abgestempelt und gelangt zurück, eine Bestimmung, die von einem Teile der Stellenvermittler dazu benutzt worden ist, um die Nachsuchenden in den Irrtum zu versetzen, als ob die Gebühren behördlich festgesetzt worden wären, was also gar nicht der Fall ist.

Weiter ist den Landeszentralbehörden vorbehalten, bestimmte Vorschriften zu erlassen, die eine Kontrolle der Stellenvermittler ermöglichen und gewisse Mißstände, die sich gezeigt haben, ausschließen sollen, z. B. die Verbindung mit Gastwirtschaften, mit Pfandleihen usw. Von dieser Befugnis haben die Landeszentralbehörden in recht erheblichem Umfange Gebrauch gemacht.

Das neue Gesetz nimmt die Bestimmungen über die Stellenvermittlung völlig aus der Gewerbeordnung heraus. Es ist das ein Zeichen dafür, daß man doch jetzt anscheinend einen anderen Standpunkt als früher einzunehmen beginnt, daß man jetzt wieder anfängt, die großen Gesetze und dicken Gesetzbücher wieder in kleinere Gesetze zu zerlegen. Zwar ist die Gewerbeordnung, glaube ich, noch nicht ganz so dick wie die Reichsversicherungsordnung, aber es ist doch immerhin schon ein ganz dickes Buch, so daß wohl eine Zerlegung etwas für sich hat.

Man hält in dem uns vorliegenden Entwurfe daran fest, daß die gewerbsmäßige Stellenvermittlung an eine behördliche Erlaubnis geknüpft wird, und weiter hat man einige der hauptsächlichsten Bestimmungen, wie sie durch die Landeszentralbehörden für die Bundesstaaten eingeführt worden sind, in das Reichsgesetz aufgenommen, z. B. die schon erwähnte Vorschrift, daß mit dem Betriebe eines Stellenvermittlers bestimmte Nebenbetriebe nicht verbunden werden dürfen: Gastwirtschaften, Vermietung von Wohnungen, Pfandleihen, Lotteriehandel usw., weil dies zu Mißständen geführt hat.

Weiter ist man dazu übergegangen, die Strafbestimmungen zu verschärfen. Nach den bisherigen Bestimmungen der Gewerbeordnung wurden Zuwiderhandlungen mit Geldstrafen bis zu 150 M. bestraft, an deren Stelle im Unvermögensfalle Haft zu treten hatte. Jetzt hat man diese Strafe bis auf 600 M. erhöht, und es kann sofort auf Haft erkannt werden. Ferner hat man gegenüber einer reichsgerichtlichen Entscheidung gleich in die Begriffsbestimmung des § 1 die Herausgeber von sogenannten Vakanzenlisten mit unter die gewerbsmäßigen Stellenvermittler aufgenommen.

Zwei Bestimmungen sind es aber neben diesen Neuerungen, die unser Interesse ganz besonders in Anspruch nehmen. Das ist einmal die Bestimmung des § 4, in welchem ausgeführt wird, daß die Landeszentralbehörden für die Gebühren der Stellenvermittler Taxen aufstellen können, und zweitens die Bestimmung, daß die Erlaubnis zum Stellenvermittlerbetriebe dann versagt werden muß, wenn kein Bedürfnis für seine Begründung vorliegt, und dieses Bedürfnis — darauf werden wir später noch eingehend zurückkommen müssen — ist dann nicht anzuerkennen, wenn für den Ort oder für den wirtschaftlichen Bezirk ein öffentlicher gemeinnütziger Arbeitsnachweis in ausreichendem Umfange besteht.

Weiter ist eine neue und außerordentlich schwerwiegende Bestimmung in dem § 12 niedergelegt, die ich mit Rücksicht auf ihre Wichtigkeit Ihnen doch im Wortlaute vorlesen muß:

„Die Landeszentralbehörde kann bestimmen, inwieweit die Vorschriften der §§ 3 und 4" — das ist die Verbindung des Betriebes mit Gastwirtschaften usw. — „auf nicht gewerbsmäßig betriebene Stellen- oder Arbeitsnachweise anzuwenden sind, und weitere Bestimmungen über den Umfang der Befugnisse und Verpflichtungen sowie über den Betrieb dieser Nachweise" — das ist also der nicht gewerbsmäßig betriebenen Nachweise — „erlassen".

Die Strafbestimmungen setzen dann Strafen für diejenigen fest, die gegen diese Bestimmungen handeln, und setzen weiter fest, daß unter Umständen diese nicht gewerbsmäßigen Betriebe, also die Arbeitsnachweise, verboten und untersagt werden können.

Meine Herren! Sie sehen, es sind zwei Gedanken, die den Entwurf des Gesetzes beherrschen: erstens, wie trifft man Einschränkungs- und Kontrollbestimmungen hinsichtlich der gewerbsmäßigen Stellenvermittlung, und zweitens, wie kann man eine gesetzliche Bevorzugung der öffentlichen Nachweise zuungunsten der gewerbsmäßigen Nachweise eintreten lassen, und wie kann man zugleich die anderen Arbeitsnachweise einer wirksamen Kontrolle des Reichsgesetzes unterstellen und diese Kontrolle wiederum zugunsten der öffentlichen Arbeitsnachweise einrichten.

Zunächst der erste Gedanke, er geht davon aus, daß das Institut der Stellenvermittler und die Geschäftsführung durch die Vermittler in hohem Maße Anlaß zu berechtigten Klagen gegeben hat. Diese Klagen, meine Herren, sind in den allerverschiedensten Berufskreisen hervorgetreten, in erster Linie in der Landwirtschaft und in den Vertretungsorganen der Landwirtschaft. Die Landwirtschaft hat vielleicht das größte Interesse an der gewerbsmäßigen Stellenvermittlung, weil nach einer Schätzung von der Landwirtschaft jährlich noch 10 bis 15 Millionen Mark allein an Gebühren den gewerbsmäßigen Vermittlern im Deutschen Reiche gezahlt werden.

Diese Klagen sind fast so alt wie das Gewerbe der Stellenvermittler selbst, und sie haben ja auch dazu geführt, daß im Jahre 1900 eine Aenderung der Gewerbeordnung eintrat, und daß dann diese Novelle von 1900 eingeführt wurde. Aber die Klagen sind noch nicht verstummt. In einem Buche hat Dr. Franz Ludwig im Auftrage des Verbandes der Arbeitsnachweise, also der öffentlichen Arbeitsnachweise, diese Klagen zusammengestellt. Es mag sein, daß vielleicht einiges davon übertrieben ist. Aber ich meine, daß schließlich doch auch jeder von uns in dieser Hinsicht vielleicht eine gewisse Erfahrung hat und selbst schon Anlaß zu Klagen über gewerbsmäßige Vermittler gehabt hat. Es liegt ja auch in der Natur der Sache, daß diese Einrichtung die Vermittler verführt. Es liegt dies an dem persönlichen und an dem Erwerbsinteresse, welches der Vermittler an der Sache hat und das bei nicht einwandfreien Leuten leicht dazu führen kann, daß sie die pekräre Lage derjenigen ausnutzen, die sich an sie wenden, und das ihnen weiter ein gewisses Interesse daran gibt, daß möglichst bald wieder ein Stellenwechsel stattfindet, der sie die Gebühr von neuem erheben läßt, so daß es tatsächlich vorgekommen sein mag, daß von gewerbsmäßigen Stellenvermittlern Stellenwechsel, vielleicht sogar Kontraktbruch veranlaßt oder gefördert worden ist.

Es gibt gewiß unter den 7867 gewerbsmäßigen Stellenvermittlern, die im Jahre 1907 bei der Berufszählung festgestellt worden sind, eine große Anzahl tüchtiger, gewissenhafter und einwandfreier Personen. Aber, meine Herren, die Tatsache, daß im Jahre 1895 unter 5216 Vermittlern in Preußen 632 mit Vorstrafen festgestellt worden sind, und zwar wegen Diebstahl, Hehlerei, Körperverletzung und Kuppelei, läßt doch darauf schließen, daß das Gewerbe in recht erheblichem Maße durchsetzt ist mit minderwertigen und unzuverlässigen Personen. Gewiß wird diese Tatsache in erster Linie von den schon vorhin genannten tüchtigen Stellenvermittlern am meisten bedauert.

Meine Herren! Die Kommission des Reichstages, die sich, wie ich erwähnte, mit dem Entwurfe befaßt und die unter dem Vorsitze des Abgeordneten Schmidt, Mitgliedes der sozialdemokratischen Fraktion, tagt, hat diese Bestimmungen teilweise noch erweitert. Auf Einzelheiten will ich hier nicht eingehen. Ich will nur darauf hinweisen, daß die Kommission beschlossen hat, die Einführung der Taxe, von der wir vorhin sahen, daß sie fakultativ sein soll, für die Landesbehörden obligatorisch zu machen. Sie will nicht sagen: Die Landeszentralbehörden „können" Taxen für die Gebühren aufstellen, sondern die Landeszentralbehörden „sollen" Gebühren festsetzen.

Ich erwähnte schon, daß von diesen Bestimmungen des Entwurfes zwei die einschneidendsten sind: die Taxenfrage und die Bedürfnisfrage.

Meine Herren! Was nun die erstere Frage, die Frage der behördlichen Taxen, anlangt, so wird man sich nicht verhehlen können, daß die behördliche Einmischung in die Preisfrage an sich durchaus unzulässig ist, und daß sie nicht in unsere Ideen von dem freien Gewerbebetriebe hineinpaßt. Sie bringt auch zweifellos etwas Schematisches, etwas Bureaukratisches in diese rein wirtschaftlichen Fragen hinein und stellt schließlich die untergeordneten Verwaltungsbehörden vor eine Aufgabe, die für sie außerordentlich schwierig, ja wohl überhaupt kaum zu lösen sein wird.

Auf der anderen Seite aber muß man doch bedenken, daß hier in dem vorliegenden Falle gerade hinsichtlich der Höhe der Gebühren die allermeisten und wohl auch die berechtigsten Klagen gegen die gewerbsmäßigen Stellenvermittler vorgebracht worden sind. Wir wissen ja, daß z. B. im Gastwirtschaftsgewerbe die Gebühren für ziemlich untergeordnete Stellen sich vielfach auf mehrere hundert Mark für den betreffenden Stellensuchenden belaufen, und wissen weiter, wie im Theatergewerbe die Vermittlungsgebühren vielfach in einer dauernden Abgabe von der jeweiligen Gage an den betreffenden Vermittler bestehen.

Deshalb glaubte das Direktorium — und Ihr Ausschuß hat sich dieser Erwägung angeschlossen —, trotz grundsätzlicher Bedenken Widerspruch gegen diese Bestimmung, daß die Landeszentralbehörden

Taxen feststellen können, nicht erheben zu sollen, zumal man ja damit nichts Neues schafft. Es gibt ja bereits Taxen; ich erinnere an die Droschken, an die Apotheker usw. Allerdings ging man hierbei von der Bedingung aus, daß diese Festsetzung nicht schematisch erfolgt, sondern nach eingehender Erörterung der Verhältnisse und unter Gewährung eines angemessenen Spielraumes, und daß natürlich allen beteiligten Kreisen vorher Gelegenheit gegeben wird, sich zu äußern, und daß nicht allein, wie es in einer Eingabe des Verbandes Deutscher Arbeitsnachweise heißt, den öffentlichen Arbeitsnachweisen dieses Begutachtungsrecht vorbehalten bleibt, sondern daß in gleicher Weise die anderen Arbeitsnachweise, insbesondere auch die Nachweise der Arbeitgeber hier ihr gutachtliches Votum ausdrücken können.

Sodann müssen wir uns natürlich gegen die weitere, von der Kommission beschlossene Bestimmung wehren, daß diese Taxe für die Landeszentralbehörden obligatorisch gemacht werden soll. Ich meine, es muß den Landeszentralbehörden durchaus überlassen bleiben, ob das Bedürfnis für ihren Bezirk vorliegt, hier mit behördlichen Taxen einzuschreiten. Dies wird je nach den wirtschaftlichen und sonstigen Verhältnissen jedenfalls in den einzelnen Landesteilen des Reiches verschieden sein. Ich meine, es ist dies auch ganz erzieherisch für die Stellenvermittler selbst, wenn diese behördliche Taxe noch nicht eingeführt worden ist, weil sie dann immer unter dem Eindrucke stehen, daß das Damoklesschwert der behördlichen Einmischung und der behördlichen Regelung der Taxe über ihnen schwebt.

Meine Herren! Wenn wir so den Bestimmungen über die Taxe hier zustimmen können, so müssen wir die ernstesten Bedenken dagegen erheben, daß als Versagungsgrund für die Begründung eines neuen Stellenvermittlergewerbes das m a n g e l n d e B e d ü r f n i s anzuerkennen ist. Ganz ausgesprochenermaßen — es wird durchaus nicht geleugnet; im Gegenteil, es wird stark hervorgehoben —, geht diese Bestimmung dahin, daß mit dieser Vorschrift das Gewerbe auf den Aussterbeetat gebracht werden soll. Diese gewerbsmäßige Stellenvermittlung mit einem Male durch einen gesetzlichen Federstrich abzuschaffen, geht nicht an; denn es müßte dann eine gewisse Entschädigung bezahlt werden, die von der Regierung auf etwa 20 Millionen Mark geschätzt wird. Frankreich hat es so gemacht. Frankreich hat ein Gesetz erlassen, wonach die Gemeindebehörden diese gewerbsmäßige Stellenvermittlung ablösen können. Inwieweit hiervon Gebrauch gemacht worden ist, entzieht sich meiner Kenntnis. Ich glaube, es ist nicht in hervorragendem Maße geschehen, obwohl in Frankreich die gewerbsmäßige Stellenvermittlung noch eine bei weitem größere Bedeutung hat, als es in Deutschland der Fall ist. Von Reitzenstein führt in seinem Buche über den Arbeitsnachweis überhaupt den Ursprung der Stellenvermittlung auf Frankreich zurück, wo im 14. Jahrhundert, im Jahre 1330, die vier Töchter der Amme des Königs Johann des Guten die Erlaubnis erhalten haben, in Paris ein Ammenvermittlungsinstitut zu begründen. (Heiterkeit.) Das bezeichnet von Reitzenstein als den Ursprung des ganzen Gewerbes, und wir müssen ihm natürlich die Verantwortung hierfür überlassen. (Heiterkeit.)

Meine Herren! Ich sagte, an diese große Ausgabe will man nicht herangehen. Auf der anderen Seite möchte man doch dasselbe Ziel erreichen oder ihm wenigstens nahe kommen, und so glaubt man, die Sache einfacher und vielleicht auch billiger zu machen, indem man den Bedürfnisparagraphen einstellt. Wie der gehandhabt werden soll, das läßt sich ja bei der augenblicklichen Strömung voraussehen. Es wird dann tatsächlich in den meisten Fällen bei der Begründung von gewerbsmäßigen Stellenvermittlungen gewissermaßen als Guillotine wirken, er wird die weitere Begründung von Stellenvermittlungen abschneiden. Das ist ja, wie ich schon vorhin erwähnte, auch der Zweck dieses ganzen Paragraphen.

Meine Herren! Ich meine, das müssen wir unbedingt ablehnen. Eine völlige Ausrottung dieses Gewerbes liegt nicht im Interesse unserer Volkswirtschaft. Wir müssen doch bedenken, daß immer noch, allerdings nach den Schätzungen der Stellenvermittler selbst, jährlich etwa eine Million Stellen durch die gewerbsmäßigen Stellenvermittler vermittelt werden, und die Denkschrift, die der Bund Deutscher Stellenvermittler dem Reichstage übergeben hat, beziffert die Vermittlung für Berlin allein auf 100 000 Arbeiter, die aus der Hauptstadt auf das Land gebracht werden.

Weiter müssen wir doch bedenken, daß für manche Gewerbe und auch für manche Einzelfälle der Stellenvermittler vielleicht nicht entbehrt werden kann. Er hat ja gegenüber den anderen, doch immer mehr oder weniger bureaukratischen Arbeitsnachweisen gewisse Vorteile, die bestehen in der größeren Möglichkeit, zu individualisieren, unter Umständen in seiner eigenen größeren persönlichen Fachkenntnis, dann vor allen Dingen darin, daß er nicht wie andere Einrichtungen erst den Bedarf von beiden Seiten an sich herankommen läßt und schließt, wenn nichts mehr vorliegt, sondern daß er beide Teile an ihrem eigenen Wohnort und Bestimmungsort aufsucht und neue Quellen für die Vermittlung eröffnet. Deshalb meine ich, daß wir uns gegen den Bedürfnisparagraphen, der also in dieser Frage verhindernd für die Zukunft wirken soll, unbedingt aussprechen müssen. Wir müssen uns deshalb noch ganz besonders dagegen aussprechen, weil das Bedürfnis dann als nicht vorliegend erachtet werden soll — ich werde später darauf zurückkommen —, wenn ein öffentlicher Arbeitsnachweis für den betreffenden Bezirk vorhanden ist.

Im übrigen glaube ich auch kaum, daß die unteren Verwaltungsbehörden das entscheiden können, ob ein Bedürfnis vorliegt oder nicht. Ich kann mir nicht denken, daß jede Behörde in einem kleinen Orte in der Lage ist, diese außerordentlich schwierige wirtschaftliche Frage zu lösen. Wenn z. B. irgendwo im Osten, in Oberschlesien oder in Posen, eine kleine Gemeinde darüber entscheiden soll, ob für einen gewerbsmäßigen Stellenvermittler, der nach dem Innern Deutschlands oder nach dem Westen für die Industrie Arbeiter beschafft, ein Bedürfnis vorliegt, so, glaube ich, wird das eine ebenso schwierige Aufgabe sein, wie für eine Gemeinde andernorts zu entscheiden, ob für eine Theateragentur mit ihren großen internationalen Beziehungen ein Bedürfnis vorliegt. Da wird schließlich auch das Gehör der Beteiligten, das vorgeschrieben ist, nichts ändern. Es werden sich unter Umständen da zwei ganz entgegengesetzte Meinungen gegenüberstehen.

Meine Herren! Im übrigen stand die Regierung noch im Jahre 1903 auf dem Standpunkte, daß diese Bedürfnisfrage abzulehnen sei, als es sich um die Beratung des Entwurfs der Vermittlung für die Schiffsleute handelte. Da sagte die Regierung dasselbe: Die Behörde wird nicht imstande sein, diese Bedürfnisfrage zu entscheiden, und besonders dann nicht, wenn die Stellenvermittlung sich über den Gemeindebezirk oder über das ganze Reich erstreckt. Ich sehe keinen Grund und bedaure es, daß die Regierung so schnell von ihrem Standpunkte ohne ersichtlichen Grund zurückgetreten ist.

Meine Herren! Der zweite Gedanke, der den Entwurf beherrscht, ist der: Wie verschafft man dem öffentlichen Arbeitsnachweise künstlich und gesetzlich eine Bevorzugung vor den anderen Nachweisarten, und wie kann es gemacht werden, daß diese anderen, nicht gewerbsmäßigen Nachweise, insbesondere die Arbeitsnachweise der Arbeitgeber, unter die Kontrolle des Reiches und des Reichstages gebracht werden? Das ist überhaupt, wenn wir die Begründung lesen und die Verhandlungen im Reichstage und weiter die Erörterungen der Fachpresse, die Haupttendenz des ganzen Entwurfs. Dieser Tendenz dient in erster Linie der schon erwähnte § 2 Ziffer 2, der sagt: Das wirtschaftliche Bedürfnis ist zu verneinen, wenn für den Ort ein solcher Arbeitsnachweis vorhanden ist, und dieser Tendenz dient in viel weiterem Maße der § 12, dessen Wortlaut ich schon verlesen habe.

Entspricht nun diese Bevorzugung der Bedeutung der öffentlichen Arbeitsnachweise und entspricht sie weiter den Bedürfnissen der deutschen Volkswirtschaft? Beide Fragen müssen wir mit einem energischen Nein beantworten. Selbst die Begründung gibt zu, daß die öffentlichen Arbeitsnachweise noch nicht die Bedeutung haben, um sie an die Stelle der anderen zu setzen. Deshalb sollen sie gesetzlich gefördert werden. Wir halten diese künstliche Förderung für durchaus verfehlt. Die Berechtigung für ein Institut muß in ihm selbst liegen. Sie kann nicht von außen her durch gesetzliche Vorschriften hineingelegt werden. Sonst werden es Treibhauspflanzen, die zwar in der warmen Luft der Gesetzgebung fortkommen, aber, wenn sie hinauskommen in die frische Luft des wirtschaftlichen Lebens, verdorren. Meine Herren! Wie dieser § 2 wirkt, wollen Sie daraus ersehen, daß von der Zentrumsfraktion bereits jetzt ein Antrag angekündigt worden ist, daß für alle Gemeinden mit mehr als 20 000 Einwohnern ein solcher öffentlicher Arbeitsnachweis obligatorisch gemacht werden soll. Wenn dieser Antrag angenommen wird, dann tritt der Fall ein, daß einem gewerbsmäßigen Stellenvermittler für alle Gemeinden mit über 20 000 Einwohnern einfach die Möglichkeit abgeschnitten ist, sein Gewerbe auszuüben.

Die gleiche einseitige Tendenz liegt in dem § 12, wo gesagt wird — von der Verbindung mit Gastwirtschaften können wir, weil sie keine große Bedeutung hat, absehen —, daß die Landeszentralbehörde weitere Bestimmungen über die nicht gewerbsmäßigen Arbeitsnachweise treffen kann. Diese Bestimmung klingt vielleicht ganz harmlos, denn natürlich können die Einzelstaaten schon jetzt im Wege der Gesetzgebung besondere Bestimmungen treffen. Aber einmal wird hierdurch auf diese Einzelstaaten ein besonderer Druck ausgeübt, und dann will man, wie ich schon erwähnte, die Möglichkeit haben, eine Kontrolle über die nicht gewerbsmäßigen Arbeitsnachweise auszuüben, und zwar von Reichs wegen. Die Begründung sagt selbst, daß man in erster Linie daran gedacht hat, die nicht gewerbsmäßigen Arbeitsnachweise der Arbeitgeber zu treffen.

Meine Herren! Von verschiedenen Seiten werden ja die Arbeitsnachweise der Arbeitgeber als viel schlimmer angesehen als die gewerbsmäßige Stellenvermittlung, und in der „Sozialen Praxis“, die heute ja schon mehrfach erwähnt worden ist, wird ausgesprochen, daß derjenige, der die gewerbsmäßige Stellenvermittlung unterbindet, aber dafür die Arbeitsnachweise der Arbeitgeber aufkommen läßt, dem biblischen Manne gleicht, der Mücken seiht und Kamele verschluckt. Der Vergleich ist weder schön in der Form noch überhaupt sachlich zutreffend; denn, meine Herren, die Arbeitsnachweise der Arbeitgeber haben eine Kontrolle nicht zu fürchten. Sie steht jedem der Herren offen, und es ist im Reichstage und im Landtage wiederholt gesagt worden, daß sie sich an Ort und Stelle in den Betrieb der Arbeitsnachweise begeben könnten, und ich weiß, daß denen anstandslos alles bis in die innersten Seiten, auch das sogenannte schwarze Buch, offen gezeigt worden ist, und daß die Kontrollierenden keine Gelegenheit gefunden haben, irgendwelche Anstände zu erheben.

Aber die ganze Tendenz dieses Paragraphen geht eben dahin, diese Arbeitsnachweise zu beschränken zugunsten der öffentlichen Arbeitsnachweise, und aus dem Grunde, meine Herren, nicht weil irgendeine Kontrolle von Reichs wegen zu befürchten wäre, ist der § 12 unter allen Umständen und mit aller Entschiedenheit abzulehnen, ganz abgesehen davon, daß er ein reines Blankogesetz ist. Es ist gar nicht gesagt, nach welcher Richtung solche Vorschriften getroffen werden sollen.

Mit diesem § 12 müssen natürlich auch die Strafbestimmungen der §§ 14 und 15 abgelehnt werden.

Meine Herren! Dies sind die Erwägungen, aus denen heraus Ihr Direktorium und Ihr Ausschuß Ihnen die Entschließung, die ich Ihnen im Eingang vorgelesen habe, vorgelegt hat, und wenn Sie den Erläuterungen, die ich bei der Kürze der Zeit nur mit ein paar Strichen geben konnte, beistimmen, dann würde ich Sie bitten, diese Resolution annehmen zu wollen. (Lebhafter Beifall.)

Vorsitzender: Meine Herren! Ich bitte, in die Besprechung einzutreten.

Ich bedaure, meine Herren, daß sich niemand zum Wort meldet. Ich bedaure ganz besonders, daß keiner von meinen süddeutschen Kollegen hierzu das Wort nimmt, denn ich sehe in dem § 12 ein Entgegenkommen gegen die Strömung, die bei den süddeutschen Regierungen herrscht. (Sehr richtig!) Wir in Süddeutschland haben wohl am meisten in Deutschland unter der Herrschaft der Arbeiterorganisationen zu leiden gehabt, und zwar unter dem Wohlwollen, das die Arbeiterorganisationen bei der Regierung gefunden haben. Nirgends sind die Löhne so gesteigert worden wie dort und nirgends hat man die Herrschaft der Arbeiterorganisationen so hart empfunden wie bei uns.

Man hat kein Wort gesagt, so lange man nur Arbeitsnachweise durch die Arbeitnehmer hatte. Nachdem nun die Arbeitgeber infolge dieses starken Druckes dazu übergegangen sind, selbst Arbeitsnachweise zu errichten, hat man dies vom Ministertisch aus als eine unerwünschte Erscheinung bezeichnet. (Hört! hört!) Meine Herren, das kommt hier zum Ausdruck und dies will man treffen. Die süddeutsche Industrie, speziell die bayerische Industrie, kämpft um ihre Existenz; wenn sie noch weiter gebunden wird, ist ein rascher Rückgang unvermeidlich.

Ich bitte, zu berücksichtigen, daß wir heute in Bayern pro Kopf und Jahr nur die Hälfte des Eisenverbrauchs von Deutschland haben, daß wir aber auch in allen übrigen Punkten wirtschaftlicher Entwicklung nicht nur keinen Fortschritt, sondern geradezu einen Rückgang haben. Es ist kürzlich vom Statistischen Amt in München nachgewiesen worden, daß Bayern das einzige Land ist, das relativ eine Abwanderung nachweist. Wenn die Industrie nicht endlich Stützung findet, dann ist es mit ihr in Bayern überhaupt vorbei, dann kann die Industrie darauf verzichten, dort eine weitere Existenzmöglichkeit zu suchen. (Beifall.)

Dr. **Guggenheimer-Augsburg**: Meine sehr verehrten Herren! Es bedurfte in der Tat nicht der Aufforderung des Herrn Vorsitzenden, daß ich mich zum Wort meldete. Ich bedaure, daß ich das nicht rechtzeitig genug getan habe, um den Herrn Vorsitzenden des Wunsches zu entheben, daß ein Süddeutscher zu dieser Frage das Wort ergreifen möchte.

Meine sehr verehrten Herren! Das, was der Herr Vorsitzende gesagt hat, darf ich wohl mit aller Kraft unterstützen. Ich darf sagen, daß ich in dem § 12 auch einen Eingriff in die Freiheit des beiderseitigen Rechts erblicke, sich Arbeiter und Arbeitgeber zu suchen, wo man sie findet. Es ist ein alter Satz gewesen, daß unter allen Umständen ein Arbeiter die Freiheit haben muß, den Arbeitgeber zu ermitteln, bei dem er Dienst nehmen will. Bis zu dem Augenblicke, in dem der Arbeiter sich die Gelegenheit durch eigens dazu geschaffene Institutionen zu verschaffen suchte, wurde diese Freiheit auch allerwegen respektiert. Man hat dem Arbeiter gestattet, sich Organisationen, sich Stellen zu schaffen, durch die es ihm gelänge, den Arbeitgeber, bei dem er eintritt, zu ermitteln. In dem Augenblick — ich weiß sehr wohl, daß ich damit etwas wiederhole, was der Herr Vorsitzende bereits erwähnte; immerhin möchte ich das aber noch unterstützen —, in dem der Arbeitgeber sich gleiche Stellen schuf, in dem Augenblicke, in dem er daran ging, die Freiheit des Arbeitsvertrages auch seinerseits auszunutzen, in dem er auf gleichem Wege den Arbeiter suchte und ihm Gelegenheit gab, bei ihm einzutreten, war der Zeitpunkt für die Regierung gekommen, darf ich sagen, daß sie eingriff und erklärte: Auf der einen Seite soll die Freiheit existieren, nicht aber auf der anderen. (Sehr richtig!)

Meine Herren! Ich glaube, in der Beziehung dürfen wir eines in Anspruch nehmen: gleiches Recht für beide Teile. Wenn es dem Arbeiter gestattet ist, sich mittels seiner Hilfsmittel den Arbeitgeber auszusuchen, muß dem Arbeitgeber das gleiche hinsichtlich der Arbeiter gestattet sein, und wir dürfen nicht darauf verwiesen werden, in dem Moment, in dem wir Organisationen schaffen, um uns die Arbeiter zu suchen, daß da nur Parität existieren soll.

Ich darf eines hinzufügen: Was paritätische Arbeitsnachweisstellen bedeuten, ist uns allen klar, daß sie eben nicht mehr paritätisch sind, sondern daß sie über kurz oder lang in die Hände derjenigen übergehen werden, die die geschworenen Feinde des Arbeitgebertums sind. (Sehr wahr! — Generalsekretär Bueck: Buchdrucker!) Wenn man insbesondere berücksichtigt, was bei uns in Bayern ja in kurzer Zeit zur Tat werden wird, daß die Leitung der Kommunen, wenigstens einiger Kommunen, in den Händen der sozialdemokratischen Majorität liegen wird (Zuruf: Landau in der Pfalz!) — sehr richtig! übrigens auch in Nürnberg und ähnlichen Städten! —, wenn man berücksichtigt, daß dann die Aemter, die dort geschaffen sind, nichts weiter mehr sind als sozialdemokratische Agitationsstellen, wenn man das in Erwägung zieht, wird man unter allen Umständen zu dem Schluß kommen, daß es eben paritätische Arbeitsnachweise im Sinne der Regierung, im Sinne derjenigen Bestrebungen, die die Arbeitsnachweise in die Hände der Gemeinden legen wollen, überhaupt nicht gibt (sehr wahr!), und man wird sagen müssen, meine Herren, daß die Parität, das heißt die berechtigte Auswahl des geeigneten Arbeiters doch viel besser gewahrt wird, wo der Arbeitgeber in der Lage ist, die geeigneten Kräfte auszusuchen. Man wird doch auf dem einen Grundsatz beharren müssen, daß eben die Leitung der Werke diejenigen Arbeitskräfte sich verschaffen muß, die für ihre Zwecke am besten geeignet sind und die am besten in den Betrieb hineinpassen. Diese Auswahl zu treffen, muß wohl dem Arbeitgeber und dessen Stellvertretern die Möglichkeit gegeben sein und bleiben, und von dem Grundsatz ausgehend, meine Herren, habe ich mir erlaubt, zu der Resolution zu sprechen.

Ich glaube nämlich, daß die Ausführungen, die der Herr Vorsitzende gemacht hat, und das wenige, was ich vorzuführen mir gestattet habe, dartun werden, daß jedenfalls die Resolution nur das Minimum desjenigen beantragt, was gegenüber der Regierung und gegenüber deren Bestrebungen ausgesprochen werden muß. (Sehr wahr!) Meine Herren! Ich glaube, daß Sie das, was hier festgelegt ist, tatsächlich noch in sehr milde, in sehr zahme Worte gekleidet haben, und daß ich wohl annehmen darf, es ruhe dahinter die berechtigte unbedingte Verwahrung gegen jeden Eingriff in die Freiheit des Arbeitsvertrages, in die Freiheit, sich den Arbeiter und den Arbeitgeber da zu suchen, wo man glaubt, daß man die geeignetsten Kräfte und die geeignetsten Stellen für die Verwendung der Arbeit findet. Diese Freiheit zu wahren, wird die Aufgabe der Industrie sein, und ich kann nur wiederholen, was der Herr Vorsitzende gesagt hat: speziell in einigen Gegenden Deutschlands wäre es der Untergang der Industrie, wenn mit der Freiheit, sich geeignete Arbeiter zu verschaffen, gebrochen werden sollte.

Vorsitzender: Wird das Wort noch gewünscht? Das ist nicht der Fall. Ich darf annehmen, daß Sie diesem Beschlußantrag einstimmig Ihre Zustimmung geben.

Wir kommen nun zu:

4d. der Entwurf eines Arbeitskammergesetzes

und ich bitte Herrn Generalsekretär Stumpf, uns seinen Bericht zu erstatten.

Referent Generalsekretär **Stumpf-Osnabrück:** Meine verehrten Herren! Daß die Arbeitskammervorlage trotz der ihr von allen Seiten außerhalb des Reichstages widerfahrenen abfälligen Kritik auch in der gegenwärtigen Parlamentssession wiederkehren würde, war zu erwarten. Die dagegen nicht nur aus den freien Vereinigungen des vaterländischen Gewerbes, sondern auch aus den gesetzlich zur Vertretung der wirtschaftlichen Interessen berufenen Körperschaften erhobenen Stimmen sind ungehört verhallt. Die Warnungen und Bedenken, welche die Industrie, gestützt auf Tatsachen und Erfahrungen im In- und Auslande, gegen den mit diesem neuen Beglückungsexperiment zu unternehmenden Sprung ins Dunkle geltend zu machen sich berechtigt erachtete, sind unbeachtet geblieben. Parlament und Reichsregierung, letztere wohl mehr des ersteren wegen, haben an der Ueberzeugung festgehalten, daß sie es besser wissen und daß an der idealen Absicht, durch die nach besonderem Rezept vorzunehmende Schaffung paritätisch zusammengesetzter Arbeitskammern eine Förderung des sozialen Friedens und eine weitere Besserung der Verhältnisse der arbeitenden Bevölkerung zu erstreben, festgehalten werden müsse.

Meine Herren! Man braucht gar nicht daran zu zweifeln, daß es mit dieser Auffassung der Regierung und manchen Volksvertretern wirklich ernst ist. Dann wird man aber zugleich die bedauerliche Tatsache feststellen müssen, daß bei den Faktoren unserer Gesetzgebung die seit dem Ausscheiden unseres unvergeßlichen Altreichskanzlers Bismarck aufgekommene und stetig zugenommene feindselige Mißachtung von Handel und Industrie, und insbesondere der die Grundlage unseres Volksvermögens tragenden Großindustrie, noch keinerlei Abschwächung erfahren hat.

Ich gebe zu, daß seit etwa einem halben Jahre sowohl vom Regierungstisch als auch von einzelnen Vertretern der bürgerlichen Parteien einige Worte gefallen sind, die man dahin deuten könnte, als ob man sich erinnere, daß vielleicht auch das Unternehmertum im deutschen Wirtschaftsleben noch eine gewisse Existenzberechtigung habe. (Heiterkeit.) Bei diesen Worten ist es aber auch geblieben; von Taten haben wir bisher nichts gesehen (sehr richtig!), und es wäre wahrlich nicht zu verwundern, wenn Mißmut und Reichsverdrossenheit in unseren Reihen größere Fortschritte machten, als es, Gott sei Dank, bis jetzt der Fall ist.

Daß ein Bedürfnis für die Errichtung von Arbeitskammern anzuerkennen sei, müssen wir nach wie vor mit Entschiedenheit bestreiten. (Sehr richtig!) Es ist auch seit Jahresfrist kein ernstlicher Versuch gemacht worden, die in dieser Beziehung von uns erhobenen Einwände zu entkräften. Die Begründung der neuen Vorlage macht es sich in diesem Punkte bequem. Sie nimmt einfach auf die Begründung des früheren Entwurfs Bezug. Im Reichstag hat man es sich noch bequemer gemacht. Man spekuliert vertrauensvoll auf die Leichtgläubigkeit und Oberflächlichkeit der großen Masse. Oder heißt es etwas anderes, wenn man immer wieder auf die von nicht voreingenommener Seite längst als durch die gewerkschaftlichen Organisationen der Arbeiter überholt anerkannten kaiserlichen Erlasse vom 4. Februar 1890 sich bezieht, oder wenn man auf die angeblich zur Vertretung der Unternehmerinteressen eingesetzten Handelskammern hinweist, die niemals zu etwas anderem, als zur Wahrung und Förderung der Grundbedingungen für das Gedeihen von Handel und Gewerbe berufen gewesen ist?

Ich bleibe bei der Behauptung, daß es in unserem Volke keine Berufsgruppe gibt, die in ihren Gewerkschaften eine so wirksame Organisation besitzt und bei Parlament und Regierung, sowie bei den Verwaltungsbehörden sich einer so hervorragend bevorzugten Berücksichtigung ihrer Interessen erfreut, als gerade der Arbeiterstand. (Sehr richtig!) Ich gönne ihm das von Herzen. Es fällt diesem aber auch gar nicht ein, ein Bedürfnis für die geplante neue Schöpfung zu empfinden, die er höchstens hinzunehmen geruht, wenn sie so gestaltet wird, wie sie seinen besonderen — bei der Sozialdemokratie auf ganz andere als Friedenszwecke gerichteten — Wünschen entsprechen würde.

Mit welcher Unbekümmertheit um die Dinge des praktischen Lebens man sich im Reichstag die Bedürfnisfrage zurechtlegt, geht aus einer Ausführung des sonst ganz verständigen konservativen Redners in der Sitzung vom 16. Februar hervor, der — allerdings anknüpfend an die utopische Auslassung des früheren Herrn Staatssekretärs — den größten Segen der Arbeitskammern darin erblickt, daß sie im Bedürfnisfalle Arbeitgeber und Arbeitnehmer „näher bringen" sollen. Meine Herren! Es geht mit diesem Gedanken so wie mit manchen anderen, die im Verlaufe der Arbeitskammerdebatten der letzten Jahre in Worte gekleidet wurden. Die Worte haben an sich einen schönen Klang, aber wenn er verhallt ist, bleibt nichts übrig, als eine unklare Idee, auf die bei nüchterner Betrachtung kein Vers zu finden ist. Ich habe schon an anderen Stellen seinerzeit ausgeführt, daß kein Mensch ein größeres Interesse und den sehnlicheren Wunsch hat, mit seinen Arbeitern in Frieden zu leben, als der industrielle Unternehmer. (Zustimmung und Beifall.) Ich wiederhole auch die Behauptung, daß diese Wahrung des sozialen Friedens, die freilich durch die immer systematischer betriebene Verhetzung nicht nur der sozialdemokratischen, sondern auch mancher anderen Organisationen mehr und mehr erschwert wird, in recht vielen Fällen gelingen würde, wenn sich nicht so zahlreiche Elemente zwischen Arbeitnehmer und Arbeitgeber hineindrängten, die weder den Beruf noch das Verständnis dazu besitzen, hier versöhnend und fördernd wirken zu können. (Sehr richtig!)

Mit sehr viel größerer Berechtigung hat man bei der Einführung und dem Ausbau unserer Arbeiterversicherung damit gerechnet, daß die wohltätigen Leistungen derselben die von der Sozialdemokratie betriebene Verfeindung der Arbeiter gegen die Arbeitgeber einschränkend wirken oder gar beseitigen werde. Schwere Lasten hat für diese Versicherungszwecke die deutsche Industrie auf sich genommen,

Ich erinnere nur daran, daß nach einer kürzlichen Veröffentlichung allein die Knappschaftsberufsgenossenschaft für 1909 die bedeutende Summe von 32 Millionen Mark von den Bergwerksbetrieben des Deutschen Reiches zu erheben hatte, und daß von ihr an die Verletzten und deren Angehörige im vorigen Jahre 24½ Millionen Mark gezahlt worden sind. Die für einen Versicherten zu zahlende Umlage betrug danach im Durchschnitt 38,98 M. auf 100 M. Lohnsumme.

Ich erinnere ferner daran, meine Herren, daß in dem jüngst zur Veröffentlichung gelangten Bericht der Gelsenkirchener Bergwerks-Gesellschaft wiederum in dankenswerter Weise ausgerechnet worden ist, daß die öffentlichen Lasten und Abgaben sowie die Arbeiterversicherungsbeiträge, welche dieses Unternehmen zu leisten hatte, 57 Prozent des Reingewinns ausmachten, was soviel sagen will, meine Herren, daß es 4¾ Prozent des Aktienkapitals waren. Ich kenne ein großes Werk, das seit Jahren seinen Aktionären Dividenden nicht zu zahlen vermochte, aber rund 5½ Prozent seines Aktienkapitals in einem der letzten Jahre für öffentliche Lasten und Arbeiterversicherungsbeiträge aufbringen mußte. (Hört! hört!) Daß solche Opfer der Industrie, solche großartigen, in anderen Ländern der Welt bisher ohnegleichen gebliebenen Leistungen auf dem Gebiete praktischer Sozialpolitik uns der Versöhnung und dem Frieden auch nur um eines Strohhalmsbreite näher gebracht hätten, ist mir nicht bekannt geworden. (Sehr richtig!) Wie da aber gar eine Arbeitskammer förderlich wirken soll, ist mir ein Rätsel, für das uns bis jetzt noch nicht die Andeutung einer Lösung gebracht ist. Schon aus rein physikalischen Gründen ist die angeblich zu erzielende Annäherung ausgeschlossen. (Heiterkeit.) Ja, meine Herren ,lachen Sie nicht, das ist tatsächlich so. Wohl werden bis zum Fiasko der Institution in den Arbeitskammern vielleicht Arbeitnehmer und Arbeitgeber zusammensitzen. Dadurch kann aber niemals der Inhaber oder Leiter eines beispielsweise innerhalb der Provinz belegenen Betriebes durch die etwa in der Provinzialhauptstadt tagende Arbeitskammer s e i n e n Arbeitern n ä h e r gebracht werden, die möglicherweise ebensowenig, wie er überhaupt in der Arbeitskammer vertreten sind. Selbst die Beschränkung der Kammer auf das Gebiet eines Regierungsbezirkes wird daran nicht das geringste ändern. Denjenigen gegenüber aber, die von der Einmischung einer dem einzelnen Betriebe fernstehenden Instanz in einem Streitfalle zwischen Arbeitgebern und Arbeitnehmern etwas anderes als Verwirrung und Untergrabung des Solidaritätsgefühls bei den Angehörigen eines gewerblichen Unternehmens erwarten, möchte ich die Worte entgegenhalten, die unser vor wenigen Wochen leider dahingeschiedener hochverehrter früherer Vorsitzender, Geheimrat Jencke, anläßlich der ihm bereiteten Feier beim Scheiden aus dem Dienste der Industrie sprach, indem er feststellte, „daß alle die vielfachen Versuche, welche von berufener und unberufener Seite zur Verbesserung des angeblich veralteten Anschauungen unterliegenden Verhältnisses der Großindustrie zu ihren Arbeitern gemacht wurden, hier (er meinte die Eisen- und Stahlindustrie) durchaus unangebracht sind. Denn," so sagte er, „wir haben im großen und ganzen zufriedene Arbeiter, wenn die Unzufriedenheit nicht von außen hereingebracht wird, und ich habe jeder Immiszierung Dritter in unsere Arbeiterverhältnisse von jeher den Grundsatz entgegengestellt, daß der Arbeitgeber in guten wie in schlechten Zeiten mit seinen Arbeitern selbst fertig werden müsse". (Sehr wahr!)

Das war die Anschauung eines Mannes, der, wie er ausdrücklich betonte, innerhalb seiner nahezu 24 jährigen Tätigkeit in der Industrie von hoher Warte mit besonderem Interesse, aber auch mit wachsender Sorge die Entwicklung unserer Arbeiterverhältnisse verfolgt hatte. Die Zuständigkeit Jencke's in derartigen Fragen der Sozialpolitik, für die er stets einen klaren Blick und ein warmes Gefühl betätigte, ein unbefangenes Urteil in Anspruch zu nehmen, wird man auch an anderen Stellen nicht zu bestreiten wagen. Das hilft nur freilich im vorliegenden Falle ebenso wenig, wie die Tatsache, daß die ganze im Centralverband Deutscher Industrieller vereinigte Industrie im Punkte der Arbeitskammern der gleichen Meinung ist.

Das Ausland hat man dieses Mal sowohl in den Motiven als auch in den Verhandlungen des Reichstages als Kronzeuge für die Nützlichkeit der Arbeitskammern nicht wieder herangezogen. Nach den in dieser Richtung festgestellten Entgleisungen bei dem vorigen Entwurfe hat man, wie es scheint, in solchen Berufungen denn doch ein Haar gefunden. Daß in der Reichstagssitzung vom 16. Februar d. J. „die Machtlosigkeit und Unfähigkeit der Arbeitskammern in Frankreich, Belgien und Holland, etwas Gutes zugunsten der Arbeiter vorzubringen", in naiver Weise damit erklärt wurde, daß man dort die Arbeitersekretäre nicht zugelassen habe, verschlägt nicht allzuviel. (Heiterkeit.) Man kann von einem vielbeschäftigten Parlamentarier, der noch obendrein für seine Aeußerungen niemandem verantwortlich ist, nicht verlangen, daß er in solchen Nebendingen Sachkenntnis besitze. Das ist denn auch in diesem Falle nicht vorgekommen. (Heiterkeit.)

Schon im vorigen Jahre hatte ich von dieser Stelle aus Gelegenheit, in Berichtigung der dem Reichstage über die französischen Verhältnisse aufgetischten Märchen mitzuteilen, daß Frankreich bislang weder jemals wirklich funktionierende Arbeitskammern besessen habe, noch zurzeit besitze. So liegt es auch heute noch. Das Gesetz vom 17. Juli 1908 bestimmt, daß sogenannte Conseils consultatifs de Travail — „consultatifs", d. h. also Organe rein gutachtlichen Charakters — auf Antrag der Beteiligten dort errichtet werden könnten, wo nach dem Urteil des Conseil Général (Bezirksrat), der Handelskammern, der Gewerbekammern und der Munizipalbehörde des Departements die Nützlichkeit einer solchen Einrichtung anzuerkennen ist. Solche, aus zwei getrennten Sektionen bestehenden Organe sollen die wirtschaftlichen und sittlichen Interessen ihrer Gruppen wahrnehmen, von Amtswegen oder auf Ersuchen der Regierung über alles berichten, was jene Interessen angeht und diejenigen Fragen beantworten, welche die Regierung bei etwa angeordneten Ermittelungen an sie richtet. Zu diesem Gesetz sind alsdann unterm 10. Mai v. J. die Ausführungsbestimmungen erlassen. Bis zur Stunde ist aber in Frankreich noch keine Arbeitskammer ins Leben gerufen, woraus man schließen darf, daß weder Regierung noch Beteiligte dazu einen Anlaß gefunden haben. — Daß das ganze französische Gesetz nur als ein Ergebnis aus politischen Erwägungen entstandener sozialer Wallungen anzusehen ist — die man bei dem damaligen Minister Millerand, der die Sache ja sehr willkürlich versuchte, sich erklären kann — geht deutlich aus den Verhandlungen hervor, die seinerzeit dieserhalb im Corps législatif gepflogen wurden — und wenn man aus gleichen Gründen bei uns nur ein Gesetz machen will, um sich nachher wegen der Ausführung nicht weiter zu sorgen, so brauchte man die ganze Sache nicht einmal tragisch zu nehmen. In Frankreich wird man sich auch dann über die neue Idee nicht aufregen, wenn wirklich mal eine Arbeitskammer errichtet werden sollte. Denn bei dem beschränkten Aufgabenkreise, den man — wie sie gehört haben — diesen Organen zugedacht hat, handelt es sich im Vergleich zu den Absichten des deutschen Gesetzentwurfes um eine harmlose Spielerei, die niemandem den Kopf warm machen wird. Die Bezugnahme auf Frankreich beruhte also wieder einmal auf einem Irrtum. Aber mit der Berufung auf Belgien und Holland ist es kein Haar besser. Was ich über die entsprechenden Einrichtungen dieser Länder am 30. Januar v. J. Ihnen berichtete, ist heute noch genau zutreffend, wie mir durch Nachfragen an wohlunterrichteter Stelle bestätigt worden ist.

Gleichwohl möchte es nicht ohne Interesse sein, hier noch einige Tatsachen einzuschalten, die ich der in Amsterdam erscheinenden Wochenschrift „Sociaal Weekblad", einem Schwesterblatt der hiesigen heute ja annähernd berühmt gewordenen „Sozialen Praxis" entnommen habe. Wie die letztere, ist auch die holländische Schwester eine begeisterte Anhängerin des Arbeitskammergedankens und hat die Entwicklung der Institution seit ihrer Einrichtung, Ende der 90er Jahre, sozusagen mit mütterlicher Sorge — und, sagen wir gleich dabei, mit mehr Schmerz als Freude — begleitet. (Heiterkeit.)

Allerdings hatten die holländischen Arbeitskammern e i n e n Zweck, den auch wir als einen nützlichen anerkennen werden, sie walten in Holland an Stelle unserer g e w e r b l i c h e n S c h i e d s g e r i c h t e, die es dort nicht gibt. Daß trotzdem die Sache gar nicht buttern will (Heiterkeit), hat dem „Weekblad" im Laufe der Jahre manches ergreifende Klagelied entlockt. In der Januarnummer des Jahres 1907, als die holländischen Arbeitskammern also beinahe die ersten zehn Jahre ihres Bestehens hinter sich hatten, lese ich nun über den der am 2. Weihnachtstage im Haag stattgehabten Versammlung der Vorsitzenden und Sekretäre der Arbeitskammern erstatteten offiziellen Bericht: Es müsse anerkannt werden, „daß diese Kammern in jeder Beziehung Fiasko gemacht haben. Als Versöhnungsräte spielten sie bei Arbeitsausstellungen von nennenswerter Bedeutung selten eine erhebliche Rolle", — es ist alles wörtlich, meine Herren —, „als Sammelstellen für Auskünfte haben sie wenig geleistet, weil ihnen die Mittel fehlten, solche Auskünfte zu erlangen; als begutachtende Organe wurden sie seitens der Regierung bei dem einzigen sozialen Gesetze von Belang, das zustande gekommen (Das Gesetz über den Arbeitsvertrag) übergangen", **mutatis mutandis** — **tout comme chez nous**, nur noch in sehr viel wesentlicheren Fällen die Handelskammern und solche Organe, die wirklich ein auf Sachkenntnis und Erfahrung gestütztes Urteil abgeben könnten. — So kann es nicht überraschen, daß das „Sociaal Weekblad" in seiner Nummer vom 13. März v. J. sich bei Besprechung der deutschen Arbeitskammer-Vorlage in etwas elegischem Tone dahin ausläßt: „Wir, hier in Niederland, haben mit Arbeitskammern bereits einige Erfahrungen gemacht. Obschon wir fast keinen Industriezweig kennen, in welchem durch freiwillig gebildete Organisationen Arbeitskammern überholt wären," — ich muß hier immer einschalten, meine Herren, gewerbliche Schiedsgerichte gibt es in Holland nicht — „sind die Arbeitskammern bei uns doch eine große Enttäuschung gewesen." Nun, nach diesen Erfahrungen kommt das „Weekblad" zu dem Schluß, daß man auch in Deutschland nach dem damals vorliegenden, grundsätzlich heute kaum veränderten Entwurf auf einen allgemeinen Fehlschlag gefaßt sein dürfte. Kurz, die ganze Betrachtung klingt auch hier in den Kehrreim unseres alten schönen Soldatenliedes aus: „Laß ab von der Liebe, sie ist dir nicht gesund." (Große Heiterkeit.) Wie man aber das auch von mir schon im vorigen Jahre im klaren Zusammenhang dargelegte Versagen der Arbeitskammern in Belgien und Holland auf das Fehlen der Arbeitersekretäre in denselben zurückführen will, ist das Geheimnis derjenigen Vertreter einer fixen Idee (Heiterkeit), welche, an den Erscheinungen des praktischen Lebens vorbei. die beweislose Phrase für die Begründung einer Behauptung für ausreichend erachten. (Sehr gut! und Heiterkeit.)

Hierüber denkt wohl auch die Reichsregierung e t w a s a n d e r s, und daß sie entgegen dem Drängen der Kommission daran festgehalten hat, diese Elemente von der Wählbarkeit auszuschließen, bezeigt wenigstens, daß man kein Zerrbild des dem ganzen Gedanken zugrunde liegenden Zweckes erstehen sehen will. Interessant ist es allerdings, wie man sich bei den verschiedenen Parteien zu der Mitgliedschaft der Arbeitersekretäre stellt. Am eindruckvollsten tritt aus den Verhandlungen über diesen Punkt die Versicherung hervor, daß es an und für sich ganz gleichgültig sei, ob die Arbeitersekretäre der Kammer angehören oder nicht, da im letzteren Falle die Arbeitervertreter doch niemals anders stimmen würden, als wie es ihnen von den Führern ihrer Gewerkschaften vorgeschrieben sei. Das ist jedenfalls ein beachtenswertes Geständnis von doppelter Bedeutung. Einmal gibt man zu, daß in den Arbeitskammern auf seiten der Arbeitnehmer sich immer nur das Spiegelbild der von ihren Organisationen vertretenen Anschauungen zeigen wird, dann aber erkennt man auch stillschweigend an, daß die organisierte Arbeiterschaft die Wahlen zur Arbeitskammer beherrschen und für die Zusammensetzung der Arbeitnehmervertretung sich ausschlaggebend erweisen wird, wie das auch von uns niemand anders erwartet. (Sehr richtig!) Um die Zuziehung der Gewerkschaftsführer als etwas naturgemäß Gegebenes erscheinen zu lassen, hat man darauf hingewiesen, daß auch in anderen gesetzlich organisierten Körperschaften schon jetzt die Arbeitersekretäre die Rolle des spiritus rector spielen. Das mache sich ganz von selbst, da sowohl Arbeiter als auch Arbeitgeber an den betreffenden Sitzungen erst unter sich zusammenkämen, um ihren Gefechtsplan festzustellen, wobei man dann auch jene Leute notwendig brauche. Dabei ist unter anderem auch auf die Ausschüsse der Landesversicherungsanstalten hingewiesen worden.

Ich sage ja, man lernt aus den Reichstagsverhandlungen das Unbeschreiblichste. Ich bin nun 20 Jahre lang Vorsitzender des Ausschusses einer Landesversicherungsanstalt. Daß die Arbeiter vor der Sitzung meistens unter sich zusammenkommen, auch mit den betreffenden Arbeitersekretären, ist mir bekannt. Daß die Arbeitgeber derartige Verständigungszusammenkünfte gehalten hätten, ist mir indessen in den 20 Jahren nicht vorgekommen. Von einer mir unbegreiflichen Naivität zeugt es aber, wenn es Leute gibt, die zu glauben scheinen, daß die Arbeitersekretäre, deren Intelligenz und Gewandtheit ich keineswegs verkenne, im Nebenberuf als Schalmeienbläser tätig seien. (Große Heiterkeit.) Die Flötentöne, die von seiten dieser Herren, nicht nur aus den Bänken der Sozialdemokratie, sowohl bei der Beratung dieser Vorlage, als auch bei anderen Anlässen — ich nehme auch die Verhandlungen des Landtages über die Berggesetznovelle u. a. nicht aus — in den gesetzgebenden Körperschaften erklungen sind, lassen wahrlich die angeblich diesen Vermittlern innewohnenden Versöhnungs- und Friedensabsichten in einem sehr eigentümlichen Lichte erscheinen. (Sehr richtig!) Es kann schon interessant genug werden, wenn diese Herren gemäß § 32 des Entwurfs als Sachverständige zu Wort kommen. Man vergegenwärtige sich nur, wie lange sie das Vertrauen der von ihnen vertretenen Kreise noch besitzen würden, wenn sie sich einmal beikommen ließen, andere Seiten aufziehen und den Unternehmern Gerechtigkeit widerfahren lassen wollten. (Beifall.)

Es fehlte nur noch die in dem vorigen Gesetzentwurfe, allerdings im Widerspruch mit den ausdrücklichen Auffassungen des dermaligen Herrn Staatssekretärs enthaltene, in der neuen Vorlage ausgemerzte Oeffentlichkeit der Verhandlungen. Diese würde den Arbeitersekretären, wenn sie Mitglieder wären, erst recht Gelegenheit geben, auch von dieser Stelle aus, sozusagen unter gesetzlicher Flagge, den Kampf gegen das Unternehmertum zu betreiben und das genaue Gegenteil von dem zu bewirken, was den Vätern des Arbeitskammergedankens unverständlicherweise vorgeschwebt hat. Aber auch ohne jene Herren würde die Vertretung der Arbeiter sich die gleiche Gelegenheit nicht entgehen lassen.

In dieser Frage der Oeffentlichkeit der Verhandlungen vermag ich auch nicht denjenigen beizupflichten, die von den Beschlüssen der Arbeitskammern eine Gefährdung ihrer Interessenkreise besorgen. Mag die Regierung mit ihrem Vorgehen auf noch so falschem Wege sein, das kann ich nicht annehmen, daß sie den gesetzlich schon jetzt zur Vertretung der wirtschaftlichen Interessen des Landes berufenen

Körperschaften etwaige in ihre Gebiete übergreifende Anträge der Arbeitskammern vorenthalten sollte. Man könnte vielleicht vorschlagen, durch das Gesetz vorzuschreiben, daß die Arbeitskammern ihre Beschlüsse zu veröffentlichen haben. Für notwendig halte ich eine solche Vorschrift nicht. Dahingegen erblicke ich unter allen Umständen eine große Gefahr der Ausartung darin, wenn man mit den Arbeitskammern wieder eine neue Gelegenheit schaffen wollte, Reden aus dem Fenster zu halten (sehr richtig!), die — wie die tägliche Erfahrung lehrt — weniger der Sache, als der Parteiagitation zu dienen pflegen und auch lediglich diesem Zwecke zu dienen bestimmt sind. Dazu hat noch vor wenigen Tagen die „Leipziger Volkszeitung" einen Kommentar geliefert, der bemerkenswert ist, weil er gerade von der Seite kommt, wo man die Sache versteht. Das dem „Vorwärts" bisher an Offenheit übertreffende Blatt schreibt über die Parlamentsreden der Genossen:

„So erscheint auch die parlamentarische Tätigkeit in einem neuen Licht. Die Agitation zum Fenster hinaus ist nicht bloß Hilfsmittel, um unsere Mitberatung an Gesetzen erfolgreicher zu machen, sondern diese Beratung, dieser zähe, tagtägliche Kampf um jeden Paragraphen ist selbst, gleich wie die Agitationsreden, nur ein Hilfsmittel zur Vorbereitung der Revolution."

Meine Herren! Das ist ziemlich deutlich. (Heiterkeit.)

In welchem Grade man sich bei der Begeisterung für die Arbeitskammeridee über die Realität der Tatsachen hinwegsetzt, geht daraus hervor, daß man — obschon die Industrie mit Händen und Füßen sich gegen das ihr zugedachte Danaergeschenk wehrt — doch schlankweg schon jetzt voraussieht, daß von Arbeitgeberseite mit Vorliebe die Beamten ihrer Organisationen als ihre Vertreter in die Kammern entsandt werden, so daß schon die Billigkeit es verlange, auch die Arbeitersekretäre zuzulassen. Meine Herren! Ich halte mich für befugt, diese Sorge zurückzuweisen, und ich glaube sogar so viel Einblick in die Zukunft zu besitzen, daß man, wenn es wirklich zum Versuche einer Arbeitskammer kommen sollte, darauf gefaßt sein darf, die Arbeitgeber sich zu derselben durchaus so passiv wie möglich verhalten zu sehen. (Sehr wahr!)

Wenn die im Reichstage zu Wort gekommenen Arbeitervertreter dieses Mal unter bestimmten Vorbehalten zu dem neuen Entwurfe scheinbar eine etwas freundlichere Stellung genommen haben, als im vorigen Jahre zu der früheren Vorlage, so darf man das meines Erachtens nicht zu hoch einschätzen. Nach Legiens Aeußerung in der Reichstagssitzung vom 15. Januar v. J. werden sich die Gegensätze zwischen Arbeitern und Unternehmern erst dann ausgleichen lassen, wenn die Arbeiter auch Besitzer der Produktionsmittel sind, und auch jetzt hat die Regierung von dem nämlichen Abgeordneten sich sagen lassen müssen, daß die Vorlage beweise, „wieweit entfernt die Vertreter der Verbündeten Regierungen vom praktischen Leben stehen". (Heiterkeit.)

Wie man da von einem solchen Gesetze, das von der einen Seite der Beteiligten für äußerst bedenklich erachtet wird, während es von der anderen Seite der Beteiligten schon vor seinem Erlasse mißachtet und beinahe verhöhnt wird, noch einen Erfolg erwarten kann, ist dem gewöhnlichen Sterblichen schwer verständlich.

Und durch die Umarbeitung des früheren Entwurfs ist die Sache wahrlich nicht besser geworden.

Allerdings weist der § 2 der jetzigen Vorlage gegen die bisherige eine merkwürdige Aenderung auf. Während es bis dahin hieß, die Arbeitskammern sollten berufen sein, „den wirtschaftlichen Frieden zu pflegen und die gemeinsamen gewerblichen und wirtschaftlichen Interessen der Arbeitgeber und der Arbeitnehmer der in ihnen vertretenen Gewerbezweige, sowie die auf dem gleichen Gebiete liegenden besonderen Interessen der beteiligten Arbeitnehmer" wahrzunehmen, sind jetzt in dem letzten Satz hinter „Arbeitnehmer" die Worte eingeschaltet „unter gleichmäßiger Berücksichtigung der Arbeitgeberinteressen". (Heiterkeit.) Man hat bei dieser redaktionellen Verschönerung das Gefühl gehabt, daß eine solche Verneigung nach der Arbeitgeberseite sich auf dem Papier doch gar nicht übel ausnehme (Heiterkeit) und dann andere Verschlimmerungen des Entwurfs um so erträglicher erscheinen lasse. — Ja, meine Herren! Ich weiß nicht, was man sich dabei gedacht hat, denn dieser Rede Sinn ist jedenfalls dunkel. Daß die allgemeinen Interessen von Handel und Gewerbe in den Handels- und Handwerkskammern ihre Vertretung finden, ist auch unseren Gesetzgebern bekannt, die jene Organe selbst geschaffen haben, und daß die in ihren einzelnen Gewerbezweigen durch Verbände organisierten Arbeitgeber gar kein Bedürfnis nach einer anderen besseren Vertretung empfinden, dürfte nachgerade ebenfalls ausreichend bekannt sein. Man beklagt zwar, daß die Industrie in den Parlamenten keine angemessene Vertretung habe, weiß aber, überall, wo es vonnöten ist, ganz genau, wo uns der Schuh drückt und was uns nach unserem Dafürhalten frommen würde. Nur macht man sich nicht das Geringste daraus, was Handelskammern, Verbände und Vereine unter sachlichster Begründung sagen, wenn es sich mit der allgemeinen Strömung und mit den parteipolitischen Interessen nicht verträgt. Sie werden es mir nachfühlen, wenn ich nicht anzunehmen vermag, daß nun die Arbeitskammern, die nach meiner Ueberzeugung den Keim des Verhängnisses in sich tragen, in der Wahrnehmung der Arbeitgeberinteressen mehr leisten sollen als die gesetzlich und freiwillig bestehenden angesehenen Körperschaften, die nicht nur das Zeugnis eines langjährigen ersprießlichen Wirkens aufzuweisen haben, sondern vor allem auch das Vertrauen derer besitzen, für die zu wirken sie berufen sind.

Bedenklicher ist aber die Ausgestaltung, die der § 3 des Gesetzentwurfs erfahren hat. Hier hat man nämlich nach den ersten harmlosen Bestimmungen die besonderen Aufgaben der Arbeitskammern dahin ergänzt, daß sie 5. auf Anrufen der Beteiligten beim Abschluß von Tarifverträgen mitwirken, 6. die Einrichtung nicht gewerbsmäßiger, unter gleichmäßiger Beteiligung von Arbeitgebern und Arbeitnehmern verwalteter Arbeitsnachweise fördern und außerdem befugt sein sollen, Umfragen über die gewerblichen und wirtschaftlichen Verhältnisse der in ihnen vertretenen Gewerbezweige in ihren Bezirken selbständig zu veranstalten.

Derartige Aufgaben und Befugnisse haben in der ausländischen Gesetzgebung nicht ihresgleichen — ich erinnere nur an das Ihnen soeben vorgeführte Gesetz in Frankreich —, und wenn ich auch nichts dagegen einzuwenden habe, daß wir in Deutschland in sozialpolitischen Dingen nach wie vor den Rekord halten, muß ich doch die ernstesten Bedenken dagegen erheben, daß das geplante Vorgehen noch mit Experimenten bepackt werden soll, die, statt dem sozialen Frieden zu dienen, nur neue Reibungsflächen zur Entfesselung unheilvoller Erregungen schaffen müssen. (Sehr richtig!) Man kann über Tarifverträge denken, wie man will — wir haben darüber ja auch schon heute geredet —, einer Meinung ist man darüber in beteiligten Kreisen längst nicht, und wir wissen sehr wohl, daß es bedeutende Industriezweige gibt, in denen angesichts der eigenartigen Lohn- und Betriebsverhältnisse Tarifverträge gar nicht möglich sein würden. (Sehr richtig!) Schon bis zum 31. Dezember 1908 zählte man übrigens bereits 5671 bestehende Tarifverträge in Deutschland; wie viele im Auslande bestehen, weiß ich nicht. Sie alle sind ohne Arbeitskammern zustande gekommen. Auch der Vertreter der Sozialdemokratie im Reichstage und, nicht zu vergessen, mein besonderer Gönner, der Abgeordnete Naumann (Heiterkeit), haben einmütig erklärt, daß für den Abschluß von Tarifverträgen Arbeitskammern nicht notwendig seien. — Nun aber die Kehrseite, meine Herren!

Wird diese Bestimmung Gesetz, so werden die Gewerkschaften nicht versäumen, die Arbeiter, selbst in den größten Werken, anzuregen, Tarifverträge zu fordern, die dann, wenn sie, wie vorauszusehen, abgelehnt werden, das nächste Sprungbrett bilden. Dann ist nämlich der Anlaß gegeben, seitens der Beteiligten die Arbeitskammer anzurufen, daß sie ihre Mitwirkung eintreten lassen möge; und damit ist der Einmischung dieser Instanz in den Betrieb Tür und Tor geöffnet. (Sehr richtig!) Die gleiche Einmischungsmöglichkeit schließt die den Arbeitskammern zugewiesene Förderung der paritätischen Arbeitsnachweise ein, von deren glückbringender Wirksamkeit man sich ebenfalls — ohne jeden Grund — die übertriebensten Vorstellungen macht. Wer erinnert sich nicht des Theatersturms, der anläßlich des vor etlichen Monaten von den Zechen des Ruhrreviers errichteten Arbeitsnachweises in Szene gesetzt wurde. Nicht nur die Vertreter der Arbeiterverbände, auch die Sozialpolitiker unserer Parlamente konnten sich nicht genug darin tun, das verdammungswürdige Vorgehen der Schlotjunker als eine brutale Vergewaltigung der Bergarbeiter zu brandmarken. Man kennt das nachgerade: es wird zunächst alles ins gräßlichste Schwarz gemalt, solange es Art hat. Wenn man dann aber einsieht, daß trotzdem die Klinke der Gesetzgebung nicht gleich erreichbar ist, verweht auch allmählich der polternde Groll, zumal, weil — nun weil man eben anerkennen muß, daß alle die wütenden Verdächtigungen, die man auf jene Untat der Arbeitgeber gehäuft hatte, angesichts der greifbaren Tatsachen nicht aufrecht zu erhalten waren. — Arbeitsnachweise sind sicherlich nicht allein nützlich, sondern sie kommen bei unseren modernen Arbeitsverhältnissen in vielen Fällen auch einem Bedürfnis entgegen. Ob aber gerade paritätisch verwaltete Nachweise sich unter allen Umständen als das allgemein erstrebenswerte Ideal erweisen, ist einstweilen entschieden nicht anerkannt, und wird auch dadurch nicht klargestellt, daß der Gesetzentwurf der Regierung diesen Einrichtungen eine besondere Berücksichtigung zuteil werden läßt. Man sollte daher diese Dinge sich noch eine geraume Weile ruhig in Freiheit weiter entwickeln lassen und jedenfalls darauf verzichten, nachträglich auch den Arbeitsnachweis noch als Reis in den Nützlichkeitskranz der Arbeitskammern einzuflechten.

Aber man will noch weiter experimentieren. Die Arbeitskammern sollen selbständig Umfragen über die gewerblichen und wirtschaftlichen Verhältnisse veranstalten können. — Muß eine solche Betätigung im Hinblick auf die bestehenden Handelskammern, Verbände und Vereine in erster Linie als durchaus überflüssig erscheinen, so wird sie sich andererseits sehr leicht dem groben Unfug nähern können.

Denn was dürfte den bestehenden Kampforganisationen der Arbeiter wohl willkommener sein, als sich dieses Mittels zu bedienen, um sich nach Gefallen über die Verhältnisse der industriellen Betriebe ihres Bezirks möglichst erschöpfend zu unterrichten und dabei nicht etwa die Verständigung von Arbeitnehmern und Arbeitgebern, sondern lediglich ihre eigenen Geschäfte zu besorgen. — Auf dem Papier sieht ja auch diese Bestimmung ganz unschuldig aus. Man könnte sogar sagen, daß sie gar keine Bedeutung habe, da es auch den Handelskammern und industriellen Verbänden unbenommen ist, beliebige Umfragen anzustellen, auf die zu antworten niemand gezwungen wird. Den Arbeitskammern wird aber bei dem Beschluß, eine Erhebung anzustellen, der Staat seine Hilfe leihen müssen, wenn das Gesetz nicht zur Farce werden soll, und darin liegt der große Unterschied.

Im Laufe der wenigen Jahre, in denen Regierung und Reichstag sich um diese neue Idee die Köpfe zerbrechen, ist der Kern der Sache überhaupt vollständig verschoben. Zuerst handelt es sich um die Erfüllung des kaiserlichen Versprechens vom Jahre 1890; es sollten Einrichtungen geschaffen werden, mittels derer die Arbeiter durch ihre Vertreter sich an der Regelung gemeinsamer Angelegenheiten beteiligen und die Wahrung ihrer Interessen besorgen können. — Es war ganz offenbar, daß solche Einrichtungen nur Arbeiterkammern hätten sein können. Sehr bald wird man indessen die Einsicht gewonnen haben, daß die kaiserlichen Erlasse vom Jahre 1890 durch die moderne Entwicklung der Arbeitsverhältnisse und mit ihnen auch das vor 20 Jahren angenommene Bedürfnis längst überholt sind. Man hat sich überall selbst geholfen. Um ein solches Bedürfnis aber doch zu konstruieren, werden nun die zu errichtenden Arbeitskammern mit Zielen und Aufgaben ausgestattet, die, weit entfernt, Arbeitgeber und Arbeitnehmer in friedliche Beziehungen miteinander zu bringen, vielmehr Verstimmung und Zerwürfnis geradezu heraufbeschwören und nur das eine praktische Ergebnis haben werden, der Sozialdemokratie einen neuen gesetzlich privilegierten Tummelplatz für ihre Agitationen zu eröffnen. Einsetzen werden diese Agitationen auf der Arbeiterseite bereits mit den Wahlen zwischen den Angehörigen der verschiedenen Fach- und Parteiverbände und natürlich in um so stärkerem Grade, wenn das Wahl- und Wählbarkeitsalter den jüngeren Jahrgängen der Arbeiterschaft die Berechtigung zur Mitwirkung gewährt. Es ist nicht ohne Interesse, den Reichstagsverhandlungen zu entnehmen, wie solche Forderungen begründet werden. Da heißt es, man müsse gegen die Heraufsetzung des Wahlalters deshalb Einspruch erheben, weil man „wisse“, daß in sehr vielen Betrieben noch große Mißstände herrschen, worunter die Arbeiter sehr schwer zu leiden haben. Bewiesen brauchen — wie ich das schon einmal bemerkt habe — solche verhetzenden Behauptungen im Reichstage bekanntlich nicht zu werden. Es könnte noch viel faustdicker kommen und tut es gelegentlich ja auch, ohne daß man dafür Tatsachen geltend zu machen wüßte. Notwendig scheint es mir aber daraufhin zu sein, daß ehestens eine strenge Oberinspektion für unsere Gewerberäte eingerichtet werde, denn, wenn solche himmelschreienden Zustände, wie man sie als notorisch bezeichnet, wirklich heute noch bestehen können, müßte einem beinahe die ganze Gewerbeinspektion als ebenso überflüssig und schädlich erscheinen, wie es die Arbeitskammern sein werden. (Sehr richtig!)

Was schließlich von den Arbeitskammern im Falle ihrer Anrufung als Einigungsämter zu halten ist, wurde von dieser Stelle aus wiederholt und unter Hinweis auf die schlagenden Beispiele der belgischen und holländischen Vorbilder so ausführlich und unwiderlegbar dargestellt, daß ich es mir ersparen kann, darauf hier nochmals einzugehen, eine Zurückhaltung, die sich schon mit Rücksicht auf unsere reichhaltige Tagesordnung und die vorgerückte Zeit empfiehlt.

Meine Herren! Ich habe eine aufrichtige Hochachtung vor dem guten Gemüt des Herrn Staatssekretärs, der — trotz seiner sonst nicht gerade hohen Meinung von dem Edelsinn der Unternehmer und seiner Ansicht von dem entgegenkommenden Wesen der heutigen Arbeiterführer — an dem Vertrauen festhält, daß sich auf dem einfachen Wege einer gesetzlichen Organisation alle Schwierigkeiten überwinden lassen werden. Ich fürchte nur, er wird arge Enttäuschungen erleben, Enttäuschungen, welche die Sorge — um nicht zu sagen Liebe —, die er dem Gedanken zuwendet, gewiß nicht wert sind.

Natürlich macht die Sache auch Kosten. Der Vorsitzende und sein Stellvertreter werden vom Staate, das heißt von den Steuerzahlern besoldet. Die übrigen Kosten werden je zur Hälfte auf Arbeitgeber und Arbeitnehmer verteilt, also durchweg entweder mittelbar oder unmittelbar von dem ersteren getragen. Sie können sogar ziemlich bedeutend werden, wenn es den Arbeitskammern einfällt, die ihnen überlassenen „Umfragen" zu veranstalten. Indessen, wir sind es ja gewohnt, daß es kein Kind rührt, wenn der Industrie neue Lasten aufgebürdet werden. Ich weise nur auf die noch kommende Reichsversicherungsordnung mit der Hinterbliebenenfürsorge und auf die Pensionsversicherung der Angestellten hin. Es ist ordentlich eine Lust, so aus den Taschen des deutschen Gewerbefleißes heraus immer neue Tricks zur Weltverbesserung versuchen zu können.

Deshalb stellt man uns ja auch schon jetzt neben den Arbeitskammern auch Angestellten-, Techniker- und Betriebsbeamtenkammern in Aussicht. Sonderbarer Weise ist man in den Kreisen der letzteren ungehalten darüber, daß sie nach dem Entwurfe der Regierung nicht in die Arbeitskammer-Organisation einbezogen werden sollen. Es liegt aber doch flach auf der Hand, daß sich daraus für sie selbst die größten Unzuträglichkeiten ergeben müßten. Der Betriebsbeamte, und ist er nur Werkmeister, ist, von verschwindenden Ausnahmen abgesehen, im gewissen Sinne den Arbeitern gegenüber stets ein Vertreter des Unternehmertums. In kleineren Betrieben wird er oft genug der erste und einzige Vertreter des Prinzipals sein. Nun liegt aber doch nichts näher, als daß er in der Arbeitskammer nur in eine schiefe Stellung geraten kann, da er, soweit er für Arbeitgeberinteressen eintritt, es mit den ihm unterstellten Arbeitern, und wenn er gegen die Arbeitgeberinteressen stimmt, es mit dem Unternehmer, in dessen Dienst er steht, verderben muß.

Zudem will es mir doch scheinen, daß der in den allermeisten Fällen bezüglich seines Verhältnisses zum Arbeitgeber auf rein individuelle Interessen hingewiesene Betriebsbeamte es wirklich nicht schwer hat, nach meinen Erfahrungen wenigstens nicht, sich mit dem Werksleiter persönlich zu benehmen; jedenfalls würde ihm eine Arbeitskammer garnichts dabei helfen können.

Die Handelsangestellten haben durch ihre größeren, unter sich genügend uneinigen Verbände (Heiterkeit) bereits erklären lassen, daß sie mit Arbeitskammern nichts zu tun haben wollen, und von der Regierung ist ihnen und den Technikern ja auch bereits ein anderes Vorgehen in Aussicht gestellt. Immer nur zu! Ich weiß freilich nicht, wie das Bedürfnis solcher neuen Spezialorganisationen begründet werden soll, und nach meiner Meinung wissen es die Herren im Grunde genommen selber nicht, denn bis jetzt sind mir für die Einrichtung von Kaufmanns- und Technikerkammern nur allgemeine Redensarten bekannt geworden, und allgemeine Redensarten sind keine Gründe. Sehr verständlich ist es mir aber, daß die Beteiligten auf diese Standesvertretungen den gleichen Rechtsanspruch zu haben glauben, den man den Arbeitern einräumt, ohne daß diese ihn haben wollen. Eine bange Frage nur beunruhigt mich angesichts der sich häufenden immer neuen sozialpolitischen Organisationsprojekte. Wo soll der schon jetzt mit unzähligen Ehrenämtern in Reich, Staat und Gemeinde belastete Gewerbetreibende bei allen diesen Schöpfungen künftig im Nebenamt noch die Muße finden, sich auch etwas um sein eigenes Geschäft zu kümmern (lebhafte Zustimmung und Heiterkeit), was doch wohl wünschenswert sein wird, um die Arbeiter, sowie technische und kaufmännische Angestellte überhaupt weiterhin beschäftigen zu können. (Sehr gut!)

Sie dürfen es mir nicht verdenken, meine Herren, wenn ich mich gegenüber den neuen Zumutungen, die man unserer, weiß Gott, ausreichend mit Sorgen belasteten Industrie bieten zu müssen glaubt, in eine stellenweise etwas bittere Stimmung habe treiben lassen. Die Vorlage der Reichsversicherung würde das allein nicht zu Wege bringen; es mußten die Glossen dazu kommen, die man im Reichstage hinzufügte und die absolute Nichtachtung der von Deutschlands Handel und Industrie dem Parlament und der Regierung unterbreiteten Einwände. Nur ein mildernder Umstand gibt dem Gegenstande eine tragikomische Seite, das ist die besonders von der Sozialdemokratie gemachte Entdeckung, daß der neue Gesetzentwurf in den einzelnen Bestimmungen nach den Angaben des Centralverbandes Deutscher Industrieller ausgearbeitet sei (Heiterkeit) und sich folgerichtig als ein Gesetz zur Wahrnehmung der Interessen der Unternehmer darstelle. — Ist diese Verwirrung der Begriffe auf das heurige Kometenjahr zurückzuführen (Heiterkeit), so will ich mich dabei beruhigen, — liegt die Sache aber tiefer, dann befinden wir uns in einer Seelenkrise, die einen bösen Ausgang nehmen kann. Und es ist fast zu besorgen, daß eine solche Krise bereits eingetreten ist, denn in dem stenographischen Berichte des Reichstages habe ich vergeblich danach gesucht, ob nicht auf die betreffenden Anklagen des Abgeordneten Legien Stürme der Heiterkeit entfesselt worden seien. Nicht mal ein tiefempfundenes „Hört, hört!" ist laut geworden.

Dahingegen hat es der Herr Staatssekretär des Innern für nötig erachtet, beschwichtigend zu betonen, daß er keineswegs vom Centralverband Deutscher Industrieller abhänge, — daß er gerade auf sozialpolitischem Gebiet in seinem Leben vieles durchgesetzt habe, was gerade die Mißbilligung von dieser Seite in hohem Maße erfahren habe. Wir glauben ihm das, meine Herren; im Reichstage hat man ihm das bei der Sozialdemokratie nicht geglaubt.

Bei allem Eifer, von dem sich unsere Regierung in der Vorlage dieses Gesetzentwurfs durchdrungen zeigt, hat sie sich bekanntlich nicht entschließen können, die Arbeiter der staatlichen Betriebe an den erhofften Wohltaten der Arbeitskammern teilnehmen zu lassen. (Hört! hört!) Wir finden das sehr verständig. Es kann unmöglich zu etwas Ersprießlichem führen, in die mit diesen Einrichtungen unter allen Umständen verknüpften bedenklichen Eventualitäten auch solche Gruppen zu verwickeln, deren Zuverlässigkeit für das allgemeine Staatswohl unbedingt gewahrt werden muß. Nur sollte man dabei nicht auch noch den fadenscheinigen Vorwand gebrauchen, jene Arbeiterkreise hätten eine Vertretung durch die Arbeitskammern nicht nötig, da die bestehenden Arbeiterausschüsse tadellose Gelegenheit böten, alle Anliegen und Klagen zu verlautbaren und zum Austrage zu bringen.

Die allereinfachste Konsequenz müßte danach erwarten lassen, daß nun auch alle Privatbetriebe, für welche Arbeiterausschüsse bestehen, und das sind tausende, von den Arbeitskammern ausgeschlossen würden; davon ist aber keine Rede.

Meine Herren! Der Herr Staatssekretär hat am 16. Februar d. J. sich dahin ausgesprochen, er wisse, daß man in den Kreisen der Arbeitgeber dem Gesetzentwurf mit einer gewissen Skepsis gegenüberstehe, weshalb man der Vorlage eine Form zu geben sich bestreben wolle, die ihr eine freundliche Aufnahme auf allen Seiten sichert. Ich meine, der Herr Staatssekretär hätte ruhig etwas mehr wissen dürfen, dann würde er darüber im klaren gewesen sein, daß auch die neue Form, in der dieses Gesetz zum Beschluß gelangen soll, niemals unsere Zustimmung finden kann, nicht, weil wir zum Frieden nicht die Hand bieten wollen, sondern eben, weil wir im Interesse des sozialen Friedens die uns bei einer Errichtung von Arbeitskammern klar vor Augen stehende Verschlimmerung der sozialen Gegensätze aufs tiefste bedauern müssen. (Beifall.)

Meine Herren! Wir würden unsere Pflicht gegen das Vaterland verletzen, wenn wir mit dem Ausdruck dieser Ueberzeugung zurückhalten wollten. — Ich bitte Sie deshalb, lassen Sie uns — in diesem Falle, wie ich sagen möchte, als Seiner Majestät Regierung allergetreueste Opposition — einstimmig die Erklärung beschließen, die ich in meinen Ausführungen zu begründen mich bemüht habe. (Lebhafter anhaltender Beifall.)

Die Erklärung, die ich Ihnen im Namen des Direktoriums vorzuschlagen habe, lautet folgendermaßen:

Der Centralverband Deutscher Industrieller mußte darauf gefaßt sein, daß trotz der aus allen beteiligten Kreisen dagegen erhobenen und ausführlich begründeten Bedenken der Gesetzentwurf betreffend die Errichtung von Arbeitskammern den Reichstag auch in seiner neuen Tagung beschäftigen werde.

Daß es sich hier um einen Plan handelt, dessen Verwirklichung, nach den darüber vorliegenden Erfahrungen im Auslande, auch bei uns keinerlei Segen stiften, wohl aber das Verhältnis zwischen Arbeitnehmern und Arbeitgebern weiter verschlechtern wird, unterliegt bei den Vertretern der im Centralverbande Deutscher Industrieller vereinigten heimischen Industrie keinem Zweifel.

Mit großer Besorgnis muß es die letztere erfüllen, daß der frühere Entwurf des Gesetzes in der neuen Vorlage noch durch Bestimmungen erweitert worden ist, die, wie die Ausdehnung des Aufgabenkreises der Kammern auf die Mitwirkung derselben beim Abschluß von Tarifverträgen, die Einrichtung paritätischer Arbeitsnachweise und die Befugnis zum selbständigen Erlaß von Umfragen über gewerbliche und wirtschaftliche Verhältnisse nur geeignet sind, bestehende Gegensätze zu verschärfen oder neue hervorzurufen und somit gefährlichen Zündstoff für die Störung des sozialen Friedens auszulösen.

Die in dieser Richtung zu befürchtenden Wirkungen würden noch verschlimmert, wenn bei Verabschiedung des Gesetzes den Strömungen nachgegeben würde, die dahin gehen, die Arbeitersekretäre zur Vertretung der Arbeitnehmer in den Kammern zuzulassen, das Wahl- und Wählbarkeitsalter herabzusetzen, die Betriebsbeamten der Industrie als Arbeitnehmer in die Kammer einzubeziehen und die Oeffentlichkeit der Verhandlungen vorzuschreiben.

Der Centralverband Deutscher Industrieller bestreitet wiederholt sowohl das Bedürfnis als auch einen sozialpolitischen Nutzen der beabsichtigten Einrichtungen, die, nach seiner Ueberzeugung, wenn sie es überhaupt zu einer Bedeutung bringen, zum Schaden des Vaterlandes sich nur zur gesetzlichen Förderung der sozialdemokratischen Organisationen auswachsen werden.

Vorsitzender: Meine Herren! Sie haben Ihre Zustimmung zu der Resolution eigentlich durch den Beifall kund getan, den Sie eben Herrn Generalsekretär S t u m p f zollten. Ich möchte aber doch bitten, zu sagen, ob Sie eine Besprechung wünschen.

Syndikus Dr. **Keibel**-Mülheim a. d. Ruhr: Ich möchte bitten, in dem letzten Absatz zwischen den Worten „beabsichtigten“ und „Einrichtungen“ noch einzufügen „kostspieligen“ oder „außerordentlich kostspieligen“, denn das muß meines Erachtens hier zum Ausdruck gebracht werden, daß diese Einrichtungen, die wir für überflüssig und schädlich halten, auch noch ganz außerordentliche Kosten machen werden, die sich auf 15 bis 20 Millionen Mark beziffern lassen.

Baurat Beukenberg-Hörde: Meine Herren! Bei den bisherigen Vorlagen ist von einer Besprechung abgesehen worden, wohl infolge der ausführlichen Begründung, und es ist auch nicht meine Absicht, angesichts des ausgezeichneten Referats, das Herr Stumpf speziell zu der Arbeitskammervorlage erstattet hat, hierzu das Wort zu nehmen; wohl aber glaube ich, daß es am Platze wäre, nachdem wir diese vier Vorlagen behandelt haben, einmal diese vier Gesetze in ihrer Gesamtwirkung kurz zu betrachten. Da muß zunächst festgestellt werden, daß wir jetzt wieder vier solcher Gesetzesvorlagen zu behandeln haben, obwohl wir wahrlich in der letzten Zeit unter einer Ueberfülle neuer Gesetze zu leiden hatten, und obwohl über die Handhabung der Gesetze, die am 1. April vorigen Jahres zur Aenderung der Gewerbeordnung eingeführt worden sind, in vielen Punkten bis heute noch keine Verständigung zwischen den Aufsichtsbehörden und den Werken erzielt ist. Da kann man wirklich mit Herrn Regierungsrat Dr. Schweighoffer sagen, es ist Zeit, daß die Regierungsmaschine für die Gesetzgebung einmal auf „langsam" gestellt wird; denn es wird der große Fehler gemacht, daß man neue Gesetze einführt, ehe man über die Belastung mit Arbeit und Kosten, die uns mit den vorherigen auferlegt wurden, auch nur ein einigermaßen sicheres Bild hat; und zu dieser Beurteilung gehören Jahre, da namentlich auch die Konjunkturen dabei eine Rolle spielen.

Es werden aber auch alle Erfahrungen außer Betracht gelassen, die die Regierung selbst bei ihren Betrieben gemacht hat, und dafür möchte ich Ihnen ein drastisches Beispiel anführen. Es ist Ihnen allen bekannt, daß vor knapp zehn Jahren in unserem größten Staatsbetrieb bei der Staatseisenbahnverwaltung, die Bestrebungen einsetzten, die dann in wenigen Jahren in schneller Aufeinanderfolge eine Reihe von Maßnahmen gesetzlicher und anderer Art zur Folge hatten, die im großen und ganzen darauf gerichtet waren, die Minderbemittelten zu berücksichtigen zuungunsten der Besserbemittelten, die aber eine ungünstige Wirkung ausgeübt haben. Das war zunächst die Ausstattung der vierten Klasse mit Bänken, dann die bessere Ausstattung der dritten und der vierten Klasse, die Aenderung der Personentarife, dann die Schnellzugszuschläge, die Fahrkartensteuer, weiterhin die plötzliche Verkürzung der Arbeitszeit von zehn auf neun Stunden für alle Staatsarbeiter im Eisenbahnbetriebe, die Gewährung von freier Fahrt und längerem Urlaub unter Fortbezahlung des Lohnes usw. Meine Herren! Wenn wir gesehen haben, welchen geradezu vernichtenden Einfluß diese an und für sich zum Teil wünschenswerten Maßnahmen, die auch als sozialpolitische angesehen werden können, auf die Betriebsergebnisse der Staatseisenbahnen gehabt haben, dann können wir ermessen, wie es unserer Industrie ergehen wird, wenn wir noch einige Jahre in der Weise weiterarbeiten mit sozialpolitischen Gesetzen, wie es bis heute geschehen ist, und wenn wir diese Gesetze allzu schnell und übereilt einführen, ohne Berücksichtigung der Folgen, der unheilvollen Wirkungen, die diese schnelle Aufeinanderfolge bedingt.

Zu dem Arbeitskammergesetz möchte ich nur den Wunsch aussprechen, daß es überhaupt abgelehnt würde; denn wir sind überzeugt, daß es keinen Nutzen bringen wird. Auch die Arbeitnehmer wollen es ja in der vorgelegten Form nicht haben.

Man sollte doch meinen, wenn Regierung und Parlament, denen diese Dinge bekannt sind, sich das vor Augen halten, dann würden sie zu dem Ergebnis kommen, daß sie in eine viel vorsichtigere und gründlichere Prüfung der Gesetzentwürfe eintreten müssen, als dies bisher geschehen ist, und zwar unter Anlehnung an die Praxis, daß sie ferner warten müssen, bis unsere Konkurrenten im Auslande wenigstens in geringem Maße auf dem Gebiete der sozialen Wohlfahrtsbestrebungen uns gefolgt sind. Ich glaube, diese Ansicht hier einmal zum Ausdruck bringen zu müssen.

Reichstagsabgeordneter von Dirksen-Berlin: Meine Herren! Ich war mir im Zweifel, ob es angezeigt wäre, in diesem Kreise als Gast zu diesem Gegenstand zu sprechen; aber der bittere, der geradezu grimme Hohn, mit dem der Herr Referent den Gegenstand behandelt und mit dem er speziell uns arme Reichstagsabgeordnete mitgenommen hat, veranlaßt mich doch zu einigen Worten — nicht der Rechtfertigung, denn ich stehe, das muß ich offen sagen, in vielen Punkten, und mit mir meine politischen Freunde, ganz auf seinem Standpunkt. Ich möchte nur sagen, daß er doch vielleicht zu sehr verallgemeinert hat, und daß er einzelne Parteien und eine Reihe von Abgeordneten nicht mitschuldig machen darf für die Fehler, die auf sozialpolitischem Gebiete durch überstürztes Tempo bei uns gemacht werden und gemacht worden sind. (Sehr richtig!)

Meine Herren! Wir teilen die starken Bedenken, die gegen dieses Arbeitskammergesetz heute so beredt geltend gemacht worden sind, aus vollstem Herzen. Ich habe Gelegenheit gehabt, aus den Verhandlungen des Vorjahres das damalige Referat des diesjährigen Herrn

Referenten kennen zu lernen. Ich hatte die Absicht, zu der vorjährigen Vorlage im Namen meiner politischen Freunde das Wort zu ergreifen; ich bin damals nicht dazu gekommen, habe aber die Materie aus diesem Anlaß durchgearbeitet. Ich hatte die stille Hoffnung, ich glaube mit den meisten Angehörigen Ihres Verbandes, daß dieser Gesetzentwurf nicht wieder erscheinen würde, und war sehr enttäuscht, wie das Winterprogramm uns diesen Gesetzentwurf nun doch wieder auf die Tagesordnung brachte.

Nun erscheint es ja vielleicht voreilig, wenn wir heute zu dem Entwurf Stellung nehmen, weil er noch in dem fruchtbaren — darf ich wohl sagen — Schoß der Kommission ruht und die definitive Fassung der Kommissionsberatungen uns noch nicht vorliegt. Aber ich glaube doch, daß wir in der Lage sind, an der Fassung, die von der Regierung beliebt worden ist, und die sich ja in der Hauptsache auf die Beratungen der vorjährigen Reichstagskommission stützt, Kritik zu üben. Sie werden ja mit mir dem Vorwurf des Scharfmachertums morgen in der ganzen freisinnigen und sozialdemokratischen Presse unterliegen, wenn wir hier etwas ungeschminkt über diesen Gesetzentwurf sprechen. Ich bin daran gewöhnt, und ich glaube, die Herren vom Centralverband Deutscher Industrieller auch (Generalsekretär Stumpf: Erst recht!), und so werden wir immerhin uns damit trösten können, daß wir auf dem Standpunkt stehen, den auch der Herr Referent betont hat, daß es ja auch neben den Arbeitnehmern eine gewisse nicht ganz unberechtigte Klasse von Menschen gibt, nämlich die Arbeitgeber (Heiterkeit), diejenigen, von deren Arbeit das Wohl der Arbeitnehmer in der Hauptsache abhängt, auf deren großen Leistungen auf intellektuellem und wirtschaftlichem Gebiete die Leistungsfähigkeit unseres Staates zum großen Teil aufgebaut ist und die doch schließlich auch einmal Berücksichtigung ihrer wohlbegründeten Ansprüche fordern können. (Lebhafter Beifall.) Das ist nach meiner Ansicht bei dem Entwurf und bei der Wiedervorlage dieses Arbeitskammergesetzes nicht der Fall gewesen. (Sehr richtig!)

Es ist von allen Seiten, von seiten der Arbeitgeber wie der Arbeitnehmer, wie auch von seiten der Regierung eigentlich gesagt worden, daß man sich schwerer Bedenken bei der Vorlegung dieses Gesetzentwurfes nicht entschlagen könne. Die Arbeitnehmer haben es durch ihre sozialdemokratischen und Gewerkschaftsführer unverblümt erklärt — einzelne von den Worten sind hier zitiert worden —, daß sie sich durchaus nicht viel von der beabsichtigten Einrichtung versprechen und daß damit durchaus nicht ihre Wünsche erfüllt würden. Bekanntlich haben gerade die Sozialdemokraten ihre Stellung in der

Frage überhaupt geändert, sie haben früher Arbeiterkammern haben wollen, während sie jetzt zu der anderen Auffassung übergeschwenkt sind. Aber auch die Arbeitgeber haben heute durch einen beredten Mund, wie schon seit einer Reihe von Jahren durch Handelskammern und andere Vertretungen, ihre großen Bedenken geltend gemacht, und selbst der Staatssekretär Delbrück hat im vorigen Jahre gesagt, er könne nicht verhehlen, daß die Reibungsflächen, die vorhanden seien, vielleicht vermehrt werden würden. Ja, meine Herren, wozu man dann einen solchen Gesetzentwurf erneut einbringt, ist mir unverständlich. (Sehr wahr!) Wozu ein so gefährliches Experiment machen, wozu eine Organisation uns aufoktroyieren, die bei den vielen Mühen und Kosten noch nicht einmal den Zweck, der ihr offiziell beigelegt wird, erfüllen kann!

Meine Herren! Die Erfüllung der Absicht, den Frieden zwischen Arbeitgebern und Arbeitnehmern herbeizuführen, wird durch Errichtung von Arbeitskammern — darüber sind sich alle Sachverständigen einig — nicht gewährleistet; das Gegenteil ist der Fall. (Beifällige Zustimmung.) Die Arbeitgeber, die den Wunsch haben, mit ihren Arbeitnehmern in Frieden zu leben, könnten es auch jetzt schon, insofern ihre Arbeitnehmer nicht künstlich aufgehetzt worden sind. In den Arbeitskammern, wo die Arbeitnehmer vertreten sein werden durch ihre Gewerkschafts- und sonstigen Führer, die alle das Hetzen, ich möchte sagen gewerbsmäßig betreiben, ist wahrlich nicht die Möglichkeit, sie nun zu einem Friedensinstrument zusammenzuschweißen; das erklären beide Teile für ein Unding.

Die Zusätze, die in den jetzigen Entwurf aufgenommen worden sind, scheinen mir mit dem Herrn Referenten eine im höchsten Grade bedenkliche Erweiterung des Aufgabenkreises der Kammern: die Idee, sie mitwirken zu lassen bei Tarifverträgen, die weitere Absicht, sie bei der Schaffung von paritätischen Arbeitsnachweisen zu beteiligen, über deren Nachteile ich bei der Debatte im Reichstage über die Arbeitsnachweise im Ruhrkohlenrevier mich eingehend ausgelassen habe, endlich und vor allem aber die Befugnis, selbst Umfragen zu erlassen, halte ich für in so hohem Grade bedenklich, daß das alles mich persönlich jedenfalls veranlassen würde, gegen das Gesetz zu stimmen, und ich glaube, daß die Mehrzahl, wenn nicht die Gesamtheit meiner politischen Freunde diese Auffassung teilt.

Ferner ist es ja selbstverständlich unannehmbar, daß wir die Arbeitervertreter, die Arbeitersekretäre noch in diese Kammern hineinwählen lassen, denn das würde, trivial ausgedrückt, heißen, den Bock zum Gärtner setzen; das würde eine Verständigung noch undenkbarer machen als heute; ferner würde die Herabsetzung des aktiven und passiven Wahlrechts für uns ausgeschlossen sein.

Meine Herren! Das ist eine Reihe von Bedenken, die so schwerwiegender Natur sind, daß man sich fragt: warum mußte der Reichstag bei seinem großen Arbeitsstoff mit diesem neuen Entwurf behelligt werden? Wozu ließ man den Entwurf nicht in der Versenkung verschwinden, wo man doch durch den vorjährigen Sessionsschluß eine gute Gelegenheit dazu hatte? (Sehr richtig!) Es scheint ja allerdings, daß der Wunsch der technischen Angestellten, mit einbezogen zu werden in diesen Gesetzentwurf, seine Beratung vielleicht aufhalten wird. Wenn aber der Bericht der Kommission, der noch nicht vorliegt, eventuell doch noch zur Verhandlung kommen und keine Gegenliebe finden sollte, so kann man wohl von der Einsicht der Regierung, auf die man doch ab und zu noch rechnen darf (Heiterkeit), erwarten, daß sie uns in Zukunft mit diesem Gesetzentwurf verschont.

Ebenso trete ich dem Herrn Referenten darin durchaus bei, daß die Bezugnahme auf das Ausland durchaus verfehlt ist. Ich will nicht seine Ausführungen wiederholen; schon in seinem vorjährigen Bericht ist ja eine solche Fülle von Material gegeben, daß dem Verfasser des Entwurfes die Neigung, sich auch nur auf ein fremdes Land zu berufen, vergangen ist.

Meine Herren! Wir sind vorangegangen auf dem Gebiete der Sozialpolitik in so kolossalem Tempo, wir haben einen so enormen Vorsprung vor allen anderen Nationen, daß wir nicht mehr ängstlich nach unseren Nachbarn zu schauen, nicht mehr, des Spruches gedenkend: Hannemann, geh du voran, du hast die längsten Stiefel an, immer neue Fortschritte zu machen brauchen, sondern lassen Sie uns auf dem Gebiet der Sozialpolitik ausbauen, was wir haben, woran unsere Industrie so unendlich schwer zu tragen hat, und lassen Sie uns von so gefährlichen Experimenten zunächst einmal absehen.

Das ist meine persönliche Auffassung, und ich glaube, daß die Mehrzahl meiner politischen Freunde sie teilt. (Lebhafter Beifall.)

Vorsitzender: Meine Herren! Wird das Wort noch weiter gewünscht? — Das ist nicht der Fall. Es liegt ein Antrag vor von Herrn Syndikus Dr. K e i b e l, daß in dem letzten Absatz auf der zweiten Zeile eingefügt werden soll: „außerordentlich kostspieligen."

Referent Generalsekretär **Stumpf-Osnabrück:** Ich möchte den verehrten Kollegen K e i b e l bitten, den Antrag zurückzuziehen, und zwar aus einem außerordentlich einfachen Grunde. Damit werden wir keinen Spatz vom Dache herunterholen, daß wir noch hineinbringen: die Einrichtungen werden kostspielig. Die Reichsregierung hat noch nicht ausgerechnet, was sie kosten, das ist ihr auch ganz egal; wenn es die Industrie bezahlt, kostet es ihr ja nichts, und dem Parlament ist es auch egal. Aber was es kosten wird, wissen wir heute ja auch nicht; deshalb können wir auch den Ausdruck „kostspielig" nicht gebrauchen. Es kann ja sein, daß verschiedene Arbeiterorganisationen Kapital für die Sache stiften werden. (Heiterkeit.)

Dem Herrn Reichstagsabgeordneten Dirksen bin ich außerordentlich dankbar für seine Ausführungen und will ihm nur zur Beruhigung sagen, daß es mir gar nicht einfällt, wenn ich über den Reichstag spreche, die Kritik, die ich an ihm ausgeübt habe, irgendwie verallgemeinernd auf eine Partei oder einzelne Personen beziehen zu wollen. (Bravo!)

Vorsitzender: Darf ich Herrn Dr. Keibel fragen, ob er den Antrag zurückziehen will?

Syndikus Dr. **Keibel**-Mülheim a. d. Ruhr: Ich sehe keine Veranlassung, warum nicht darauf hingewiesen werden soll, noch dazu, da der Herr Vortragende selbst erwähnt hat, daß die Sache sehr große Kosten verursachen wird. Daß diese Einrichtungen kostspielig werden, ist klar; ich glaube, wir haben im vorigen Jahre darüber gesprochen. Also, wenn nicht ein grundsätzlicher Widerspruch des Herrn Referenten vorliegt, möchte ich meinen Antrag aufrechterhalten.

Vorsitzender: Sie haben Ihren Antrag aufrechterhalten. Ich bitte dann diejenigen Herren, die den Antrag des Herrn Dr. Keibel, im letzten Absatz Zeile 2 hinter „beabsichtigten" einzufügen „außerordentlich kostspieligen" anehmen wollen, sich von den Sitzen zu erheben. (Geschieht.) Das ist weitaus die Minderheit.

Meine Herren! Die Fassung der ursprünglichen Vorlage ist genehmigt.

Ich bitte nun Herrn Direktor Meesmann, seinen Bericht über die

Reichsversicherungsordnung

zu erstatten.

Referent Direktor **Meesmann**-Mainz: Meine sehr geehrten Herren! In so vorgerückter Stunde über einen Gesetzentwurf von 1754 Paragraphen zu sprechen, ist, wie Sie mir zugeben werden, kein besonderes Vergnügen. Ich habe mir ausgerechnet, daß, wenn ich mich auch nur auf die Verlesung der Nummern dieses Gesetzentwurfes beschränken würde, ich etwa eine Stunde reden müßte.

Ich glaube, Sie werden mit mir übereinstimmen, wenn ich mich einer möglichst lapidaren Kürze befleißige, und wenn ich mich nicht allzusehr in die Einzelheiten des Entwurfs verliere, sondern nur die Hauptbedenken und diejenigen Fragen bespreche, die Anlaß zu lebhaften Erörterungen in der Oeffentlichkeit gegeben haben.

Meine Herren! Ich fange an mit der Erörterung der materiellen Bestimmungen dieses Gesetzentwurfs. Er bringt in allererster Linie, was bei der öffentlichen Erörterung bisher weniger in den Vordergrund trat, eine bedeutende Ausdehnung der Versicherung, und zwar einmal hinsichtlich des Kreises der versicherten Personen. Es soll bei der Krankenversicherung der Kreis der versicherten Personen im allgemeinen gleichgestellt werden mit dem bei der Invalidenversicherung, das heißt, es sollen alle Personen, die sich in untergeordneter, abhängiger Stellung befinden, der Versicherung unterworfen werden. Es sollen neu einbezogen werden in erster Linie die Landwirtschaft, das Gesinde, die unständig Beschäftigten, das Wandergewerbe; es sollen weiter einbezogen werden die Hausgewerbetreibenden, und bei diesem Punkte, meine Herren, muß ich einen Augenblick verweilen, weil er eine besondere Betrachtung erfordert.

Bei den Hausgewerbetreibenden, meine Herren, liegen ja besondere Schwierigkeiten vor, die der Einbeziehung in die Versicherung seither entgegengestanden haben und noch entgegenstehen. Die Schwierigkeiten liegen in der Eigenart dieser Gewerbebetriebe, darin daß die betreffenden Arbeiter in entlegenen Gegenden zerstreut sind, daß die Beschäftigung teilweise nur nebenher erfolgt, neben einer selbständigen Tätigkeit, namentlich in der Landwirtschaft, daß sie Hilfspersonen beschäftigen, deren Kontrolle sich der Aufsicht der Arbeitgeber zum großen Teil entzieht, und daß daher die Durchführung der Versicherung mit großen Weiterungen verbunden ist.

Es kommt dann noch vielfach hinzu, daß es sich um Erwerbstätigkeiten handelt, die so geringe Einkünfte für den Einzelnen ergeben, daß sie eigentlich zum Lebensunterhalt überhaupt nicht ausreichen.

Es kommt ferner bei diesem Gewerbebetrieb in Betracht, daß vielfach Fürsorgeeinrichtungen anderer Art schon jetzt bestehen, die das in viel besserer Art bieten, was durch das allgemeine Gesetz geboten werden kann. Es handelt sich ferner um Gewerbebetriebe, die sich zum Teil in einer außerordentlichen Notlage befinden, die, wie man sagen kann, im Aussterben begriffen sind, und bei denen eine Erschwerung der Existenz oder eine höhere Belastung unter Umständen auch eine Beseitigung der Existenzmöglichkeit mit sich bringt.

Es kommt endlich in Betracht, daß vielfach Hausarbeit von Personen geleistet wird, die gar nicht zu den Arbeiterkategorien, sondern zu den wohlhabenden Kreisen gehören, und die daher weder dieser Versicherungspflicht unterworfen werden wollen noch vernünftigerweise in die Versicherung einbezogen werden sollten.

Meine Herren! Alle diese Umstände sollen nicht die Veranlassung geben, der Frage der Versicherung der Hausgewerbebetriebe überhaupt ablehnend gegenüberzustehen. Sie sollen nur darauf hinweisen, daß es nötig ist, hier individueller zu verfahren, als es durch eine allgemeine gesetzliche Regelung geschehen kann, und deshalb wäre es erwünscht, in dem Gesetz die Möglichkeit zu geben, daß durch den Bundesrat Ausnahmen von der gesetzlichen Versicherungspflicht zugelassen werden. Außerdem empfiehlt es sich aber, ausdrücklich klarzustellen, daß jedenfalls Hausgewerbetreibende, deren Betriebe als Fabriken anzusehen sind, in Bezug auf die von ihnen beschäftigten Arbeiter nicht noch neben der allgemeinen Versicherung der Versicherungspflicht der Hausgewerbetreibenden unterliegen. Wenn eine derartige Klarstellung vorgenommen wird, so fällt ein großer Teil der Bedenken weg, die ich angeführt habe.

Die Mehrbelastung, die durch die gesamte Ausdehnung der Krankenversicherung in der skizzierten Weise erfolgt, wird von der Denkschrift auf 60 Millionen geschätzt, von denen die Arbeitgeber rund 30 Millionen zu tragen haben.

Auch die Unfallversicherung weist eine gewisse Ausdehnung des Kreises der versicherten Personen auf, eine Ausdehnung der Versicherung auf die Tiefbaubetriebe, Dekorationsbetriebe, Fuhrwerke, Handelsgewerbe usw.

Eine Erweiterung der Leistungen liegt ferner bei der Krankenversicherung in gewissen neuen Leistungen, die ich weiter nicht zu erwähnen brauche, Stillgeld und dergleichen, und vor allen Dingen, meine Herren, liegt eine Erweiterung der Leistungen in der neueinzuführenden Hinterbliebenenversicherung. Die Hinterbliebenenversicherung soll nach der Denkschrift 66 Millionen Mark kosten, wovon etwa 20 Millionen die Arbeitgeber zu zahlen haben.

Meine Herren! Es ist vielfach die Hinterbliebenenversicherung in der vorgeschlagenen Art angegriffen worden. Es ist gesagt worden, sie bietet ja viel zu wenig, um für die Arbeiter einen praktischen

Nutzen zu stiften, indem sie namentlich nur für die invaliden Witwen sorgen will und nicht für die Witwen im allgemeinen. Es ist gesagt worden, die Beiträge wären auch an sich zu niedrig, und es sei deshalb richtiger, von der ganzen Versicherung abzusehen.

Nun, meine geehrten Herren, ich meine, daß bei der so wichtigen Frage der Ausdehnung der Versicherungsleistungen, die selbst in diesem beschränkten Umfange 66 Millionen Mark erfordert, eine große Vorsicht am Platze ist, und daß es das Wichtigste ist, daß man das Prinzip der Hinterbliebenen-Versicherung einmal anerkennt. Man kann es dann ruhig der Zukunft überlassen, ob und inwieweit eine weitere Ausdehnung der Leistungen statthaft ist. Darüber kann meines Erachtens kein Zweifel bestehen, daß in dem Bau unserer sozialen Versicherung bisher die Hinterbliebenen-Versicherung eine Lücke darstellte, die unbedingt ausgefüllt werden muß, denn sobald man den Invaliden selbst eine Unterstützung auf öffentlicher rechtlicher Grundlage gewährt, glaube ich, muß man auch die Konsequenz ziehen, den Hinterbliebenen, die den Ernährer verlieren, ebenfalls eine solche Unterstützung zu gewähren.

Meine Herren! Eine weitere besondere Mehrbelastung, die der Gesetzentwurf für die Arbeitgeber noch enthält, liegt in der vorgesehenen Hälftelung der Beiträge bei der Krankenversicherung. Diese Veränderung der Beitragsleistung wird nach der Berechnung der Denkschrift eine Mehrbelastung der Arbeitgeber von 46 Millionen Mark jährlich zur Folge haben und unter Hinzurechnung der in dem Entwurf vorgesehenen Mehrleistungen sogar eine Mehrbelastung von 56 Millionen Mark.

Es wird vielleicht interessant sein, meine Herren, sich wieder einmal ins Gedächtnis zurückzurufen, wie groß die Belastung ist, die unsere heutige soziale Versicherung mit sich bringt. Nach der Denkschrift betrugen im Jahre 1907 die Arbeitgeberbeiträge zur sozialen Versicherung 367 Millionen Mark, die Arbeitnehmerbeiträge 314 und der Zuschuß des Reiches 50 Millionen, das sind 731 Millionen.

Die Mehrlasten durch den vorliegenden Entwurf würden betragen für die Arbeitgeber 95 Millionen, für die Arbeitnehmer 4 Millionen, für das Reich 28 Millionen, zusammen 127 Millionen. Das ist also eine Gesamtbelastung von 858 Millionen Mark jährlich, und in einigen Jahren wird dieser Betrag auf 1 Milliarde angewachsen sein, so daß pro Tag 3 Millionen Mark für die soziale Versicherung aufzuwenden sind.

Dazu kommt, daß die Privatbeamtenversicherung bevorsteht, zu der sich der Centralverband Deutscher Industrieller bereits bei früherer Gelegenheit grundsätzlich zustimmend geäußert hat.

Ich glaube, meine Herren, hier ausdrücklich feststellen zu können, daß der Centralverband Deutscher Industrieller von Beginn der sozialpolitischen Versicherungsgesetze an ein treuer Helfer und eifriger Förderer derselben gewesen ist (sehr richtig!), und daß er sich, glaube ich, unter den wirtschaftlichen Körperschaften das Verdienst zuschreiben kann, mit am tatkräftigsten bei der Ausgestaltung dieser Gesetze mitgearbeitet zu haben. Meine Herren! Das ist geschehen in der Erkenntnis, daß eine gute Sozialpolitik auch eine Erhöhung der Leistungsfähigkeit des Volkes bietet und, was mehr ist, die Erfüllung einer ethischen Pflicht bedeutet, wie sie unser modernes Denken verlangt!

Aber, meine Herren, der Centralverband Deutscher Industrieller kann, glaube ich, auch die andere Seite, die Kehrseite der Medaille, nicht übersehen, die einmal darin besteht, daß durch diese sozialen Lasten insbesondere das Mittel- und Kleingewerbe sehr in Mitleidenschaft gezogen und in seiner Wettbewerbsfähigkeit gegenüber den großen Betrieben ungünstig beeinflußt wird, und ferner kann nicht übersehen werden, daß die sozialen Lasten die Konkurrenzfähigkeit unseres gesamten Erwerbslebens gegenüber dem Auslande beeinträchtigen, solange das Ausland nicht, wie das leider heute noch nicht der Fall ist, in dem gleichen Tempo Sozialpolitik treibt, wie wir. Ich glaube deshalb, man sollte sich hüten, auch in der Oeffentlichkeit diejenigen immer als rückständig zu bezeichnen, die über das Maß der sozialen gesetzgeberischen Betätigung und über den Weg anderer Meinung sind, als das vielleicht den populären Tagesströmungen entspricht.

Ich wende mich zu den organisatorischen Aenderungen, die der Entwurf vorsieht, und komme zunächst wieder zur Krankenkassenversicherung. Der Gesetzentwurf sieht vor eine Beseitigung der Gemeindekrankenversicherung, womit man sich ohne weiteres einverstanden erklären kann, da diese Art der Versicherung nur ein Lückenbüßer war angesichts des Umstandes, daß man eine bessere Art der Regelung vorläufig nicht hatte. Er sieht dafür vor die Neueinrichtung von Landkrankenkassen, analog gebildet den Ortskrankenkassen, und zwar sollen diese hauptsächlich für die Landarbeiter und für das Gesinde bestimmt sein.

Meine Herren! Man hat gefragt, warum man diese Versicherung nicht an die Ortskrankenkassen anschließt. Ich glaube, daß ein derartiger Anschluß nicht zweckmäßig wäre. Erstens kommen in diesen Ortskrankenkassen die Landarbeiter jedenfalls nicht in dem Maße zur Geltung, wie das ihren berechtigten Interessen entspricht. Die Landarbeiter haben ferner ganz andere Bedürfnisse wie die Industriearbeiter, und es ist schließlich auch, glaube ich, die politische Seite der Frage nicht zu übersehen, daß es doch nicht ganz unbedenklich erscheint, in die Strömung der Ortskrankenkassen auch die Landarbeiter noch mit hineinzuziehen. Ich glaube also, daß die vorgesehene Errichtung von Landkrankenkassen ein durchaus guter Gedanke ist.

Eine weitere wichtige organisatorische Aenderung betrifft, wie ich schon erwähnte, die Verteilung der Beiträge zwischen Arbeitgebern und Arbeitern, der auch die entsprechende Verteilung der Sitze in dem Vorstand und dem Ausschuß der Ortskrankenkassen und der übrigen Krankenkassen entspricht. Während seither die Arbeitgeber ein Drittel, die Arbeitnehmer zwei Drittel trugen, und ebenso das Stimmverhältnis abgegrenzt war, sollen in Zukunft die Beiträge und die Zahl der Sitze halbiert werden. Es soll ferner nach dem Gesetzentwurf die Wahl des Vorsitzenden in erster Linie aus der Mitte des Vorstandes erfolgen; wenn das aber nicht möglich ist, weil die beiden Parteien sich nicht einigen, soll die Behörde den Vorsitzenden ernennen. Es soll ferner — was vielleicht ganz zweckmäßig ist — die Generalversammlung durch einen Ausschuß ersetzt werden, also durch Delegierte, um die Zufallsmöglichkeiten etwas mehr einzudämmen; es soll ferner die Verhältniswahl eingeführt werden, um auch die Minderheiten mehr zur Geltung kommen zu lassen, und es soll endlich eine Abstufung des Stimmrechts für die Arbeitgeber nach der Zahl der beschäftigten Personen eintreten.

Die Gründe für diese Veränderung in der Verteilung bestehen ganz offenkundig in dem Wunsche, die parteipolitischen Enflüsse in den Ortskrankenkassen zurückzudrängen und die Arbeitgeber zu einer positiven Mitarbeit in den Krankenkassen wieder heranzuziehen, die infolge der Einflußlosigkeit, zu der sie sich bei dem jetzigen Minoritätsverhältnis verurteilt sahen, unterblieben ist. Immerhin kann ich, trotzdem diese Bestrebungen berechtigt sind, doch auch Bedenken nicht unterdrücken, die dagegen geäußert werden. Zunächst die starke Mehrbelastung von 56 Millionen Mark, die ich schon erwähnte, ferner den Zweifel, ob überhaupt ein Erfolg in dem gewünschten Maße eintreten wird, da bekanntlich auch unter den Arbeitgebern es zahlreiche Existenzen gibt, die vielleicht, wenn sie als Arbeitgeber gewählt werden, doch sich mehr zur Vertretung der Interessen der Arbeitnehmer hingezogen fühlen. Bei den Betriebskrankenkassen kommt der Umstand in Betracht, daß bei ihnen, wenigstens in großem Umfange, das Bedürfnis einer stärkeren Vertretung der Arbeitgeberinteressen infolge der engen Beziehungen zwischen der Leitung des Unternehmens und den Versicherten nicht in dem Maße hervorgetreten ist wie bei den Ortskrankenkassen. Es kommt das Bedenken hinzu, ob, wenn zwei Parteien sich feindlich in der Verwaltung gegenüberstehen, in der Tat noch ein fruchtbares Arbeiten vorausgesetzt werden kann; dann das weitere Bedenken, daß die Verwaltung, wenn ein solcher Gegensatz besteht, eine bureaukratische sein wird durch den von der Behörde eingesetzten Vorsitzenden. Meine Herren! Ich will nicht unterdrücken, daß diese Bedenken auch nach meinem persönlichen Gefühle eine gewisse Bedeutung haben.

Der Ausschuß und das Direktorium des Centralverbandes sind jedoch der Ueberzeugung, daß die ersten Gründe, die für die Neueinteilung sprechen, die größere Bedeutung für sich beanspruchen können, und empfehlen Ihnen daher, dem Gesetzentwurf in diesem Punkte beizustimmen.

Meine Herren! Nun sieht der Entwurf noch eine sehr wichtige organisatorische Aenderung vor, das ist die Zentralisierung der Krankenkassen. An sich ist das ein berechtigter Wunsch. Wir haben ungefähr 25 000 Krankenkassen, darunter vielfach Gebilde, die wirklich auf eine große Existenzberechtigung kaum Anspruch machen können, die auch zum großen Teil nicht leistungsfähig sind, wie zum Beispiel viele Innungskrankenkassen und dergleichen. Aber es ist eine eigentümliche Erscheinung, daß nun der vorliegende Gesetzentwurf nicht diesen, sondern einer ganz anderen Kategorie von Krankenkassen zu Leibe geht, und das sind die Betriebskrankenkassen. (Sehr richtig!)

Die Denkschrift konstatiert, daß die Betriebskrankenkasse die beste Form der Krankenfürsorge ist. (Hört, hört!) Sie konstatiert ferner, daß die Betriebskrankenkasse den Versicherten erheblich mehr leistet, als das bei anderen Arten von Kassen der Fall ist. Sie konstatiert, daß die Betriebskrankenkassen im Jahre 1908 an die Arbeiter Mehrleistungen gegenüber ihren Beiträgen in Höhe von 10,06 M. gegeben haben, während bei den Ortskrankenkassen dieser Mehrempfang nur 6,40 M. beträgt. Sie konstatiert weiter, daß bei den Betriebskrankenkassen die Möglichkeit bester Kontrolle und sparsamster Verwaltung vorliegt. Trotzdem nimmt sie eine erhebliche Beschränkung in Aussicht, und zwar eine Beschränkung für bestehende Betriebskrankenkassen in der Weise, daß die Mindestzahl der Versicherten auf 100 festgesetzt wird, und bei neuen Kassen, daß sie auf 500 festgesetzt wird, während seither die Begründung einer Betriebskrankenkasse nur an die Mindestzahl von 50 Personen geknüpft war.

Gegenüber dem vorjährigen Entwurf ist das allerdings für bestehende Kassen insofern ein gewisses Entgegenkommen, als im vorjährigen Entwurf für bestehende Kassen 250 als Mindestzahl vorgesehen war.

Nun, meine Herren, abgesehen davon, daß mir das kein Verhältnis zu sein scheint: für bestehende Kassen 100 und für neue 500 Mitglieder festzusetzen, fehlt jeglicher Nachweis, daß kleinere Betriebskrankenkassen sich nicht bewährt hätten. An sich sind ja kleine Krankenkassen noch besser, was die Kontrolle betrifft, als große, weil der Betriebsunternehmer selbst in der Lage ist, eine viel bessere Uebersicht über den Krankheitsstand und die Arbeitsverhältnisse der Arbeiter zu haben, und ich möchte auch das erwähnen, daß ja die Möglichkeit für kleine Betriebe besteht, sich gemeinsam Kassen zu gründen.

Angesichts dessen, meine Herren, ist es merkwürdig, daß man gerade bei den Betriebskrankenkassen und im Gegensatz zu den Innungs- und Baukrankenkassen, bei denen keine Beschränkung vorgesehen ist, diese außerordentliche Einschränkung vornehmen will, und der Ausschuß Ihres Verbandes schlägt Ihnen deshalb vor, sich dahin auszusprechen, daß keine Veranlassung besteht, die Existenz der Betriebskrankenkassen zu erschweren.

Ein weiterer wichtiger Punkt, der in dem Entwurf eine Regelung gefunden hat, ist das Verhältnis zwischen Krankenkassen und Aerzten. Dieses Verhältnis läßt seit einer Reihe von Jahren sehr zu wünschen übrig. Es ist nicht zu verkennen, daß die Aerzte mit Recht sich vielfach beklagt haben über die ganz unzureichenden Vergütungen, die ihnen manche Kassen gewähren, und über die unwürdige Abhängigkeit, in der sie sich bei manchen Kassen befinden. Auf der anderen Seite wird niemand in Ihrem Kreise das schroffe Verhalten billigen können, das in dem Vorgehen des Leipziger Aerzteverbandes gelegen hat, der seine Mitglieder vor vornherein zu einem Boykott aufforderte gegen ein Gesetz, das in aller Form des Rechts erlassen werden soll. Diese und andere Erscheinungen weisen darauf hin, daß bei der Beurteilung dieser Frage mit großer Vorsicht zu Werke gegangen werden muß.

Die Schwierigkeit der Frage liegt darin begründet, daß die Krankenkassen die Verpflichtung haben, ihre Mitglieder ärztlich zu versorgen, und daß ihnen zur Erfüllung dieser Pflicht doch immer nur begrenzte Mittel zur Verfügung stehen. Auf der anderen Seite haben die Aerzte eine Verpflichtung zur Leistung ärztlicher Hilfe nicht.

Es besteht für die Aerzte kein Zwang, sondern sie haben die Freiheit, zu leisten oder nicht zu leisten, und es muß auch anerkannt werden, daß eine Aenderung in diesem Zustande praktisch wohl ganz undurchführbar ist. (Zustimmung.) Die Gründe dafür brauche ich, glaube ich, wohl hier nicht näher auszuführen. Der Zwang für die Aerzte würde, mit einem Wort gesagt, voraussetzen, daß wir überhaupt den Aerzteberuf als freies Gewerbe ausschalten, und daß wir ihn zu einem staatlichen Beruf machen mit genauen staatlichen Reglementierungen. Das wollen die Aerzte wohl selbst nicht.

Aus dieser Gegenüberstellung ergibt sich meines Erachtens mit Notwendigkeit, daß die Frage der Regelung des Verhältnisses zwischen Arzt und Krankenkasse gesetzlich restlos nicht zu erledigen ist.

Nun, meine Herren, hatte der Entwurf vom vorigen Jahre eine Regelung vorgesehen, die Neutralität bewahrte bezüglich des Arztsystems, ob freie Arztwahl oder Kassenarztsystem. Er wollte nur vorschreiben, daß eine Arztordnung für jede Kasse vereinbart werden müsse mit allen oder mit einzelnen Aerzten, und daß die Erfüllung der Verpflichtungen aus der Arztordnung erzwingbar sein soll. Es waren Einigungskommissionen und Schiedsinstanzen im Anschluß an die neuen Versicherungsbehörden vorgesehen, die rechtskräftig entscheiden und den Arzt auch zur ärztlichen Versorgung verurteilen konnten. Wenn trotzdem keine ärztliche Versorgung möglich war, dann sollten die Krankenkassen dadurch entlastet werden, daß sie statt der ärztlichen Verpflegung in natura ein erhöhtes Krankengeld zu zahlen hätten.

Diese Art der Regelung hat den heftigsten Widerspruch der Aerzte gefunden, und der neue Entwurf sieht eine andere Art der Regelung vor. Er scheidet vor allen Dingen die Versicherungsbehörden als mitwirkende Instanzen aus. Er überläßt scheinbar alles der freien Vereinbarung. Er setzt nur Vertragsausschüsse ein, bestehend aus Kassen- und Aerztevertretern, und zwar je für die beiden Arztsysteme, und schreibt vor, daß diese Ausschüsse Grundsätze für die Verträge zwischen Kassen und Aerzten zu vereinbaren haben. Unter deren Berücksichtigung sollen die Krankenkassen Arztverträge mit allen oder einzelnen Aerzten schließen. Wenn die Vertragsausschüsse sich nicht einigen, so sollen die Grundlagen von der höheren Verwaltungsbehörde festgestellt werden. Der Entwurf sieht noch für den Abschluß der Verträge eine Anrufung des Schiedsausschusses oder des Vertragsausschusses als Einigungsamt vor.

Nun kommt der springende Punkt, meine Herren. Der Entwurf bestimmt, daß, wenn die Krankenkassen weder einen allgemeinen noch einen besonderen Vertrag — ein allgemeiner ist der mit freier Arztwahl, ein besonderer der mit dem Kassenarztsystem — schließen kann, dann die Krankenkasse durch die oberste Verwaltungsbehörde von ihrer Verpflichtung, ärztliche Verpflegung zu gewähren, entbunden werden kann und statt dessen ein erhöhtes Krankengeld, bis zu zwei Dritteln, zu zahlen hat. Ein besonderes Zugeständnis für die Aerzte liegt nun noch darin, daß durch das Gesetz die ärztliche Versorgung nur durch approbierte Aerzte, ebenso durch approbierte Zahnärzte, mit gewissen Ausnahmen, zu erfolgen hat.

Meine Herren! Die hiermit angedeutete Regelung bedeutet, daß die freie Arztwahl auf einem Umwege eingeführt werden soll. (Sehr richtig!) Ich weiß nicht, ob es die Absicht des Entwurfes ist, das zu tun; aber die Konsequenz muß es sein. Es heißt ausdrücklich: wenn die Kasse weder einen allgemeinen noch einen besonderen Arztvertrag schließen kann; dies bedeutet — und die Begründung weist ausdrücklich darauf hin —, daß eine Kasse, die mit den Aerzten keinen Vertrag nach dem Kassenarztsystem schließen kann, dann gezwungen ist, es zunächst mit der freien Arztwahl zu versuchen, und erst dann, wenn auch das nicht gelingt — ich wüßte nicht, warum das nicht gelingen sollte, denn die freie Arztwahl ist ja der Wunsch der Aerzte — soll die Krankenkasse von der Verpflichtung zur ärztlichen Versorgung entbunden werden können.

Ich glaube, man sagt nicht zu viel, wenn man behauptet, daß damit die Krankenkasse tatsächlich in bezug auf das Arztsystem und ebenso mehr oder weniger in bezug auf die Festsetzung der Arztgebühren den Aerzten überliefert wird. (Sehr wahr!)

Daß die freie Arztwahl im allgemeinen Umfange unmöglich ist, legt die Denkschrift überzeugend dar, indem sie ausführt — ich will nur das eine erwähnen — es würde vielfach anstelle der Abhängigkeit der Aerzte von gewissen Kassen eine Abhängigkeit der Aerzte von den Versicherten treten, und das wäre noch viel bedauerlicher als das erste, und zwar bedauerlich im Interesse der öffentlichen Moral wie der finanziellen Wirkungen auf die Kassen. Es würden diejenigen Aerzte verhältnismäßig den meisten Zulauf bekommen, die sich am entgegenkommendsten gegenüber den Versicherten verhalten (sehr richtig!), und außerdem, meine Herren, würde es — darüber kann kein Zweifel bestehen — für viele Kassen den finanziellen Zusammenbruch bedeuten.

Man muß sich meines Erachtens auf den Standpunkt stellen, daß die Vertragsfreiheit zu wahren ist. Ob man nun den in dem vorliegenden Entwurf vorgesehenen Schiedsausschüssen, die ja ganz freiwilliger Natur sind, eine große praktische Bedeutung zuerkennen will oder nicht, das lasse ich dahingestellt sein. Ich stehe aber auf dem

Standpunkt: es würde nichts schaden, diesen Versuch offen zu halten; aber mindestens müßte die Bestimmung geändert werden, daß die Entbindung der Krankenkasse von der ärztlichen Versorgung schon dann stattfinden kann, wenn es ihr nicht gelingt, nach dem von ihr gewählten Arztsystem, also eventuell nach dem Kassenarztsystem, einen Vertrag mit den Aerzten zu schließen.

Meine Herren! Auf die Frage des Verhältnisses zu den Apothekern will ich nur kurz eingehen. Der erste Entwurf machte den Vertragsabschluß mit Apothekern einfach illusorisch, indem er den übrigen Apothekern zugestand, ohne weiteres in den Vertrag, den die Kasse mit einer Apotheke abgeschlossen hatte, einzutreten, wenn sie sich denselben Bedingungen unterwerfen. Wenn man aber Sonderverträge schließt, so hat das doch den Zweck, sich Sondervorteile zu sichern. Wenn dieser Zweck nicht erreicht wird, hat auch niemand ein Interesse an einem Sondervertrag, und deshalb war die Regelung nach dem ersten Entwurf gleichbedeutend mit der Beseitigung aller Sonderverträge. Der jetzige Entwurf hält prinzipiell an diesem Standpunkt fest. Immerhin hat er zwei nicht unbedeutende Zugeständnisse den Kassen gemacht, daß nämlich erstens die Apotheken verpflichtet sein sollen, solche Arzeneien, die im Handverkauf abgegeben werden, zu Handverkaufspreisen auch dann abzugeben, wenn die Abnahme auf Grund eines ärztlichen Rezeptes erfolgt, und zweitens, daß die Apotheken auf Grund einer Bestimmung der obersten Verwaltungsbehörde verpflichtet sein sollen, allgemein eine bestimmte Ermäßigung von den Arzneigebühren den Kassen zu gewähren.

Bei der Unfall- und Invalidenversicherung sind weiter keine wesentlichen organisatorischen Veränderungen vorgesehen. Ich erwähne dagegen bei der Unfallversicherung Erleichterungen bezüglich der Reservefonds der Berufsgenossenschaften, wobei ich allerdings sagen muß, daß diese Erleichterungen wohl noch nicht ganz das Richtige treffen. Ich glaube aber, wir können es den Berufsgenossenschaften überlassen, in dieser Beziehung noch bessere Vorschläge zu machen.

Die Hinterbliebenenversicherung, die neu eingeführt werden soll, wird an die Invalidenversicherung angeschlossen. Ich glaube, dies bedarf nicht der Erörterung, das ist der gegebene Weg, denn ihrer Verwandtschaft nach gehören die beiden Arten der Versicherung zusammen.

Meine Herren! Damit bin ich im wesentlichen am Ende meiner Ausführungen über die materiellen Bestimmungen und auch über die organisatorischen Bestimmungen, soweit sie die Versicherungsträger selbst betreffen.

Nun komme ich aber zu einem ganz besonderen Kapitel, das sind die neu vorgesehenen Versicherungsbehörden.

Meine Herren! Wie Sie sich erinnern, hat früher der Gedanke einer Verschmelzung der Versicherungszweige eine große Rolle gespielt. Die Herren wissen, soweit sie die Vorgänge aus eigener Erfahrung oder aus dem Studium der Verhandlungen der Parlamente kennen, daß die Frage der Verschmelzung von vornherein bei der Schaffung der Versicherungsgesetze und auch bei den späteren Reformen wiederholt gründlich erörtert wurde, daß man aber diese Verschmelzung ablehnen mußte, weil sie einfach mit dem verschiedenen Wesen der Versicherungszweige unvereinbar erschien. Der Gedanke der Verschmelzung war nachher ein Steckenpferd für die Herren Theoretiker, die namentlich nach einer Rede des verflossenen Herrn Staatssekretärs von Posadowsky im Jahre 1905 den Markt mit einer Unzahl von Broschüren über die Vorzüge der Verschmelzung der Versicherungszweige überschwemmten, Broschüren, aus denen sich bei näherem Zusehen ergab, daß sie weniger auf Sachkenntnis als auf einer blühenden Phantasie beruhten. (Generalsekretär Stumpf: Sehr richtig!)

Die Denkschrift zerstreut nun alle diese Argumente für die Verschmelzung. Ich will Sie nicht lange damit aufhalten. Sie weist hin auf die Verschiedenheiten in dem Wesen der Versicherungszweige, sie weist nach, daß keine Verminderung der Kosten daraus zu erwarten ist, daß auch keine Vereinfachung zu erwarten ist, dagegen eine Bureaukratisierung erfolgen würde, und sie stimmt bei dieser Gelegenheit ein Lob der Selbstverwaltung an, die sich gerade im Versicherungswesen außerordentlich glänzend bewährt habe, und ohne die man überhaupt nicht auskommen könne. (Generalsekretär Stumpf: Hört! Hört!)

Den Rest dieser Bewegung auf Verschmelzung bildet der Gedanke der Schaffung eines sogenannten lokalen Unterbaues. Meine Herren! Was eigentlich ein solcher lokaler Unterbau sein soll, darüber waren sich die Herren, die lange Broschüren darüber schrieben, selbst nicht klar und jedenfalls unter sich nicht einig.

Ich will aber diesen Broschüren nicht allzuviel Ehre antun und wende mich zu dem Entwurfe, der den Gedanken zur Schaffung eines lokalen Unterbaues aufnimmt und als seinen Zweck hinstellt eine gegenseitige Annäherung der Versicherungszweige unter Wahrung ihrer Selbständigkeit. Der Unterbau soll darin bestehen, daß bei den unteren Verwaltungsbehörden je ein Versicherungsamt geschaffen wird, wodurch tausend Versicherungsämter entstehen (Generalsekretär Buck: Mindestens!), daß diesen Versicherungsämtern ein Versicherungsamtmann als Leiter vorgesetzt wird, der die Befähigung zum Richteramt oder zum höheren Verwaltungsdienst hat, daß er einen gleich vorgebildeten Stellvertreter bekommt, und daß ihm Versicherungsvertreter, mindestens 12 an der Zahl, zur Seite stehen werden, summa summarum also vielleicht 20 bis 30 Tausend Versicherungsvertreter, Stellen für Leute, die eben noch Zeit übrig haben, sich dieser Tätigkeit zu widmen.

Meine Herren! Der Aufgabenkreis ist wie folgt gezogen: erstens sollen die Aemter die Aufgaben der unteren Verwaltungsbehörden haben: Krankenkassenaufsicht, Vorbereitung der Rentenanträge bei der Invalidenversicherung, Vermittlung von Betriebsanmeldungen bei der Unfallversicherung und dergleichen. Sie sollen aber weiter erhalten, meine Herren, die Entscheidung von Streitigkeiten unter den Versicherungsträgern, sie sollen als erste Instanz dienen in den Entschädigungssachen der Unfallversicherung, als Bindeglied zwischen den Versicherungsträgern, als Hilfsorgan der Versicherungsträger und als amtliche Auskunftsstelle.

Meine Herren! Lassen Sie mich diese verschiedenen Aufgaben ganz kurz durchgehen.

Was die jetzigen Aufgaben der unteren Verwaltungsbehörden betrifft, so bestehen allgemeinere Klagen, glaube ich, nur bei der Invalidenversicherung. Es hat sich da gezeigt, daß bei der Vorbereitung der Rentenanträge nicht mit dem Maße von Verantwortlichkeitsgefühl gearbeitet wird, wie das notwendig wäre. Das ist amtlich festgestellt, sogar zahlenmäßig, indem Kommissionen des Reichsamtes des Innern Revisionen vornahmen und hierbei diese Mißstände feststellten. Sie können es ersehen aus der Statistik der bewilligten Renten, aus der hervorgeht, daß nach Vornahme dieser Revisionen plötzlich die Zahl der Zuweisungen von Renten außerordentlich sank. Es haben auch die landwirtschaftlichen Berufsgenossenschaften, die ja im Großen und Ganzen bureaukratisch organisiert sind, ein Bedürfnis nach besserer lokaler Hilfe durch die unteren Verwaltungsbehörden geäußert. Die übrigen Versicherungsträger dagegen nur insoweit, als bei einzelnen Verwaltungsbehörden mangelhaft gearbeitet wird.

Was nun die neu zugewiesene Aufgabe, die der Entscheidung von Streitigkeiten unter den Versicherungsträgern betrifft, so ist zuzugeben, daß jetzt der Instanzenweg mißständig ist. Ueber die Zuständigkeit der Behörden herrscht selbst in sonst gut unterrichteten

Kreisen eine große Verworrenheit. Sogar die obersten Behörden sind sich manchmal nicht klar darüber, ob der ordentliche Rechtsweg oder der Weg des Verwaltungstreitverfahrens richtig ist. Also theoretisch, meine Herren, ist die Mangelhaftigkeit zuzugeben. Praktisch spielt diese Frage aber fast gar keine Rolle. Es gibt Berufsgenossenschaften, die jahraus, jahrein keinen Streit mit einer Krankenkasse bekommen, und ebenso gibt es Krankenkassen, welche keinen Streit mit der Invalidenversicherung bekommen. Da wird im Wege der Verständigung, so weit das überhaupt nötig ist, und auf dem Wege der vernünftigen Praxis vorgebeugt. Andererseits ist die Entscheidung, wenn es einmal dazu kommt, sehr schwierig und kann nicht von jedermann ausgehen. Daher würde es viel richtiger sein, derartige Streitigkeiten den heutigen Schiedsgerichten in erster Instanz, dem Reichsversicherungsamte in zweiter Instanz zu überlassen und in Krankensachen das Schiedsgericht als zweite Instanz, das Reichsversicherungsamt als dritte Instanz einzusetzen, anstatt tausend neuen Stellen die Entscheidung zu übertragen. Erhalten außerdem die gesetzlichen Bestimmungen über die gegenseitigen Beziehungen der Versicherungsträger eine klarere Fassung, so werden die theoretischen und auch die praktischen Bedenken vollständig beseitigt sein.

Nun die Instanz in Unfallentschädigungssachen! Die Denkschrift macht zwei Motive geltend: erstens Mängel des jetzigen Verfahrens, zweitens die Notwendigkeit der Entlastung des Reichsversicherungsamtes. Nun sagt die Denkschrift aber selbst, daß die Einwendung, daß der Versicherungsträger einseitig die Entschädigung festsetze, und daß das instanziell geschehe, ganz verfehlt sei; denn es sei ganz in der Ordnung: Wer etwas zu bezahlen hat, muß sich doch zunächst einmal selbst darüber entscheiden können, was er zu zahlen bereit ist; und was die instanzielle Form der Bescheide betrifft, so sei diese lediglich im Interesse der Beschleunigung des Verfahrens, also im Interesse des Versicherten gewählt, der ja innerhalb der Berufungsfrist das ganz kostenlose Verfahren an das Schiedsgericht und sodann an das Reichsversicherungsamt hat. Die Denkschrift erkennt ferner an, daß die Berufsgenossenschaften das in sie gesetzte Vertrauen vollauf gerechtfertigt hätten. Sie sagt: „Die gemachten Erfahrungen haben die Erwartungen des Gesetzgebers nicht getäuscht, daß die Organe der Versicherungsträger bei der Rentenfeststellung objektiv zu Werke gehen würden".

Dagegen behauptet die Denkschrift, die Versicherten hätten ein Mißtrauen gegen die Berufsgenossenschaften, und es drängen fortwährend Beschwerden an die Oeffentlichkeit, zweitens, die Versicherten hätten jetzt keine Möglichkeit, im Feststellungsverfahren ihre Wünsche und Beweismittel genügend geltend zu machen.

In bezug auf die erste Behauptung möchte ich doch der Regierung eine große Vorsicht empfehlen; denn wenn sie etwa mit Reformen schon da vorgehen will, wo fortgesetzt Beschwerden an die Oeffentlichkeit treten, dann müßte sie bei ihren eigenen Behörden anfangen (Sehr richtig! und Heiterkeit) und würde hier aus dem Reformieren gar nicht herauskommen. Meine Herren! Der Gesetzgeber soll doch nicht fragen, ob Beschwerden geäußert werden, sondern nur fragen, ob begründete Beschwerden vorhanden sind. (Sehr richtig!) Nur dieser Gesichtspunkt kann maßgebend sein. Auf die Frage, ob die Behauptung selbst richtig ist, daß so zahlreiche Beschwerden vorhanden sind, komme ich noch zurück.

Die Denkschrift verweist weiter auf die Invalidenversicherung und sagt, die Zuziehung der Arbeiter habe dort beruhigend gewirkt und dazu beigetragen, daß gegen die Art der Rentenfeststellung in Invalidensachen weit weniger Beschwerden laut würden wie bei der Unfallversicherung.

Meine Herren! In der Denkschrift des Zentralverbandes vom vorigen Jahre ist an der Hand der amtlichen Statistik des Reichsversicherungsamtes der Nachweis der absoluten Unrichtigkeit dieser Behauptungen erbracht worden; einmal auf Grund der Tatsache, daß nach dieser Statistik von allen Bescheiden der Berufsgenossenschaften nur 18 Prozent angefochten wurden, und daß von diesen mit Erfolg nur 17,8 Prozent angefochten wurden, so daß überhaupt nur 3,2 Prozent der Bescheide von den Schiedsgerichten Berichtigungen erfuhren. Die Rekurse gegen schiedsgerichtliche Urteile betrugen 22 Prozent. Also die Zahl der Beschwerden gegen Urteile, die in paritätischer Besetzung mit dem berühmten neutralen Vorsitzenden und Arbeitgeber- und Arbeitnehmerbeisitzern gefällt werden, war relativ größer als die Zahl der Beschwerden gegenüber den Bescheiden der höchst einseitig zusammengesetzten Berufsgenossenschaften! Bei der Invalidenversicherung ist nun allerdings die Zahl der angefochtenen Entscheidungen scheinbar ein klein wenig geringer wie bei den Berufsgenossenschaften. Da wurden 15 Prozent der Bescheide angefochten gegen 18 Prozent. Das ist an sich gewiß ein geringer Unterschied. Aber, meine Herren, wo bei der Unfallversicherung der Beschwerdegrund erst anfängt, nämlich bei der Beurteilung des Maßes der Erwerbsunfähigkeit, da hört die Beschwerde bei der Invalidenversicherung völlig auf; denn wenn bei der Invalidenversicherung jemand eine Rente bekommt, so ist deren Höhe im Gesetz und nach den

Beitragsleistungen ohne weiteres bestimmt. Deshalb wird in der Statistik eine besondere Unterscheidung gemacht und festgestellt, wieviele von den Entziehungsbescheiden, d. h. wenn einem Mann die Rente entzogen wird, und wieviele von den Ablehnungsbescheiden, d. h. wenn die Rentengewährung abgelehnt wird, angefochten werden, und da ergibt sich die interessante Tatsache, daß von den Ablehnungsbescheiden der Versicherungsanstalten 51 Prozent und von den Entziehungsbescheiden 46 Prozent angefochten wurden gegen 18 Prozent bei der Unfallversicherung.

Meine Herren! Ich muß wirklich sagen, es ist mir unbegreiflich, daß eine ziffernmäßige, auf Grund amtlichen Materials festgestellte Unrichtigkeit der vorjährigen Denkschrift ohne ein Wort der Erwiderung, ohne ein Wort der Erläuterung in die neue Denkschrift übergeht. (Lebhafte Zustimmung.)

Die zweite Behauptung, daß der Verletzte keine Möglichkeit habe, seine Beweismittel genügend beizubringen, ist auch in der vorjährigen Denkschrift des Centralverbandes Deutscher Industrieller widerlegt. Es ist ausdrücklich ausgeführt, welche Grundlagen nach dem Gesetze von den Berufsgenossenschaften gefordert werden, daß nicht etwa nach Willkür oder nach Laune oder je nachdem der Vorstand gut geschlafen hat oder nicht, eine Rente hoch oder niedrig festgesetzt wird, sondern daß zur Festsetzung gehört: die Unfallanzeige, das ortspolizeiliche Untersuchungsprotokoll, das Urteil des behandelnden Arztes, das Zeugnis des Arbeitgebers. Meine Herren! Das ist alles, was überhaupt möglich ist an Material, und es ist auch nirgends irgendwie angedeutet, was denn nun für Material noch fehlt; denn der Verletzte hat ja bei allen diesen Vorgängen reichlich Gelegenheit, seine Wünsche und Beweismittel geltend zu machen. Auch diese Behauptung, meine Herren, ist ohne weiteres in die neue Denkschrift übernommen worden.

Die Denkschrift sagt weiter, daß das Schwergewicht der tatsächlichen Feststellungen in den Entschädigungssachen vielfach beim Reichsversicherungsamte liege. Auch das ist widerlegt durch die Statistik, die zeigt, daß nur ein verschwindender Prozentsatz von Sachen an die Schiedsgerichte zurückverwiesen wird. Es sind 1,3 Prozent, und außerdem richtet sich ja dieser Vorwurf auch nicht einmal gegen die Berufsgenossenschaften, sondern gegen die Schiedsgerichte.

Also, meine Herren, Mängel des Entschädigungsverfahrens sind im Allgemeinen nicht vorhanden.

Eine Tatsache hat nun die Regierung doch aus der vorjährigen Denkschrift entnommen und berücksichtigt. Das ist die, daß vier

Fünftel der Bescheide überhaupt nicht angefochten werden, und sie sagt sehr richtig: „Wo die Parteien untereinander einig sind, ist es in der Tat überflüssig und zeitraubend, noch eine dritte Stelle zur Mitwirkung heranzuziehen."

Der erste Entwurf hatte vorgesehen, daß das ganze Vorverfahren auf die neuen Aemter überginge. Der zweite stellt das ab, stellt also die Selbstverwaltung der Berufsgenossenschaften wieder her, aber er führt diese Versicherungsämter mit einem Male als Berufungsinstanzen ein, obgleich die Denkschrift sagt, daß die Versicherungsträger, die Berufsgenossenschaften, nicht nur in bezug auf die gewerblichen Verhältnisse, sondern auch in bezug auf die Rechtsprechung erheblich sachverständiger seien als die Versicherungsämter. Trotzdem werden diese als Berufungsinstanzen eingesetzt, ein Widerspruch, den ich mir vorläufig nicht erklären kann.

Anzuerkennen ist ja gewiß, daß den Berufsgenossenschaften im neuen Entwurf entgegengekommen wird. Das kann uns aber nicht der Verpflichtung entheben, meine Herren, zu prüfen, ob denn überhaupt dieser ganze Apparat neuer Aemter notwendig ist; und ich antworte auf diese Frage mit einem Nein.

Meine Herren! Das Versicherungsamt ist seiner ganzen Zusammensetzung nach keine geeignete Spruchinstanz. Der Vorsitzende wird, wie die Denkschrift ja selbst anführt, ein Assessor sein, der dem Landrat beigegeben ist. Die Beisitzer gehören allen möglichen Kreisen an, sie haben meist gar kein Sachverständnis in den ihnen vorzulegenden Fragen und können sich auch kaum ein solches erwerben, da der eine einmal an diesem Tage, der andere an jenem Tage herangezogen wird. Das ist ja der Mangel, den wir heute schon bei den Schiedsgerichten sehen, deren Güte heute im wesentlichen doch von den Qualitäten des Vorsitzenden abhängt. Sodann habe ich schon darauf hingewiesen: es werden ungefähr 20 000 bis 30 000 neue Versicherungsvertreter gewählt. Meine Herren, was die für eine nutzbringende Arbeit leisten sollen, ist mir rätselhaft. Ich glaube, daß es für manchen eine angenehme Abwechselung sein mag, einmal aus seiner Arbeitsstätte zu kommen und die Stadt zu sehen, Einkäufe zu besorgen und dergleichen; aber was er bei dieser Instanz tun soll, ist mir absolut rätselhaft. Schon jetzt bei der Unfallversicherung wie bei der Invalidenversicherung spielen die Beisitzer meines Erachtens keine hervorragende Rolle, und sie können sie auch gar nicht spielen aus den Gründen, die ich Ihnen genannt habe. Um so größeres Gewicht müssen wir darauf legen, daß der Vorsitzende ein erfahrener Mann ist, und zwar erfahren auf dem Gebiete des praktischen Lebens und erfahren auf dem Gebiete der Rechtsprechung, und daß diese 1000 jungen Herren, die da als Versicherungsamtmänner angestellt werden, als sachkundige Vorsitzende von Schiedsgerichten der Arbeiterversicherung dienen können, muß ich entschieden bestreiten. (Sehr richtig!)

Nun, meine Herren, was bedeutet die Entlastung des Reichsversicherungsamtes? Man will den Rekurs durch die Revision ersetzen, man will die Kompetenz der Landesversicherungsämter ausdehnen, sodaß sie als auswärtige Senate fungieren, und man will die von mir erwähnte neue Instanz einschieben. Die Denkschrift zieht eine merkwürdige Schlußfolgerung. Sie sagt nämlich, wenn man oben eine Instanz abschneidet, dann muß man unten eine Instanz ansetzen; das wäre logische Konsequenz. Meine Herren, das verstehe ich nicht. (Generalsekretär Stumpf: Ja, das braucht man auch nicht zu verstehen!) Der ganze Sinn der Sache geht doch darauf hin, eine Vereinfachung zu schaffen. Das soll doch wohl der Zweck sein. Meine Herren! Was ist das nun für eine Vereinfachung, wenn ich oben eine Instanz abnehme, die höchste Instanz, und unten eine Instanz, und zwar in 1000 Exemplaren, ansetze? Ich sehe das nicht ein. Jetzt hat man nur zwei Instanzen; in Zukunft hat man zum Teil, in den revisiblen Fällen, drei Instanzen. Also, meine Herren, ich verstehe nicht, wie das dem Ziel einer Vereinfachung näher führen soll. Es ist aber andererseits klar, meine Herren, daß, wenn man eine obere Instanz wegnimmt und neue, unerfahrene Instanzen zusetzt, die Zahl der Streitigkeiten ganz enorm wachsen muß (sehr richtig!); jedenfalls wird der in der Denkschrift ja selbst als sehr sachverständig bezeichnete Versicherungsträger es sich doch nicht gefallen lassen, daß eine Abänderung seiner Entscheidungen vorgenommen wird; nicht etwa aus dem Grunde, der in der Denkschrift merkwürdigerweise angeführt wird, weil das eine kleine Instanz von lokaler Bedeutung ist; das ist es nicht — dem Amtsgericht wird sich jeder unterwerfen, auch die größte Aktiengesellschaft und die größte Korporation — nein, weil diese Instanz nach ihrer Zusammensetzung nicht die geringste Gewähr für eine gute Rechtsprechung bietet nach dem eigenen Zugeständnis der Denkschrift.

Nun gibt es noch weitere Einwendungen. Man sagt, es gäbe ja auch sonst überall zwei Instanzen. Meine Herren, wenn es sonst überall zwei Instanzen gäbe, wäre das doch kein Grund, in einem Falle, wo keine zwei Instanzen notwendig sind, diese zwei Instanzen zu schaffen. Ich sehe das wenigstens nicht ein. Außerdem ist das aber nicht richtig. Bei den Gewerbegerichten, bei den

Kaufmannsgerichten haben wir jetzt auch schon nur eine Instanz in gewissen Fällen.

Dann, meine Herren, frage ich: kommt eine tatsächliche Verbesserung zustande? zunächst eine Verbesserung für die Versicherten? Ich glaube nicht. Wenn der Versicherte jetzt das Recht hat, sofort an die bessere Instanz zu gehen, an das heutige Schiedsgericht, so weiß ich wirklich nicht, welches Interesse er daran haben sollte, vorher noch einmal an eine minder gute Instanz zu gehen. Also ich meine, wenn das Schiedsgericht, das ja in Zukunft zweite Instanz sein soll, die nötige Garantie bietet, dann ist es doch für die Beteiligten viel angenehmer, viel praktischer, sich auch für die Folge direkt an dieses Gericht zu wenden. Meine Herren! Wenn wir heute in der Lage wären, in allen Streitigkeiten uns sofort an das Reichsgericht zu wenden, so wäre das natürlich das allerschönste, vorausgesetzt, daß das Reichsgericht in der Lage wäre, diese Arbeit zu bewältigen, und daß es leicht erreichbar wäre. Meine Herren! Diese Voraussetzungen treffen beim Reichsgericht nicht zu. Aber bei den Schiedsgerichten treffen sie unbedingt zu, und es hat auch noch niemand behauptet, daß die Schiedsgerichte überlastet seien, und daß die Schiedsgerichte nicht leicht zu erreichen seien; denn, meine Herren, wenn einer eine ernste, rechtliche Angelegenheit zu erledigen hat, so wird es ihn ziemlich gleichgültig sein, ob er, wenn er sich auf die Bahn setzt, eine Viertelstunde oder drei Viertelstunden fährt, — einen weiteren Weg hat er in der Regel nicht zum Schiedsgericht zurückzulegen.

Ein Grund spricht auch noch für die Verminderung der Instanzen: daß die Rentenhysterie dadurch eingedämmt wird. Es ist das eine der schlimmsten neueren Krankheiten, die wir kennen, nach dem Urteil der Aerzte wie dem des Reichsversicherungsamtes. Je eher ein Verletzter vor die Erledigung seiner Angelegenheit gestellt wird, desto besser ist es für ihn selbst.

Dann, meine Herren, welchen Wert hat die neue lokale Instanz für die Berufsgenossenschaften, für die Versicherungsträger? Ich wies schon darauf hin, daß diese selbstverständlich in allen Fällen, in denen sie nicht einverstanden sind, Berufung einlegen müssen. Aber wie soll es denn mit der Vertretung vor dem Versicherungsamt gehalten werden? Nach der Reichsversicherungsordnung soll doch die Sache bei dem Amt verhandelt werden, in dessen Bezirk der Betreffende momentan seinen Wohnsitz hat. Es wird also z. B. die südwestdeutsche Eisenberufsgenossenschaft in Saarbrücken in die Lage kommen, sich in Posen, in Breslau oder in Königsberg vor dem Versicherungsamte vertreten lassen zu müssen, wenn sie nicht, wie ich glaube, überhaupt davon absieht, sich vertreten zu lassen.

Meine Herren! Eine Entlastung des Reichsversicherungsamts bedingt meines Erachtens absolut keine neue Instanz. Man kann das Reichsversicherungsamt vielleicht entlasten, aber nicht in so weitgehender Weise, wie das vorgesehen ist. Man kann es entlasten in Fällen, die eine reine Schätzung des Grades der Erwerbsfähigkeit betreffen, vorausgesetzt, daß grundsätzliche Fragen dabei auch noch revisibel bleiben. Wenn aber, meine Herren, unter allen Umständen zwei Instanzen bestehen sollen, dann will ich doch lieber einen weiteren Ausbau des Reichsversicherungsamtes. Das kostet vielleicht für die Schaffung eines oder zweier neuer Senate 70 000 bis 80 000 M., und damit ist die ganze Frage der Entlastung erledigt. (Sehr richtig!)

Meine Herren! Ich komme zurück auf die weiteren Aufgaben des Versicherungsamtes. Es soll ein B i n d e g l i e d zwischen den Versicherungsträgern sein. Es ist nur merkwürdig, daß, obwohl die Versicherungsträger schon teilweise 25 Jahre bestehen, noch niemals in diesen Kreisen etwas von der Notwendigkeit eines Bindegliedes geäußert worden ist. Meine Herren! Was soll denn verbunden werden? Ich entsinne mich aus einer der ersten geometrischen Stunden, die ich in der Schule hatte, daß uns auseinandergesetzt wurde, daß zwischen zwei Punkten die gerade Linie der kürzeste Weg ist, und ich kann mir auch hier nicht klar machen, daß es einen kürzeren Weg zwischen zwei Verwaltungsstellen gibt, als den der direkten Verständigung. Ich bin der Meinung, wenn die beiden Instanzen A und B sich gegenseitig und direkt verständigen, gar kein Anlaß vorliegt, eine Instanz C dazwischen zu schieben, daß im Gegenteil eine derartige Zwischenschiebung lediglich zu Verumständlichungen, zu Mißverständnissen und zu Reibungen führen muß, und die sollte man vermeiden.

Also, ich muß sagen, auch in dieser Frage scheint mir die Errichtung der Versicherungsämter ein Plan, der durch keinerlei tatsächliche Gründe unterstützt wird.

Meine Herren! Auch ein neues H i l f s o r g a n soll in diesen Versicherungsämtern geschaffen werden. Man stellt sich dabei vor, daß das ein örtliches Amt ist, das alle ihm überwiesenen Aufgaben im einzelnen übersieht. Das ist aber ein Irrtum. Es soll an dem Sitze der unteren Verwaltungsbehörde errichtet werden, also an dem Sitze des Landratsamtes inmitten eines Kreises, der vielleicht 60, 70, 80 Gemeinden enthält. Ja, meine Herren, wenn da eine Instanz als Hilfsorgan zu fungieren hat, dann ist es die Ortspolizeibehörde, und das ist heute schon die Instanz, deren sich die Versicherungsträger bedienen, und ihrer werden sich auch in Zukunft die Versicherungsämter bedienen müssen. Wenn man weiter sagt, es wäre eine ganze Reihe von Funktionen wahrzunehmen, wie die Kontrolle, die Aufsichtsführung für die Versicherungsträger, so beruht das auf einer vollkommenen Verkennung der Verhältnisse. Die Versicherungsträger haben erklärt, daß derartige gemeinsame Kontroll- und Aufsichtsinstanzen für sie gar nicht in Frage kommen könnten. Eine Berufsgenossenschaft, die ihren technischen Aufsichtsbeamten hat, der in der Eisenindustrie genau Bescheid weiß, der mit den Unfallverhütungsvorschriften seiner Genossenschaft genau Bescheid weiß, der die Anschauungen und Instruktionen seines Vorstandes kennt, — wie ist der durch einen Versicherungsamtmann zu ersetzen, der vom technischen und praktischen Erwerbsleben keine Ahnung hat. Die Berufsgenossenschaften stellen doch nicht zu ihrem Vergnügen die Aufsichtsbeamten an, sondern lediglich deshalb, weil ein unabweisbares Bedürfnis vorliegt.

Als Auskunftsstellen sollen endlich die Versicherungsämter dienen. Daß man das überhaupt in ein Gesetz schreibt, ist eigentlich sonderbar. (Heiterkeit.) Ich meine, die unteren Verwaltungsbehörden sollen, wenn sie ihre Aufgabe richtig erfassen, an und für sich die Verpflichtung in sich fühlen, ihren Bezirkseingesessenen Rat und Auskunft zu erteilen in allen Dingen, in denen sie es können, und sollen sich nicht auf den Standpunkt stellen, daß sie den Staatsbürgern gegenüber lediglich die staatliche Obrigkeit und Polizeigewalt zu repräsentieren haben. (Sehr richtig!)

Ich resümiere mich also dahin: Anzuerkennen ist für die Invalidenversicherung das Bedürfnis einer besseren Vorbereitung der Rentenanträge und auch für die landwirtschaftlichen Berufsgenossenschaften eines gewissen besseren Funktionierens der unteren Verwaltungsorgane, zum Teil auch für die übrigen Versicherungsträger. Aber, meine Herren, wird denn dadurch etwas gebessert, daß man einer Behörde eine Funktion nimmt und sie einer anderen Behörde überträgt? Der Wechsel des Namens kann meiner Ansicht nach doch noch an sich keinen Systemwechsel bedeuten. Es kommt doch darauf an, wie die Dinge gehandhabt werden, und da sollte ich meinen — ich weiß nicht, ob man diesen einfachen Weg, er ist vielleicht zu einfach, schon in den Kreis der Erörterung gezogen hat — wenn man den unteren Verwaltungsbehörden nun die Pflicht auferlegt, einen im sozialen Versicherungswesen besonders vorgebildeten Beamten anzustellen, die Anstellung abhängig zu machen von der Bestätigung der obersten Behörde und wenn man diesem Herrn — ich habe ja nichts gegen einen Titel — den Titel Versicherungsamtmann gibt — daß dann genau in derselben Weise dem Rechnung getragen wird, was der vorliegende Entwurf bezweckt. Ja, meine Herren, ich gehe noch weiter: Es werden daraus ganz wesentliche Vorteile entstehen gegenüber diesem Vorschlage. Vor allen Dingen unterbleibt damit die Uebertragung weiterer Funktionen als die, die jetzt bereits den unteren Verwaltungsbehörden übertragen sind, und ich bin der Meinung, daß es ganz zwecklos ist, den Versicherungsträgern absolut eine Wohltat aufdrängen zu wollen, von der sie selbst nichts wissen wollen. Ich glaube, es heißt den Untertanenverstand wirklich ein bißchen zu gering einschätzen, wenn man glaubt, daß die Versicherungsträger, die auf jahrzehntelange Erfahrung zurückblicken, nicht selbst wüßten, ob ein neues Organ für sie nötig ist oder nicht.

Es kommt weiter hinzu: Eine derartige Lösung, wie ich sie vorgeschlagen habe, hat den großen Vorteil, daß die enge Verbindung mit der unteren Verwaltungsbehörde bestehen bleibt; die Verbindung der Aufgaben der Sozialversicherung mit denen der Armenpflege, der Gewerbepolizei und dergleichen Dingen, die mit den Aufgaben der sozialen Versicherung eng zusammenhängen. (Sehr richtig!)

Es kommt sodann in Betracht, daß gar keine erheblichen Mehrkosten entstehen, wenn überhaupt welche entstehen. Eigentlich sollte ja der Zustand jetzt schon so sein, wie ich ihn wünsche, und wenn man, wie mir mitgeteilt worden ist, gesagt hat, darauf würden sich die Finanzminister nicht einlassen, so muß ich doch sagen, daß nach der Reichsversicherungsordnung, wie sie hier vorliegt, die Gehälter der Versicherungsamtmänner und ihrer Stellvertreter ja auch vom Staate bz. der Gemeinde getragen werden sollen. Also in der Beziehung ergibt sich keine Aenderung.

Dann aber vor allen Dingen wird doch die Zahl unserer Behörden nicht weiter vermehrt! Wir haben jetzt schon so viele Behörden, daß es nur wenige Menschen im Deutschen Reiche gibt, die sich einigermaßen in ihnen auskennen. (Sehr richtig!) Was soll das Publikum sich darunter vorstellen, wenn es nun hört, es bestehen auch noch 1000 Versicherungsämter. Wenn es sich etwas darunter vorstellt, dann befindet es sich in einem Irrtum (Heiterkeit), nämlich dann würde es sich vorstellen, daß dieses Versicherungsamt dazu da ist, Versicherungsangelegenheiten zu erledigen, während nach diesem Gesetzentwurf das Versicherungsamt noch nicht einmal das Recht haben würde, 5 Pf. an einen Kranken oder Verletzten auszuzahlen; das, was es tun kann, ist, daß es die Mitteilung des Betreffenden entgegennimmt, daß es ein Protokoll darüber aufnimmt, daß es dieses Protokoll an den Versicherungsträger schickt mit der Bitte um gefällige Aeußerung — umgehend natürlich (Heiterkeit) —, daß es dann wieder den Verletzten vorzitiert und ihm die Antwort gibt, die aus dieser Beantwortung des Versicherungsträgers hervorgeht. Meine Herren! So wird sich die Sache abspielen. Also es wird nur mehr Verwirrung entstehen. Es werden die Leute meinen, sie müßten sich an das Amt wenden, während doch für sie nach wie vor die Instanz der Versicherungsträger ist. Warum wenden sie sich nicht an die? Die Popularität der Versicherungsämter schätze ich nicht so hoch ein, wenn ein Assessor an der Spitze steht. Ich habe noch nicht gehört, daß unsere Staatsbehörden so außerordentlich populär wären.

Meine Herren! Vor allen Dingen aber, wenn wir nun an eine solche Vereinfachung des Planes herantreten und sie vornehmen, dann sparen wir diese 20 000 bis 30 000 Versicherungsvertreter, die in ihrer Erwerbstätigkeit belassen werden, und wir sparen damit ein volkswirtschaftliches Kapital, das meines Erachtens nicht gering anzuschlagen ist.

Ich muß noch bemerken: Es ist eine gewisse Modekrankheit entstanden, die darin besteht, daß man für alles und jedes eine paritätisch besetzte Instanz fordert. (Sehr richtig!) Nächstens, meine Herren, wird man, wenn man in einen Kaufladen kommt und sich ein Portemonnaie kaufen will, erst eine Instanz zusammentreten lassen, bestehend aus einem Beamten als Vorsitzenden, einem Vertreter der Käufer und einem Vertreter der Verkäufer, die dann bestimmt, was man dafür zu geben hat. (Heiterkeit.) Meine Herren! Dies klingt lächerlich. Tatsächlich steht es doch mit diesen Vorschlägen nicht viel anders. Wer einen Einblick in die Verhältnisse getan hat, wird mir das bestätigen.

Meine Herren! Ich will nur ganz kurz noch erwähnen: Die Vielseitigkeit der widersprechenden Aufgaben ist so groß, daß sie von dem Versicherungsamtmann, auch wenn es wirklich ein ganz vorzüglicher Mann ist, nicht geleistet werden können: Aufsichtsinstanz, Hilfsorgan, Auskunftsstelle, Berufungsinstanz, Spruchinstanz, Bindeglied (Heiterkeit) — ja, meine Herren, ich glaube, das ist zu viel des Guten. Der Mann wird schließlich selbst nicht mehr wissen, was er zu tun hat.

Und noch eins muß ich erwähnen als voraussichtliche Konsequenz der neuen Aemter.

Derartige Aemter werden ganz zweifellos nicht mehr abgeschafft, wenn sie einmal errichtet sind, und wenn sich herausstellt, daß sie nicht harmonieren mit den Versicherungsträgern, mit den Selbstverwaltungskörpern, dann kann man sich schon ungefähr denken, wer bei einem Kampf den Kürzeren ziehen wird. Also ich halte es durchaus nicht für übertrieben, wenn man die Befürchtung ausspricht, daß, wenn man einmal A gesagt hat, wenn man einmal die Instanz geschaffen hat, dies das Ende unserer ganzen Selbstverwaltung in der sozialen Versicherung bedeutet. (Sehr richtig!)

Meine Herren! Sodann möchte ich mich noch gegen eins wenden, was man von der Regierung und was man sonst öffentlich zu hören bekommt: daß demjenigen ein Beweis obliegt, der die Unzweckmäßigkeit irgendeiner vorgeschlagenen Neueinrichtung behauptet. Meine Herren, ich sollte meinen, es läge umgekehrt. Wenn jemand an einer Institution, die bald seit drei Jahrzehnten besteht, grundlegende Aenderungen vornehmen will, so halte ich ihn für verpflichtet, das dringende Bedürfnis dafür nachzuweisen, und ich halte nicht denjenigen verpflichtet, einen Nachweis zu führen, der das bestreitet.

Ich habe trotzdem versucht, diesen Beweis anzutreten, und hoffe, daß es mir gelungen ist. Aber den Beweis, der eigentlich zu führen ist, daß nämlich die neuen Einrichtungen wirklich notwendig sind, ist man uns bisher schuldig geblieben. (Sehr richtig!)

Meine Herren! Die Kostenfrage will ich nur ganz nebenbei streifen. Die Denkschrift setzt auseinander, daß jedes Amt nur 6772,50 Pf. kosten wird. (Heiterkeit.) An den genauen Betrag wird sich ja die Regierung auch nicht klammern; aber ich muß sagen, wenn man berücksichtigt, welche Aufgabe hier vorliegt, daß zwei Beamte mit Richterqualität tätig sein sollen, daß 12 bis 20 Beisitzer doch Diäten und Reisekosten haben müssen, daß ein Bureau da sein muß, daß außerdem Einrichtungen geschaffen werden müssen, Hilfsbeamte angestellt werden müssen, so scheint es mir doch auch für einen sparsamen Hausvater ein Ding der Unmöglichkeit zu sein, mit 6772 M. auszukommen. (Sehr richtig!) Die Denkschrift geht ja eigentlich noch weiter. Sie beweist nämlich, daß noch etwas dabei erspart wird. (Heiterkeit.) Sie geht hierbei von Voraussetzungen aus, die nach meinen früheren Ausführungen, glaube ich, ohne weiteres als hinfällig angesehen werden können; denn der Betrag, den sie berechnet — ich will das kurz streifen —, beruht auf einer vollständig falschen Grundlage. Es ist gar nicht einmal der Aufgabenkreis, der jetzt den Versicherungsämtern zugedacht wird, in den Bereich der Erwägungen gezogen, sondern es ist nur in Erwägung gezogen, was zum Beispiel bei der Unfallversicherung die Kosten für jeden angemeldeten Unfall sind. Ja, meine Herren, ich muß sagen, mir fehlt vollständig das Verständnis für den Zusammenhang dieser Dinge. Es wird eine Behörde geschaffen, die ja ganz andere Aufgaben zu erfüllen hat wie die Versicherungsträger, auf allen Gebieten des Versicherungswesens, und die ganz besonders organisiert ist. Wie kann man denn einen solchen Maßstab anwenden, der aus ganz anderen Verhältnissen gewonnen ist!

Ich will hiermit die Besprechung dieses Abschnittes schließen und nur noch auf das Aeußere des Gesetzentwurfes mit wenigen Worten eingehen.

Die vorliegende Form des Gesetzentwurfs scheint mir sehr ungeeignet zu sein. Es umfaßt dieser Gesetzentwurf das ganze Gebiet des Versicherungswesens, während wir bisher getrennte Gesetze haben, und dabei sind einzelne Gebiete, wie die Seeunfallversicherung und die landwirtschaftliche Versicherung, in einer Weise behandelt durch Bezugnahme auf andere Paragraphen, daß, wenn die beteiligten Kreise an eine Handhabung des Gesetzes herangehen wollen, sie vorher unbedingt sich eine neue besondere Ausgabe erst machen müssen, eine inoffizielle Ausgabe, um überhaupt die Möglichkeit zu haben, mit dem Gesetz zu operieren. Dazu sagt nun die Denkschrift — es ist das ein ganz merkwürdiger Ausspruch —: für das, was für die Praxis notwendig ist, wird der Buchhandel sorgen. (Heiterkeit.) Ja, meine Herren, ich meine, wenn der Gesetzgeber anerkennt, daß der Entwurf für die Praxis nicht geeignet ist, dann sollte er sich doch daran machen, und ihn in eine für die Praxis brauchbare Form bringen: die Praxis wünscht, daß man die zusammenhängend zu behandelnden Dinge in ein Mantelgesetz bringt, beispielsweise die Abschnitte über die Schiedsgerichte, das Reichsversicherungsamt und die Beziehungen der Versicherungsträger untereinander, und daß man für jeden Versicherungszweig ein besonderes Gesetz schafft. Wer die Gesetze aber zusammen haben will, der ist ja in der Lage, sie sich vom Buchbinder zusammen einbinden zu lassen.

Meine Herren! Ich hätte noch nachzuweisen, daß auch die ganze Anordnung unübersichtlich ist, daß sie vielfach aus Bezugnahmen besteht, daß vorn Kapitel vorhanden sind, die hinten in jedem einzelnen Abschnitt verändert und aufgehoben werden, so daß man sich überhaupt nicht aus diesem Gesetzgebungswerk ohne weiteres, ohne eingehendes Studium orientieren kann, daß ferner zusammengehörende Dinge vollständig auseinander gerissen sind, daß Dinge, die jetzt an einer Stelle vorkommen, aus drei verschiedenen Stellen des Gesetzentwurfs zusammengesucht werden müssen. Ich habe mir ein Beispiel aufgeschrieben. Da heißt es jetzt in einem Paragraphen des Gewerbeunfallversicherungsgesetzes: „Gegen die Veranlagung“ — zu den Klassen des Gefahrentarifs — „steht dem Betriebsunternehmer binnen einer Frist von zwei Wochen die Beschwerde an das Reichsversicherungsamt zu“. Das ist gewiß ein einfacher Satz. Wenn Sie sich den aber aus der Reichsversicherungsordnung herauskonstruieren wollen, müssen Sie drei Bücher aufschlagen. In Buch III, § 712 heißt es: „Gegen die Veranlagung hat der Unternehmer die Beschwerde“. Dann Buch I, §141: „Rechtsmittel sind, soweit dies Gesetz nichts anderes vorschreibt, binnen einem Monat nach Zustellung der angefochtenen Entscheidung einzulegen“. Dann Buch VI, § 1741: „Soweit dieses Gesetz nichts anderes vorschreibt, ist gegen die Entscheidung der Versicherungsträger Beschwerde zulässig; die Beschwerde geht in Sachen der Unfallversicherung an das Reichsversicherungsamt“. Also, meine Herren, sofern das Gesetz nichts anderes vorschreibt, werden Sie aus diesen drei Bestimmungen in drei verschiedenen Büchern sich den einen Satz, den ich Ihnen vorhin sagte, wieder herauskonstruieren können. (Heiterkeit.)

Auch von anderer Seite, wissenschaftlicher sowohl wie juristischer Seite, ist die äußere Form und die Anordnung verurteilt worden.

Ich komme zu dem Schluß: diese Art der Anordnung ist verfehlt. Es muß eine andere Anordnung getroffen werden.

Meine Herren! Ich möchte aber doch, nachdem ich soviel kritisiert habe, mit einem Lob schließen, und das ist aufrichtig gemeint. Es gilt der Sprache dieses Entwurfes. Die Sprache dieses Entwurfes ist wirklich von einer so erfreulichen Klarheit des Ausdrucks — abgesehen von den Bezugnahmen, die ja nicht zum Sprachlichen gehören —, das rein Sprachliche ist so vorzüglich, daß der Entwurf in dieser Hinsicht wirklich als das Muster einer gesetzgeberischen Leistung bezeichnet werden kann. Ob diese tadellose Sprache im Reichsamt des Innern gewachsen ist, weiß ich nicht. Ich habe auch gar nichts dagegen, wenn man sich den deutschen Sprachverein da nutzbar gemacht hätte, wie man das mit Erfolg schon bei anderen Gesetzen getan hat.

Also, meine Herren, mit diesem Lobe will ich schließen und empfehle Ihnen die Annahme der Resolutionen, die ich Ihnen vorlese. (Lebhafter, langanhaltender Beifall.)

Der Beschlußantrag lautet:

„Der Centralverband Deutscher Industrieller gibt im Anschluß an seine vorjährige Erklärung auch dem neuen als Bundesratsvorlage erschienenen Entwurf einer Reichsversicherungsordnung gegenüber seiner Befriedigung darüber Ausdruck, daß diese Vorlage von einer Verschmelzung aller oder mehrerer Versicherungszweige aus den in der Denkschrift überzeugend dargelegten Gründen absieht. Er erachtet eine solche Verschmelzung als unvereinbar mit der Verschiedenheit der Aufgaben und Risiken der Versicherungszweige.

Der Centralverband erkennt ferner an, daß der Entwurf im einzelnen gegenüber den bestehenden Gesetzen sowie gegenüber dem vorjährigen Entwurf eine Reihe von Verbesserungen enthält, u. a.

bei der Krankenversicherung die Erweiterung des Kreises der Versicherten und die Gleichstellung der Arbeitgeber und Arbeitnehmer in Rechten und Pflichten bei der Verwaltung;

bei der Unfallversicherung die Ausdehnung der Versicherung auf eine Reihe von Betriebsarten und die Milderung der Bestimmungen über den Reservefonds sowie die Erhaltung der Selbstverwaltung der Berufsgenossenschaft bei der Rentenfestsetzung;

bei der Invalidenversicherung die Erweiterung der Möglichkeit zur freiwilligen Versicherung;

bei allen Versicherungszweigen die Schaffung größerer Rechtsklarheit in ihren gegenseitigen Beziehungen und die Einführung eines einheitlichen Instanzenzuges.

Er erklärt sich ferner grundsätzlich mit der Einführung einer Hinterbliebenenfürsorge trotz der damit verbundenen weiteren großen Belastung der Gewerbetätigkeit einverstanden.

Um so nachdrücklicher erhebt der Centralverband seine Stimme gegen Vorschläge, die keine Verbesserungen der Leistungen oder des Verfahrens, dagegen schwerwiegende Nachteile für die Handhabung der Gesetze, eine Erhöhung der Verwaltungskosten und eine Gefährdung der Selbstverwaltung enthalten, nämlich

1. gegen die Zusammenfassung aller Versicherungsgesetze in ein Gesetz von 1754 Paragraphen, das in seiner Anordnung unübersichtlich, in einzelnen Abschnitten wegen zahlloser Bezugnahmen unverständlich und für die wünschenswerte Ausbreitung der Kenntnis der sozialen Versicherungsgesetze ungeeignet ist;
2. gegen die Schaffung eines sogenannten lokalen Unterbaues durch Errichtung von mindestens 1000 Versicherungsämtern. Die gegenüber dem ersten Entwurf vorgenommenen Aende-

rungen sind zwar anzuerkennen, vermögen aber die Bedenken gegen die Errichtung der Aemter um so weniger zu beseitigen, als diesen Aemtern nunmehr zu den Aufgaben einer Aufsichtsinstanz bei der Krankenversicherung, einer Vorbereitungsinstanz für die Invalidenversicherung, eines Hilfsorgans für alle Versicherungsträger und einer unteren Verwaltungsbehörde in Versicherungsangelegenheiten auch noch die Stellung einer ersten Berufungsinstanz in Unfallentschädigungssachen übertragen werden soll. Die Uebertragung derartig vielseitiger und zum Teil miteinander nicht zu vereinbarender Aufgaben auf eine Stelle ist unbedingt zu verwerfen. Der Centralverband muß an seiner Auffassung festhalten, daß neue Versicherungsbehörden überhaupt nicht nötig sind, sondern die vorhandenen Mängel bei den unteren Verwaltungsbehörden durch bessere Ausstattung dieser Behörden mit geeigneten Kräften am besten und ohne erhebliche Mehrkosten abzustellen sind. Die in der Denkschrift vorgenommene Kostenberechnung erachtet er als gänzlich unhaltbar.

Da die Betriebskrankenkassen sich nach dem Zeugnis der Denkschrift auf das beste bewährt haben, so kann der Centralverband eine Veranlassung, für ihre Begründung oder ihren Fortbestand erschwerende Bestimmungen zu treffen, nicht anerkennen.

Als unannehmbar muß der Verband die Bestimmungen über das Verhältnis der **Kassen zu den Aerzten** bezeichnen, die einseitig im Interesse der Aerzte abgefaßt sind und die notwendige Rücksicht auf die Existenzbedingungen der Kassen vermissen lassen.

Der Centralverband fordert ferner, daß Hausgewerbetreibende, deren Betriebe als Fabriken (§ 561) anzusehen sind, nicht der besonderen Versicherung der Hausgewerbetreibenden, sondern der allgemeinen Versicherungspflicht in bezug auf ihre Arbeiter zu unterwerfen sind.

Im übrigen ist der Centralverband nach wie vor der Ueberzeugung, daß die zur Zeit in der Sozialversicherung **bestehenden Mängel** der Organisation und des Verfahrens, die übrigens von keiner erheblichen Tragweite sind, sich am einfachsten und richtigsten durch den weiteren Ausbau der jetzigen Organisationen beseitigen lassen, nämlich

1. durch die schon erwähnte Ausstattung der **unteren Verwaltungsbehörden** mit geeigneten Kräften;

2. durch Ausgestaltung der **Schiedsgerichte**, die unabhängig zu stellen sind, und denen neben ihren bisherigen Funktionen auch die Entscheidung über Streitigkeiten in Krankenversicherungssachen (in zweiter Instanz) sowie über Streitigkeiten der Versicherungsträger untereinander (in erster Instanz) zu übertragen sind;
3. durch Entlastung des **Reichsversicherungsamts**, indem das Rechtsmittel des Rekurses in gewissen, nicht grundsätzliche Fragen betreffenden Fällen ausgeschlossen wird. Gleichzeitig sollte dem Reichsversicherungsamt die Entscheidung über Streitigkeiten in Krankenversicherungssachen sowie über Streitigkeiten der Versicherungsträger untereinander in letzter Instanz übertragen werden.

Bei der weittragenden Bedeutung des vorliegenden Gesetzentwurfs für die Zukunft der sozialen Versicherung ist der Centralverband der Ansicht, daß eine gründliche Beratung derselben unter allen Umständen gesichert und daß zugunsten einer solchen auch eine gewisse Verzögerung unter Umständen in Kauf genommen werden muß. In diesem Falle könnte die Hinterbliebenenversicherung einstweilen durch ein Sondergesetz erledigt werden."

Vorsitzender: Ich stelle den Vortrag und den Antrag zur Besprechung. Wird das Wort gewünscht?

Referent Generalsekretär **Stumpf-Osnabrück:** Meine Herren! Die Zeit ist so vorgerückt, daß ich Sie nicht lange in Anspruch nehmen will. Aber ich möchte doch eine Bemerkung nicht unterdrücken, die gerade bei diesem Anlaß mir am Platze erscheint. Aus den Ausführungen des Herrn **Meesmann**, der so erschöpfend und sachverständig die Vorlage behandelt hat, wie es wahrscheinlich keiner von uns hätte tun können, werden Sie mit mir die Empfindung gehabt haben, daß die einzige Erwägung, die vielleicht einen Schein van Berechtigung an sich hätte — ich meine die Erwägung, aus der man die Versicherungsämter ins Leben rufen will —, in dem Satze der Denkschrift enthalten ist, wo es heißt, daß die Zuziehung der Arbeiter bei den unteren Verwaltungsbehörden bei der Vorbereitung der Rentenanträge „**beruhigend**" gewirkt habe.

Nun, meine Herren, ich habe den etwas zweifelhaften Vorzug, seit der letzten Revision des Gesetzes, also seitdem diese paritätischen Organe bei den unteren Verwaltungsbehörden geschaffen sind, als Vertreter der Arbeitgeber mitwirken zu müssen. Ich habe das in zahllosen Fällen getan, aber wenn ich jemals das niederdrückende

Gefühl einer nichtsnutzigen Zeitvergeudung empfunden habe (Heiterkeit), so ist es bei dieser Gelegenheit gewesen. Wie vollzieht sich die Sache? Der Assessor oder Beigeordnete der kommunalen Behörde, der den Vorsitz führt, hat natürlich die Pflicht, die Sache so vorzubereiten und so vorzutragen, daß Arbeitgebervertreter und Arbeitervertreter mindestens wissen, worum es sich handelt. Es kommen ja nur solche Fälle in Betracht, in denen die Landesversicherungsanstalt einen Rentenantrag abgelehnt oder die Entziehung einer Rente beantragt hat. Nun werden wir gefragt, was geschehen soll. Dann heißt es: ja, was sagt der Arzt? Ist das nun ein gewissenhafter Arzt — ich setze voraus, daß alle Aerzte gewissenhaft sind —, der die Sache gründlich untersucht hat, der den Kranken vielleicht zwei, drei Male ganz gehörig besehen hat, dann sagt er: ja, nach meiner Ueberzeugung ist der Mann noch mehr als ein Drittel erwerbsfähig. Dann fragt also der Vorsitzende: wie denken Sie über den Fall. Ja, Gott noch einmal, der Arzt ist ja sachverständig, ich kann doch keine körperliche Untersuchung vornehmen, ganz davon abgesehen, daß auch weibliche Beteiligte vorkommen. (Heiterkeit.) Wenn der Arzt jemanden als erwerbsfähig erklärt, kann ich ihn nicht als erwersunfähig erklären. Dann wendet sich der Vorsitzende an den Arbeitervertreter und dieser meint dann wohl: „Na, ja, es wäre doch wünschenswert, wenn eine Rente gewährt würde", worauf der Vorsitzende ihn dahin belehrt: das würde ich dem Rentenbewerber auch gönnen, aber nach dem Gesetz hat der Mann eine Rente nicht zu beanspruchen. — Dann sind wir fertig. Also die paritätischen Organe müssen sich immer nach dem Urteil des Arztes richten und nach der Darstellung des Falles durch den Vertreter der Gemeindebehörde, und damit ist die Sache erledigt. Also, wozu diese Organe und wozu immer neue Ehrenämter schaffen, in denen Leute, die doch auch sonst etwas zu tun haben, ihre Zeit vergeuden? Den Arbeitern kann ich es nachfühlen, daß sie dieser Beanspruchung freundlicher gegenüberstehen; sie bekommen ja für ihre Mitwirkung eine Vergütung, auch dann, wenn der Arbeitgeber ihnen den Lohn vielleicht nicht einmal abzieht. Es wäre also gar nicht zu verwundern, wenn man in diesen Kreisen darauf besteht, daß derartige Organisationen möglichst noch in großer Zahl geschaffen werden; — aber daß sie etwas nützen sollen, muß ich mit aller Entschiedenheit bestreiten. (Beifall.)

Direktor Müller-Neunkirchen: Meine Herren! Fürchten Sie nicht, daß ich auf die 1754 Paragraphen der Reichs-Versicherungsordnung im einzelnen eingehen werde. Nach dem ausgezeichneten und ausführlichen Referat des Herrn Meesmann erübrigt es sich überhaupt, noch weiter auf diese Sache einzugehen.

Ich möchte Sie aber bitten, mir zu gestatten, einige allgemeine Bemerkungen zu machen und knüpfe an die Ausführungen des Herrn Reichstagsabgeordneten v. Dirksen an, der darauf hinwies, daß den Arbeitgebern und ihren Freunden stets der Vorwurf des Scharfmachertums gemacht werde, wenn sie mit Bedenken gegen die vielen neuen Gesetze kommen. Meine Herren! Ich bin der Ueberzeugung: Kein Vorwurf ist unberechtigter als der des Scharfmachertums, wenn man ihn gegen die Mitglieder des Centralverbandes Deutscher Industrieller erhebt. Sie haben eben gehört, daß der Centralverband Deutscher Industrieller an allen sozialpolitischen Einrichtungen mitgearbeitet und mitgewirkt hat. Das wird er auch für die Folge tun. Wogegen sich aber die Arbeitgeber unter allen Umständen auf das Energischste wehren müssen, das ist etwas anderes, meine Herren, das ist auch schon angedeutet worden, sie müssen sich dagegen wehren, daß das Tempo der sozialen Gesetzgebung, wie es in dem letzten Jahre beschritten worden ist, ein so überaus schnelles ist. Ich möchte Ihnen ein paar Zahlen aus dem Betriebe, den ich selbst zu vertreten die Ehre habe, nennen. Wir beschäftigen in unserem Neunkirchener Werk etwa 5000 Arbeiter und vor etwa zehn Jahren waren die sozialpolitischen Lasten, die wir zu zahlen hatten, abgesehen natürlich von den sehr erheblichen freiwilligen Lasten, die wir für Wohlfahrtszwecke getragen haben, nicht viel über 100 000 M. im Jahre. Innerhalb zehn Jahren hat sich dieser Betrag versechsfacht. Im letzten Jahre haben wir an sozialpolitischen Lasten fast 600 000 M. gezahlt.

Meine Herren! Das macht auf den einzelnen Arbeiter rund 120 M. pro Jahr, das heißt ungefähr 10 Prozent der gesamten Lohnsumme, die zu zahlen ist. Das sind doch so bedeutende Summen, meine Herren, daß wir aufs Schärfste dagegen protestieren müssen, noch weiter derart belastet zu werden, wie es durch die neue Reichs-Versicherungsordnung und die anderen Gesetze geplant ist. Protestieren müssen wir vor allen Dingen in unserem eigenen Interesse; dann aber auch, und das möchte ich besonders betonen, im Interesse der Arbeiter selbst. Meine Herren! Auf diesen Punkt hat bis jetzt noch niemand so recht deutlich hingewiesen, und ich möchte mir erlauben, ganz kurz darauf zu verweisen, daß es unbedingt notwendig ist, im Interesse der Arbeiter selbst von zu weitgehenden sozialpolitischen Maßnahmen Abstand zu nehmen.

Die deutsche Eisen-Industrie exportiert im Jahre etwa 42 Prozent ihrer gesamten Produktion an Eisen, mit anderen Worten, von den rund zwölf Millionen Tonnen Roheisen, die im Jahre in Deutschland produziert werden, werden an Roheisen, Halbzeug-Fabrikaten, Maschinen usw. ungefähr fünf Millionen Tonnen in Roheisen umgerechnet, exportiert. Meine Herren, mit diesen fünf Millionen Tonnen Eisenwaren müssen wir dem Auslande gegenüber konkurrenzfähig bleiben, und ich mache darauf aufmerksam, daß für die Produktion dieser ungeheuren Menge etwa 120- bis 130 000 Arbeiter jedes Jahr tätig sind. Es handelt sich nun um ganz enorme Lohnbeträge, die an diese Arbeiter jedes Jahr gezahlt werden; es handelt sich um ungefähr 150 Millionen Mark Löhne, die allein die Eisenindustrie jährlich an diese Arbeiter bezahlen muß. Hinzu kommen noch die Löhne, die auf den Vorfabrikaten liegen, nämlich auf den Erzen und den Kohlen. Ich schätze, daß mit der Förderung der nötigen Erze und Kohlen noch 40- bis 50 000 Grubenarbeiter beschäftigt sind, welche noch 60 bis 70 Millionen Mark an Löhnen im Jahre erhalten. Nun stellen Sie sich vor, daß wir durch die vielen sozialpolitischen Maßnahmen dem Auslande gegenüber nicht mehr konkurrenzfähig wären, und meine lebhafte Sorge ist, daß das heute schon zu einem sehr großen und erheblichen Teile nicht mehr der Fall ist, da das Ausland, wie Ihnen eben auseinandergesetzt worden ist, bei weitem nicht die hohen sozialpolitischen Lasten zu tragen hat und deswegen heute schon wesentlich besser konkurrenzfähig auf dem ausländischen Markt ist als wir — also stellen Sie sich vor, daß wir nun nicht mehr in der Lage wären, die enorme Menge zu exportieren — wir würden dann etwa 160- bis 180 000 Arbeiter im Jahre weniger beschäftigen können. (Generalsekretär Stumpf: Allein in der Eisenindustrie?) Jawohl! Allein in der Eisenindustrie. Aber diese 160- bis 180 000 Arbeiter, die jährlich 200 bis 220 Millionen Löhne erhalten, sind es bei weitem nicht allein, die in Frage kommen, es kommt ja noch eine große Zahl von Leuten dazu, die durch den Ausfall dieser 200 bis 220 Millionen Mark an Löhnen ebenfalls in Mitleidenschaft gezogen werden würden. Das sind einmal die sämtlichen Angehörigen dieser Arbeiter, und es sind vor allen Dingen auch die Kaufleute, Gewerbetreibenden, Handwerker usw. und nicht zuletzt die Landwirte, denen diese 200 Millionen Mark an Löhnen jedes Jahr doch bisher zugeflossen sind.

Meine Herren! Die Regierung und die Gesetzgeber müssen unter allen Umständen auf diese Seite der Angelegenheit einmal aufmerksam gemacht werden. Ich wollte besonders betonen: es ist doch auch im wohlverstandenen Interesse der Arbeiter, wenn wir uns endlich einmal energisch gegen dieses übermäßige Tempo der sozialen

Gesetzgebung wehren. (Generalsekretär **Bueck**: Das ist schon oft geschehen!)

Meine Herren! Ich habe schon im Anfang gesagt, den Vorwurf des Scharfmachertums müssen wir entschieden zurückweisen. Angesichts dieser Verhältnisse glaube ich vielmehr, daß dieser Vorwurf, der der Industrie gemacht wird, gegen diejenigen gerichtet werden sollte, die ihn erheben. Meine Herren! Scharfmacher sind diejenigen, die immer wieder mit neuen Forderungen in dieser Beziehung an die Gesetzgeber herantreten. (Zustimmung und Beifall.)

Vorsitzender: Wird das Wort noch gewünscht? — Das ist nicht der Fall.

Ich schließe die Diskussion und nehme an, daß Sie die Resolution einstimmig genehmigen.

Meine Herren! Sie haben heute über sieben Stunden fast in Vollversammlung getagt; erst in der letzten halben Stunde ist eine größere Anzahl von Herren weggegangen. Es ist außerordentlich dankenswert, daß Sie so lange ausgeharrt haben.

Ich schließe die Sitzung. (Bravo!)

Schluß gegen 6½ Uhr.

Die in der Versammlung der Delegierten am 12. April 1910 gefaßten

Beschlüsse

lauten wie folgt:

Abänderung der Gewerbeordnung.

Der Centralverband Deutscher Industrieller hält an der bereits in den früheren Versammlungen seiner Delegierten zum Ausdruck gebrachten Auffassung fest, daß einzelne Bestimmungen der Novelle zur Gewerbeordnung zwar als eine Verbesserung des bestehenden Rechtszustandes anzusehen sind, daß aber eine Anzahl anderer Vorschriften einen Anlaß zu erheblichen Bedenken gibt. Insbesondere erblickt er in der den Beschlüssen der Reichstagskommission angepaßten Bestimmung, wonach den örtlichen Polizeibehörden die Befugnis zur Anordnung der Einführung von Lohnbüchern für bestimmte Gewerbe gegeben werden soll, eine überaus verhängnisvolle Neuerung. Gegen diese Vorschrift müssen die gleichen ernsten Bedenken erhoben werden, welche bereits früher gegen die Absicht des Gesetzgebers, den Polizeibehörden das Recht zum Erlaß von Vorschriften über die Regelung der täglichen Arbeitszeit zu übertragen, geltend gemacht worden sind. Mit einer solchen Ausdehnung der Zuständigkeiten würden den unteren Instanzen Machtvollkommenheiten zugewiesen werden, welche sie zu tief in die Betriebsverhältnisse und die wirtschaftlichen Bedingungen der einzelnen Unternehmungen eingreifenden Maßnahmen berechtigen würden, ohne daß eine Gewähr für eine sachgemäße und objektive Beurteilung der einschlägigen Verhältnisse gegeben wäre. Mit Rücksicht auf die hiernach zu befürchtenden schweren Unzuträglichkeiten erachtet es der Centralverband für unbedingt erforderlich, daß die erwähnten Vollmachten lediglich dem Bundesrat und den Landes-Zentralbehörden zugewiesen werden und muß dieses Verlangen für um so begründeter halten, als die polizeilichen Anordnungen nach den Bestimmungen der

Novelle der Kritik der Oeffentlichkeit ganz entzogen sind, während die vom Bundesrat zu erlassenden Vorschriften unter die parlamentarische Kontrolle gestellt sein sollen.

Wiederholten und dringenden Einspruch muß der Centralverband gegen die in der neuen Novelle beibehaltene Bestimmung über die Ausdehnung des Fortbildungsschulzwanges auf weibliche Arbeiter bis zu 18 Jahren erheben und hält in dieser Hinsicht an seinen von der Versammlung der Delegierten früher gefaßten Beschlüssen fest. Es muß mit Entschiedenheit verlangt werden, daß, falls ungeachtet der begründeten Einwände der Industrie die bestehenden Bestimmungen eine Abänderung erfahren sollen, die Höchstgrenze für den Fortbildungsschulzwang der Arbeiterinnen nicht über das 16. Lebensjahr hinaus gelegt wird und daß des weiteren der Schulunterricht laut gesetzlicher Vorschrift außerhalb der ortsüblichen Berufs-(Arbeits-)zeit anzusetzen ist.

Entwurf eines Hausarbeitsgesetzes.

Unter Hinweis auf die in der Delegiertenversammlung vom 28. Oktober 1907 gefaßte Resolution ist grundsätzlich der mit dem Entwurf des Hausarbeitsgesetzes in Verbindung mit den Bestimmungen der Gewerbeordnung beabsichtigten Regelung der Hausarbeit insoweit zuzustimmen, als die zu erlassenden Maßnahmen die Erhaltung der Hausindustrien und den Wettbewerb der in ihnen hergestellten Waren, namentlich auf den ausländischen Märkten, nicht gefährden. Bei der überaus großen Verschiedenartigkeit der Hausindustrien ist deshalb zu fordern, daß dem Erlaß von Bestimmungen für sie sorgfältige Erhebungen sowohl bei den beteiligten Gewerbetreibenden als auch bei den Hausarbeitern vorangehen und daß demgemäß generalisierende Vorschriften zwingender Natur in dem Gesetzentwurf vermieden werden, dem Bundesrate oder der Landeszentralbehörde vielmehr nur die Befugnis zum Erlaß von Vorschriften, die den besonderen Verhältnissen der einzelnen Hausindustrien anzupassen sind, erteilt werde.

Als zwingende allgemeine Vorschrift kann lediglich diejenige Bestimmung des Entwurfes zugestanden werden, wonach Gewerbetreibende ein Verzeichnis der von ihnen beschäftigten Hausgewerbetreibenden und Faktore zu führen und der Behörde vorzulegen und einzureichen haben, doch ist zur Vermeidung unnötigen Schreibwerks dieses Verzeichnis mit dem bei der Krankenversicherung der Hausgewerbetreibenden nach dem Entwurfe der Reichsversicherungsordnung (§ 501) vorgesehenen zu verbinden.

Die zur Sicherung eines gefahrlosen Betriebes, zur Wahrung der Gesundheit und Sittlichkeit und zur Verhütung einer übermäßigen Arbeitszeit der Hausgewerbetreibenden vorgesehenen Bestimmungen sowie die im Interesse der öffentlichen Gesundheit vorgesehenen sind im allgemeinen zu billigen. Die Befugnis zum Verbot gefährlicher oder sittlich bedenklicher Arbeiten (§ 9) und zur Ausdehnung dieses Verbots auf Betriebe mit gewerblichen Arbeitern ist nicht den Polizeibehörden, sondern dem Bundesrat und den Landeszentralbehörden vorzubehalten. Die Pflicht zur Ueberwachung der Hausgewerbetreibenden ist nicht den sie beschäftigenden Gewerbetreibenden (§ 14), sondern staatlichen Organen zu übertragen.

Die Vorschriften der Gewerbeordnung bzw. des Gesetzentwurfs, welche sich auf die Führung der Lohnbücher und auf die allgemeine Bekanntgabe von Löhnen in den einzelnen Gewerbezweigen beziehen, dürfen nicht zwingender Natur sein, ihre Einführung ist vielmehr dem Bundesrate und der Landeszentralbehörde — nicht dagegen der Polizeibehörde — nach Anstellung der erforderlichen Erhebungen vorzubehalten.

Die von der Reichstagskommission geforderte, von der Reichsregierung in den Entwurf jedoch nicht aufgenommene rechtsverbindliche Festsetzung von Mindestlöhnen ist als eine für den Staat unerfüllbare Aufgabe abzulehnen.

Im übrigen sind — außerhalb des Rahmens der Gewerbeordnung und des Gesetzentwurfs — Maßnahmen zu befürworten, welche das sittliche und geistige Niveau der Hausgewerbetreibenden, insbesondere durch Errichtung und Unterstützung von Schulen zur Erzielung höherer Kunstfertigkeit in lebensfähigen Hausindustrien, zu heben geeignet erscheinen. Auch ist beim Abschluß von Handelstarifverträgen denjenigen Waren eine besondere Aufmerksamkeit zu widmen, deren Herstellung überwiegend in der Hausindustrie erfolgt.

Das Stellenvermittlergesetz.

Der Centralverband Deutscher Industrieller ist in Uebereinstimmung mit der Regierung und mit der Mehrheit der Parteien davon durchdrungen, daß die Frage der Arbeitsvermittelung eine hervorragende Bedeutung für unsere Wirtschafts- und Sozialpolitik hat, er ist aber der Ueberzeugung, daß diese Frage zugleich auch eine der **schwierigsten** ist.

Die Industrie verkennt nicht, daß sich auf dem Gebiete der privaten gewerbsmäßigen Stellenvermittelung Mißstände gezeigt haben, sie erkennt deshalb die Notwendigkeit durchaus an, diese Mißstände zu beseitigen oder zu beschränken.

Aus dieser Erwägung erklärt sich der Centralverband Deutscher Industrieller mit den Bestimmungen des vorliegenden Entwurfes eines Stellenvermittlergesetzes einverstanden, **soweit sie die Abstellung dieser Mißstände und Auswüchse bezwecken.**

Insbesondere erklärt sich der Centralverband Deutscher Industrieller damit einverstanden, daß für das Gewerbe eines Stellenvermittlers eine behördliche Erlaubnis verlangt wird, die im Falle der Unzuverlässigkeit des Nachsuchenden versagt werden soll, ferner damit, daß die Landeszentralbehörden Taxen für die Gebühren feststellen können, endlich mit dem Verbote bestimmter Nebenbetriebe und mit den vorgesehenen Strafbestimmungen.

Der Centralverband Deutscher Industrieller erhebt jedoch ernste Bedenken dagegen, daß die Feststellung eines **mangelnden Bedürfnisses** als Versagungsgrund anzunehmen ist. Die Feststellung eines solchen Bedürfnisses oder Bedürfnismangels ist für die entscheidende untere Verwaltungsbehörde in Rücksicht auf die oben erwähnte große **wirtschaftliche** Bedeutung der Arbeitsvermittelung eine kaum zu lösende Aufgabe, namentlich dann, wenn sich die Arbeitsvermittelung über den lokalen Bezirk der entscheidenden Behörde hinaus erstreckt.

Der Centralverband Deutscher Industrieller erklärt sich ferner mit **aller Entschiedenheit** gegen jede Bestimmung, welche über den Rahmen der gewerbsmäßigen Stellenvermittelung hinaus eine auf gesetzliche Förderung oder Monopolisierung einer bestimmten Arbeitsnachweisart gerichtete Tendenz verfolgt. Es erscheint überhaupt unangängig, in einem die **gewerbsmäßige** Stellenvermittelung regelnden Gesetze zugleich Bestimmungen über **nichtgewerbsmäßige** Arbeitsvermittelung zu treffen, noch dazu in der so weitgehenden, einem Blankettgesetze gleichkommenden Form des § 12 des Entwurfs; des weiteren aber geht die mit dem Gesetze bezweckte Bevorzugung der öffentlichen paritätischen Arbeitsnachweise über deren wirtschaftliche Bedeutung hinaus und erstrebt in einer Industrie und Arbeiterschaft gleichermaßen schädigenden Weise eine Beschränkung der in ihrer Bedeutung für die Arbeitsbeschaffung zum mindesten gleichbedeutenden Arbeitsnachweise der Arbeitgeber.

Arbeitskammergesetz.

Der Centralverband Deutscher Industrieller mußte darauf gefaßt sein, daß trotz der aus allen beteiligten Kreisen dagegen erhobenen und ausführlich begründeten Bedenken, der Gesetzentwurf betreffend die Errichtung von Arbeitskammern den Reichstag auch in seiner neuen Tagung beschäftigen werde.

Daß es sich hier um einen Plan handelt, dessen Verwirklichung, nach den darüber vorliegenden Erfahrungen im Auslande, auch bei uns keinerlei Segen stiften, wohl aber das Verhältnis zwischen Arbeitnehmern und Arbeitgebern weiter verschlechtern wird, unterliegt bei den Vertretern der im Centralverbande vereinigten heimischen Industrie keinem Zweifel.

Mit großer Besorgnis muß es die letztere erfüllen, daß der frühere Entwurf des Gesetzes in der neuen Vorlage noch durch Bestimmungen erweitert worden ist, die, wie die Ausdehnung des Aufgabenkreises der Kammern auf die Mitwirkung derselben beim Abschluß von Tarifverträgen, die Einrichtung paritätischer Arbeitsnachweise und die Befugnis zum selbständigen Erlaß von Umfragen über gewerbliche und wirtschaftliche Verhältnisse, nur geeignet sind, bestehende Gegensätze zu verschärfen oder neue hervorzurufen und somit gefährlichen Zündstoff für die Störung des sozialen Friedens auszulösen.

Die in dieser Richtung zu befürchtenden Wirkungen würden noch verschlimmert, wenn bei Verabschiedung des Gesetzes den Strömungen nachgegeben würde, die dahin gehen, die Arbeitersekretäre zur Vertretung der Arbeitnehmer in den Kammern zuzulassen, das Wahl- und Wählbarkeitsalter herabzusetzen, die Betriebsbeamten der Industrie als Arbeitnehmer in die Kammer einzubeziehen und die Oeffentlichkeit der Verhandlungen vorzuschreiben.

Der Centralverband bestreitet wiederholt sowohl das Bedürfnis als auch einen sozialpolitischen Nutzen der beabsichtigten Einrichtungen, die, nach seiner Ueberzeugung, wenn sie es überhaupt zu einer Bedeutung bringen, zum Schaden des Vaterlandes sich nur zur gesetzlichen Förderung der sozialdemokratischen Organisationen auswachsen werden.

Reichsversicherungsordnung.

Der Centralverband Deutscher Industrieller gibt im Anschluß an seine vorjährige Erklärung auch dem neuen als Bundesratsvorlage erschienenen Entwurf einer Reichsversicherungsordnung gegenüber seiner Befriedigung darüber Ausdruck, daß diese Vorlage von einer Verschmelzung aller oder mehrerer Versicherungszweige aus den in der Denkschrift dargelegten Gründen absieht. Er erachtet eine solche Verschmelzung als unvereinbar mit der Verschiedenheit der Aufgaben und Risiken der Versicherungszweige.

Der Centralverband Deutscher Industrieller erkennt ferner an, daß der Entwurf im einzelnen gegenüber den bestehenden Gesetzen sowie gegenüber dem vorjährigen Entwurf eine Reihe von Verbesserungen enthält, u. a.

bei der Krankenversicherung die Erweiterung des Kreises der Versicherten und die Gleichstellung der Arbeitgeber und Arbeitnehmer in Rechten und Pflichten bei der Verwaltung;

bei der Unfallversicherung die Ausdehnung der Versicherung auf eine Reihe von Betriebsarten und die Milderung der Bestimmungen über den Reservefonds, sowie die Erhaltung der Selbstverwaltung der Berufsgenossenschaft bei der Rentenfestsetzung;

bei der Invalidenversicherung die Erweiterung der Möglichkeit zur freiwilligen Versicherung;

bei allen Versicherungszweigen die Schaffung größerer Rechtsklarheit in ihren gegenseitigen Beziehungen und die Einführung eines einheitlichen Instanzenzuges.

Er erklärt sich ferner grundsätzlich mit der Einführung einer Hinterbliebenenfürsorge trotz der damit verbundenen weiteren großen Belastung der Gewerbetätigkeit einverstanden.

Um so nachdrücklicher erhebt der Centralverband Deutscher Industrieller seine Stimme gegen Vorschläge, die keine Verbesserung der Leistungen oder des Verfahrens, dagegen schwerwiegende Nachteile für die Handhabung der Gesetze, eine Erhöhung der Verwaltungskosten und eine Gefährdung der Selbstverwaltung enthalten, nämlich

1. gegen die Zusammenfassung aller Versicherungsgesetze in ein Gesetz von 1754 Paragraphen, das in seiner Anordnung unübersichtlich, in einzelnen Abschnitten wegen zahlloser Bezugnahmen unverständlich und für die wünschenswerte Ausbreitung der Kenntnis der sozialen Versicherungsgesetze ungeeignet ist;

2. gegen die Schaffung eines sogenannten lokalen Unterbaues durch Errichtung von mindestens 1000 Versicherungsämtern. Die gegenüber dem ersten Entwurf vorgenommenen Aenderungen sind zwar anzuerkennen, vermögen aber die Bedenken gegen die Errichtung der Aemter um so weniger zu beseitigen, als diesen Aemtern nunmehr zu den Aufgaben einer Aufsichtsinstanz bei der Krankenversicherung, einer Vorbereitungsinstanz für die Invalidenversicherung, eines Hilfsorgans für alle Versicherungsträger und einer unteren Verwaltungsbehörde in Versicherungsangelegenheiten auch noch die Stellung einer ersten Berufungsinstanz in Unfallentschädigungssachen übertragen werden soll. Die Uebertragung derartig vielseitiger und zum Teil miteinander nicht zu vereinbarender Aufgaben auf eine Stelle ist unbedingt zu verwerfen. Der Centralverband Deutscher Industrieller muß an seiner Auffassung festhalten, daß neue Versicherungsbehörden überhaupt nicht nötig sind, sondern die vorhandenen Mängel bei den unteren Verwaltungsbehörden durch bessere Ausstattung dieser Behörden mit geeigneten Kräften am besten und ohne erhebliche Mehrkosten abzustellen sind. Die in der Denkschrift vorgenommene Kostenberechnung erachtet er als gänzlich unhaltbar.

Da die Betriebskrankenkassen sich nach dem Zeugnis der Denkschrift auf das beste bewährt haben, so kann der Centralverband Deutscher Industrieller eine Veranlassung für ihre Begründung oder ihren Fortbestand erschwerende Bestimmungen zu treffen, nicht anerkennen.

Als unannehmbar muß der Verband die Bestimmungen über das Verhältnis der Kassen zu den Aerzten bezeichnen, die einseitig im Interesse der Aerzte abgefaßt sind und die notwendige Rücksicht auf die Existenzbedingungen der Kassen vermissen lassen.

Im übrigen ist der Centralverband Deutscher Industrieller nach wie vor der Ueberzeugung, daß die zurzeit in der Sozialversicherung bestehenden Mängel der Organisation und des Verfahrens, die übrigens von keiner erheblichen Tragweite sind, sich am einfachsten und richtigsten durch den weiteren Ausbau der jetzigen Organisationen beseitigen lassen, nämlich

1. durch die schon erwähnte Ausstattung der unteren Verwaltungsbehörden mit geeigneten Kräften;

2. durch Ausgestaltung der Schiedsgerichte, die unabhängig zu stellen sind und denen neben ihren bisherigen Funktionen auch die Entscheidung über Streitigkeiten in Krankenversicherungssachen (in zweiter Instanz) sowie über Streitigkeiten der Versicherungsträger untereinander (in erster Instanz) zu übertragen sind;

3. durch Entlastung des Reichsversicherungsamts, indem das Rechtsmittel des Rekurses in gewissen, nicht grundsätzliche Fragen betreffenden Fällen ausgeschlossen wird. Gleichzeitig sollte dem Reichsversicherungsamt die Entscheidung über Streitigkeiten in Krankenversicherungssachen, sowie über Streitigkeiten der Versicherungsträger untereinander in letzter Instanz übertragen werden.

Der Centralverband Deutscher Industrieller fordert ferner, daß Hausgewerbetreibende, deren Betriebe als Fabriken (§ 561) anzusehen sind, nicht der besonderen Versicherung der Hausgewerbetreibenden, sondern der allgemeinen Versicherungspflicht in bezug auf ihre Arbeiter zu unterwerfen sind.

Bei der weittragenden Bedeutung des vorliegenden Gesetzentwurfs für die Zukunft der sozialen Versicherung ist der Centralverband Deutscher Industrieller der Ansicht, daß eine gründliche Beratung derselben unter allen Umständen gesichert und daß zugunsten einer solchen auch eine gewisse Verzögerung unter Umständen in Kauf genommen werden muß. In diesem Falle könnte die Hinterbliebenenversicherung einstweilen durch ein Sondergesetz erledigt werden.

Die Reden beim Festessen.

Bei dem nachfolgenden Essen, zu dem sich gleichfalls eine zahlreiche Teilnehmerschaft eingefunden hatte, brachte, wie die „Deutsche Industrie-Zeitung" berichtet, zunächst Herr von Rieppel gemäß alter Sitte die Huldigung für den Kaiser aus, sodann erhob sich Kommerzienrat Semlinger-Bamberg. Als bayerischem Mitglied des Direktoriums sei ihm der Auftrag geworden, die Gäste zu begrüßen, die Herren von der Regierung, von den Parlamenten, den befreundeten Verbänden und last not least von der Presse. Wenn man in der Geschichte des Centralverbandes Deutscher Industrieller zurückschaue, so sehe man, wie früher ihn meist wirtschaftliche Fragen beschäftigten; jetzt überwiegen soziale. Sie haben uns manchen Gegner gebracht. Auch mit den hohen Kreisen der Regierung haben wir nicht immer in Uebereinstimmung gestanden. Aber die heutigen Vorträge und Beschlüsse haben doch wieder gezeigt, daß der Centralverband Deutscher Industrieller nicht so schlimm sein kann. Einig sind wir jedenfalls in der Liebe zur gemeinsamen Heimat und der gemeinsamen Arbeit.

Bald darauf erhob sich Reichstagspräsident Graf Schwerin-Löwitz, um namens der Gäste den Dank auszusprechen für die so freundliche Begrüßung und die herzliche Aufnahme an der Tafelrunde. Er selbst verdanke wohl die große Ehre und Freude seiner Eigenschaft als Präsident des Deutschen Reichstags, obwohl der Reichstag beim Centralverband Deutscher Industrieller nicht allzugut angeschrieben sei. Aber Redner gibt besonders auch der Freude Ausdruck, in seiner Eigenschaft, im zweiten Hauptamte, als Präsident des Deutschen Landwirtschaftsrats, anwesend zu sein. In beiden Eigenschaften, als Mitglied des Reichstags und als Präsident des Landwirtschaftsrats, habe er stets auf die große Gemeinsamkeit unserer wirtschaftlichen Erwerbsstände hingewiesen. Es gibt keine größere Verkehrtheit, als Mißgunst in Erwerbsfragen unter den Erwerbsständen. Die Interessengemeinschaft ist so stark, daß es nicht möglich ist, die Interessen des einen dauernd zu fördern, ohne auf den anderen gebührend Rücksicht zu nehmen. Die Bismarcksche Wirtschaftspolitik des Schutzes der nationalen Arbeit ist allen Erwerbsständen gleichmäßig zugute gekommen. Graf Schwerin-Löwitz betont weiter, wie er mit allem Nachdruck stets die Landwirte hingewiesen habe auf das große Interesse, welches sie an dem Gedeihen der Industrie und der industriellen Arbeit haben, und namentlich auch daran, unserer Industrie, soweit immer möglich, das ihr nötige Absatzgebiet im Ausland zu erhalten. Es kann nicht gleichgültig sein, ob uns z. B. in Amerika Hunderte von Millionen verloren gehen. Andererseits habe er mit großer Freude Kenntnis genommen von den Erklärungen, die jüngst der hochverdiente Veteran der praktischen Wirtschaftspolitik, Bueck, auf einer Industriellenversammlung über das große Interesse der Industrie an dem Gedeihen der heimischen Landwirtschaft und der Stärkung des inländischen Marktes abgegeben hat. Das beweist, wie die Erkenntnis von der Interessengemeinschaft Erfolg hat und erfreulicherweise im ganzen Volke im Wachsen war. Zum Kummer des Redners hat sie leider durch die Verschärfung der Parteiverhältnisse bei der Reichsfinanzreform eine Störung erfahren. Er wünscht von Herzen, daß diese nur vorübergehend sei und daß es den außerordentlich dankenswerten Bemühungen des Centralverbandes Deutscher Industrieller gelingen möge, weiterhin von der Idee der Gemeinschaft zu überzeugen. Stetigkeit tut am ersten not, nur darauf kann eine gesunde Wirtschaftspolitik aufgebaut werden. Möge es uns vergönnt sein, diese Ueberzeugung zum Gemeingut des ganzen Volkes und des Reichstages zu machen. Graf Schwerin-Löwitz erhebt sein Glas auf das Wohl des Centralverbandes Deutscher Industrieller.

Sodann ergreift das Wort das Mitglied des Direktoriums Geheimer Kommerzienrat Vogel-Chemnitz. Der lebhafte Beifall, welcher Graf Schwerin zuteil geworden, beweist, wie sehr seine vorgetragene Ansicht begrüßt wird. Auch wir sind der Ueberzeugung, daß Industrie und Landwirtschaft einig gehen müssen. Verstimmungen kamen aber daher, daß nicht immer die nötige Rücksicht auf die Industrie genommen wurde. Kein anderer industrieller Verband genießt solches Ansehen wie der Centralverband Deutscher Industrieller. Von mancher Seite meint man, er könne ausgeschaltet werden. Wer das glaubt, der irrt sich. Wer die sechs Punkte der heutigen Tagesordnung verfolgt hat, ist sich klar, daß im Centralverband Deutscher Industrieller mit Sachkunde die Geschäfte geführt werden, und allen Erwerbszweigen, auch den Arbeitern, Rechnung getragen wird. Nicht in letzter Linie ist es Bueck zu verdanken, daß die Industrie in Deutschland diese Bahnen eingeschlagen. Mit solcher Ausdauer hat selten ein Mann seine Aufgabe erfüllt und ist stets in die Bresche getreten. Wenn wir ihn nicht mehr haben, werden wir erst völlig merken, was wir an ihm verloren. Ihm sitzt würdig zur Seite ein anderer alter Kämpe der Industrie, der eben seinen 70. Geburtstag gefeiert, Generalsekretär Stumpf. Geheimrat Vogel spricht ebenso den anderen Referenten warmen Dank aus und wünscht, daß auch in der Zukunft der Centralverband Deutscher Industrieller seine Stellung so hervorragend wahre wie heute. Er trinkt auf das Wohl der Referenten.

Weiterhin erhebt sich der Reichstagsabgeordnete Geheimrat Freiherr von Gamp-Massaunen. Er erinnert daran, wie seinerzeit der Vorsitzende der Reichspartei, Abgeordneter von Kardorff, den Centralverband Deutscher Industrieller gegründet habe, indem er die agrarischen Interessen ebenso wie die der Industrie wahren wollte und den Gedanken vertrat, daß unserer Industrie und Landwirtschaft ein maßvoller Schutzzoll nötig sei. Dessen ist der Centralverband Deutscher Industrieller auch immer eingedenk gewesen, er hat sich große Verdienste um die Entwicklung der deutschen Industrie erworben. Wir sind auf solidem Grund nach England der zweite Staat im internationalen Handel geworden. In diesem Kampfe habe dem Centralverband Deutscher Industrieller die Landwirtschaft treu zur Seite gestanden. Aber auf einem Gebiet haben wir einen wesentlichen Erfolg nicht erreicht. Redner nimmt Bezug auf die Verhältnisse im Reichstag und auf die Sozialpolitik. Wieviel Freunde haben wir im Reichstag? Er habe den Staatssekretären Graf Posadowsky und Delbrück oft gesagt, sie wüßten gar nicht, welche Mißstimmung in der Industrie gegen die Vielregiererei herrsche. Keine Industrie sei so opferfreudig wie die deutsche, auch für die Arbeiter. Manche kleinen Industrien arbeiten sehr schwer. Auch hier müsse sich einmal ein Mann finden, der, wie einst Kardorff, aufträte mit einer Schrift „Gegen den Strom". Freiherr von Gamp sagt weiter den Industriellen: Die Börse allein tue es nicht, sie müßten Männer vorschicken, damit vielleicht einmal Regierung und Reichstag größeres Verständnis für die Industrie gewinnen. Wenn die Entwicklung so weiter geht wie jetzt, dann nimmt das ein schlechtes Ende. Die Industrie erntet trotz aller Anstrengungen und Leistungen keinen Dank. Redner wünscht, daß die Regierung engere Fühlung mit dem praktischen Leben nehme, und tadelt, daß man jetzt die Berufsgenossenschaften totmachen wolle. Er trinkt auf das Wohl der industriellen Jugend.

Als letzter Redner trat Landtagsabgeordneter Dr. Beumer-Düsseldorf auf und gab seiner außerordentlichen Freude darüber Ausdruck, daß zwei hervorragende Vertreter der Landwirtschaft der Industrie ihre Wünsche dargebracht haben, und somit Bismarcks Grundsatz von der Interessensolidarität wieder seine Auferstehung feierte. Aber Erfüllung durch die Tat muß solchen Reden folgen. Gelegenheit dazu gibt es genug. Redner vertraut darauf, daß demnächst in einer entscheidenden Frage in unserem preußischen Vaterland die notwendige Brücke gebaut werde. In der Zolltarifkommission haben er und seine Freunde den Schutz der Landwirtschaft stets vertreten, nur Uebertreibungen haben sie nicht mitgemacht. Dr. Beumer hat selbst in seiner Jugend genug in der Landwirtschaft gearbeitet, um ihre harte Arbeit zu würdigen. Der Weg, die Arbeitszeit immer weiter zu vermindern, ist falsch; aber die Landwirtschaft wird mit solcher Beschränkung der Arbeitszeit auch einmal an die Reihe kommen, z. B. mit einem Gesetz wonach jeder Landwirt unter Fortzahlung der Löhne allen seinen Arbeitern sechs Wochen Urlaub gewähren muß, der natürlich passend gerade in die Erntezeit gelegt wird. Die Gemeinschaftsbeziehungen von Industrie und Landwirtschaft und auch aller bürgerlichen politischen Parteien wurzeln in dem Wunsch, daß wir uns vertragen, angesichts des gemeinsamen Feindes, der Sozialdemokratie. Dr. Beumer trinkt auf das Wohl des Produktivstandes, dessen Gäste wir unter uns haben, auf das Wohl des Präsidenten des Deutschen Landwirtschaftsrats, Grafen Schwerin-Löwitz, und auf den ältesten Vertreter der Landwirtschaft, Bueck.

Das Bewußtsein, einer hochbedeutsamen Kundgebung, bei der ernsten Arbeit des Tages und bei dem intimeren Zusammensein am Abend, beigewohnt zu haben, erfüllte allgemein die Teilnehmer an dieser Delegiertenversammlung des Centralverbandes Deutscher Industrieller.

*

Noch ein bleibendes, greifbares und kostbares Andenken wird folgen. Der Reichstagspräsident Graf Schwerin-Löwitz nahm schließlich Bezug auf Dr. Beumers Worte, daß nach vernünftiger Rede vernünftige Tat folgen müsse. Graf Schwerin wollte eine solche Tat ankündigen dahin: Im Frühjahr 1898 hatten Graf Schwerin-Löwitz und Herr von Vopelius, der frühere Vorsitzende des Direktoriums des Centralverbandes Deutscher Industrieller, einen gemeinsamen wirtschaftlichen Wahlaufruf für die damaligen Reichstagswahlen verfaßt, welcher wie folgt lautet:

Wirtschaftlicher Wahlaufruf.

Am 31. Dezember 1903 laufen unsere Handelsverträge mit Belgien, Italien, Oesterreich-Ungarn, Rumänien, Rußland, der Schweiz und Serbien ab und wir werden vorher rechtzeitig auch in eine Prüfung unserer anderweitigen Handelsverträge einzutreten haben. Bei dem erneuten Abschluß solcher Verträge erscheint es aber zweifelhaft, ob die bestehende Meistbegünstigungsklausel, die allen Staaten auch solche Konzessionen ohne Entgelt zufallen läßt, welche wir von dritten Vertragsmächten mit wirtschaftlichen Opfern erkauft haben, in der bisherigen Form fernerhin aufrecht zu erhalten sein wird.

Die wirtschaftliche Zukunft Deutschlands hängt von der künftigen Gestaltung unserer handelspolitischen Beziehungen zum Auslande ab. Die Reichsregierung hat durch Begründung des wirtschaftlichen Ausschusses und durch wiederholte ausdrückliche Erklärungen den festen Willen bekundet, die vielseitigen und schwierigen Fragen unseres Erwerbslebens zu vertiefen und begründeten Forderungen nach wirksamem Schutze unserer schaffenden Arbeit gerecht zu werden.

Der Reichsregierung auf dieser Bahn zu folgen, liegt im gemeinsamen Interesse aller Stände.

Die Entscheidung aber liegt bei dem neu zu wählenden Reichstage, der sowohl über den zeitgemäßen Ausbau unseres Zolltarifs wie über den Abschluß neuer Handelsverträge zu beschließen haben wird. Von dem Ausfall der Reichstagswahlen hängt die Durchführung einer nationalen Wirtschaftspolitik ab.

Daher ist die Sammlung aller derjenigen Parteien und wirtschaftlichen Gruppen, welche an Stelle des Kampfes der Interessen gegeneinander den friedlichen Ausgleich derselben erstreben, für die bevorstehenden Wahlen geboten.

Die Vertreter von Industrie, Landwirtschaft, Handel und Gewerbe müssen sich vereinigen, innerhalb der einzelnen politischen Parteien nur für solche Kandidaten einzutreten, welche fest auf dem altbewährten Programm des Schutzes der nationalen Arbeit und gleichmäßiger Berücksichtigung aller Zweige des Erwerbslebens stehen.

An alle Anhänger des Schutzes der nationalen Arbeit ergeht daher die dringende Aufforderung, schon bei der Aufstellung der Kandidaten sich über die Wahl von Männern zu einigen, welche rückhaltlos auf dem Boden der nationalen Wirtschaftspolitik stehen.

Berlin, den 5. März 1898.

gez. v. Bismarck.

Fürst Bismarck drückte den Wunsch aus, den Aufruf mit zu unterzeichnen. Das ist geschehen. Diese Unterschrift unter ein öffentliches Dokument ist die letzte des Gründers und Schützers des Deutschen Reichs, dem alle Deutschen und nicht am wenigsten die deutsche Industrie so unendlich viel verdanken, und für den sie durch alle Zeiten ihren Dank im Herzen tragen werden. Ein Abdruck jenes Wahlaufrufs mit dem Faksimile der Bismarckschen Unterschrift soll allen dem Centralverband Deutscher Industrieller angeschlossenen Verbänden zugeschickt und weitere Abdrücke sollen zur Verfügung gestellt werden.

Liste der Anwesenden
in der
Ausschußsitzung am 11. April 1910 in Berlin.

Mitglieder des Direktoriums:

Herr von Rieppel, A., Dr.-Ing. h. c. und Dr. phil., Kgl. Baurat, Vorsitzender des Bayerischen Industriellen-Verbandes, Nürnberg, Aeußere Cramer-Klettstr. 12, Erster stellvertretender Vorsitzender.

„ von Vopelius, R., Hüttenbesitzer, Mitglied des Herrenhauses, Vorsitzender des Verbandes der Glasindustriellen Deutschlands und der Glas-Berufsgenossenschaft, Sulzbach bei Saarbrücken.

„ Vorster, Jul., Geh. Kommerzienrat, M. d. H. d. Abg., Vorsitzender des Vereins der Industriellen des Reg.-Bez. Köln, Köln.

„ Schlumberger, Th., Geh. Kommerzienrat, Vorsitzender des Elsässischen Industriellen-Syndikats, Mülhausen i. Els.

„ Semlinger, H., Kommerzienrat, Vorsitzender des Vereins Süddeutscher Baumwollindustrieller, Bamberg.

„ Vogel, Geh. Kommerzienrat, Vorsitzender des Verbandes der Textilindustriellen Chemnitz, Chemnitz.

„ Bueck, H. A., Generalsekretär, geschäftsführendes Mitglied im Direktorium, Berlin.

Mitglieder der Geschäftsführung:

Herr Schweighoffer, Dr. jur., Regierungsrat a. D., stellvertretender Geschäftsführer, Berlin.

„ Zakrzewski, Dr., Berlin.

„ Ballerstedt, Dr., Berlin.

Mitglieder:

Herr Beukenberg, Baurat, Hörde i. W.

„ Beumer, Dr., Mitglied des Hauses der Abgeordneten, Generalsekretär, Geschäftsführer der Nordwestlichen Gruppe des Vereins Deutscher Eisen- und Stahl-Industrieller und des Vereins zur Wahrung der gemeinsamen wirtschaftlichen Interessen in Rheinland und Westfalen, Düsseldorf.

„ Bourcart, Fabrikbesitzer, Gebweiler i. Els.

„ Brandt, Dr.; Syndikus der Handelskammer Düsseldorf, Geschäftsführer des Vereins Deutscher Eisengießereien, Düsseldorf.

„ Brauns, H., Kommerzienrat, Eisenach.

„ Brockhaus, Prokurist der Firma Berliner Sandsteinwerke Rob. Gutmann, G. m. b. H., Berlin, Neustädtische Kirchstr. 15.

„ Dietrich, Dr., Handelskammer-Syndikus, Plauen.

„ Ditges, Generalsekretär, Geschäftsführer des Vereins Deutscher Papierfabrikanten und des Vereins Deutscher Schiffswerften, Berlin, Lützow-Ufer 17.

„ Fleitmann, R., Kommerzienrat, Iserlohn.

„ Funcke, Wilhelm, Kommerzienrat, Hagen i. W.

„ Gärtner, R., Kommerzienrat, Freiburg i. Schl.

„ Goldschmidt, Karl, Dr., Essen.

„ Haarmann, A., Dr.-Ing., Geh. Kommerzienrat, Osnabrück.

„ Haumann, Oberbürgermeister, Generaldirektor der Vereinigten Stahlwerke van der Zypen und Wissener Eisenhütten, Köln.

„ Hirsch, W., M. d. H. d. A., Syndikus der Handelskammer für den Kreis Essen, Essen (Ruhr).

„ Hoeter, Ministerialdirektor a. D., Berlin W, Kurfürstendamm 220.

„ Kauffmann, Georg, Dr., Kommerzienrat, Vorsitzender der Handelskammer Schweidnitz, Wüstegiersdorf i. Schl.

„ Knochenhauer, Bergrat, Kattowitz (O.-S.).

„ Kraner, Direktor, Erlangen.

Herr Lehmann, Professor, Dr., Syndikus der Handelskammer Aachen, Geschäftsführer des Vereins Deutscher Tuch- und Wollwarenfabrikanten und des Vereins für die berg- und hüttenmännischen Interessen im Aachener Bezirk, Aachen.

„ Meesmann, Geschäftsführer des Mittelrheinischen Fabrikantenvereins und der Süddeutschen Gruppe des Vereins Deutscher Eisen- und Stahl-Industrieller, Mainz.

„ Mundt, Arthur, i. Fa. Berliner Gipswerke L. Mundt vorm. H. Kühne, Berlin SW, verlängerte Trebbiner Straße.

„ Röchling, Louis, Kommerzienrat, Völklingen a. Saar.

„ Rocke, Dr., Geschäftsführer des Fabrikantenvereins für Hannover-Linden und die benachbarten Kreise, Hannover.

„ Schaafhausen, Direktor, Neu-Welzow (Niederlausitz).

„ Schmid, Th. W., Spinnereidirektor, Hof i. B.

„ Schott, F., Kommerzienrat, Heidelberg.

„ Schrey; Geh. Regierungs- und Baurat, Vorsitzender des Verbandes Ostdeutscher Industrieller, Danzig, Holzmarkt 12–14.

„ Schroers, A., Kommerzienrat, erster Vorsitzender des Vereins der deutschen Textilveredelungsindustrie Düsseldorf, Crefeld.

„ Schrödter, E., Dr.-Ing., Geschäftsführer des Vereins Deutscher Maschinenbauanstalten und des Vereins Deutscher Eisenhüttenleute, Düsseldorf.

„ Siemens, Bergrat, Halle a. S., Königstr. 84, Vorsitzender des Deutschen Braunkohlen-Industrie-Vereins, Halle a. S.

„ Springorum, Kommerzienrat, Generaldirektor, Vorsitzender des Vereins Deutscher Eisenhüttenleute, Dortmund.

„ Stark, Emil, Kommerzienrat, Vorsitzender der Vereinigung Sächs. Spinnereibesitzer, Chemnitz.

„ Steller, Paul, Generalsekretär des Vereins der Industriellen des Regierungsbezirks Köln und des Vereins Deutscher Werkzeugmaschinenfabriken, Köln.

„ Stumpf, F., Generalsekretär des Georgs-Marien-Bergwerks- und Hütten-Vereins, Syndikus der Handelskammer zu Osnabrück, Osnabrück.

Herr Tille, Alexander, Dr., Generalsekretär des Vereins zur Wahrung der gemeinsamen wirtschaftlichen Interessen der Saarindustrie und Syndikus der Handelskammer Saarbrücken, Saarbrücken.

„ Voltz, Dr., Generalsekretär des Oberschlesischen Berg- und Hüttenmännischen Vereins, Kattowitz.

„ Wandel, Justizrat, Essen (Ruhr).

„ Weinlig, Generaldirektor, Dillingen a. d. Saar.

„ Weisdorff, Generaldirektor, Burbacherhütte bei Saarbrücken.

„ Wenzel, Kommerzienrat, Direktor der Kammgarnspinnerei zu Leipzig, Leipzig.

„ Zanders, Hans, Kommerzienrat, Bergisch-Gladbach.

„ Zörner, Bergrat, Generaldirektor der Maschinenbauanstalt „Humboldt", Kalk b. Köln.

Ferner waren anwesend:

Herr Krieger, B., Vertreter des Vereins der Kalkwerke und des Zementwarenfabrikantenvereins Deutschland, Berlin.

„ Steinmann-Bucher, Herausgeber der „Deutschen Industrie-Zeitung", Berlin.

„ Strecker, Redakteur der „Deutschen Volkswirtschaftlichen Korrespondenz", Berlin.

„ Tänzler, Dr., Geschäftsführer der Hauptstelle Deutscher Arbeitgeberverbände, Berlin.

Entschuldigt haben sich:

Vom Direktorium:

Herr Rötger, Landrat a. D., Berlin.

„ Koenig, Geh. Regierungsrat, Berlin W, Kleiststr. 32.

„ Kirdorf, E., Geh. Kommerzienrat, Rheinelbe bei Gelsenkirchen.

„ Hilger, Geh. Bergrat, Berlin NW, Dorotheenstr. 50.

Von Mitgliedern:

Herr von Borsig, Ernst, Kommerzienrat, Berlin.

„ Böcking, Rudolph, Geh. Kommerzienrat, Halbergerhütte.

„ Fiebelkorn, Dr., Berlin.

„ Haas, Geh. Kommerzienrat, Mannheim.

„ Kamp, Kommerzienrat, Grunewald-Berlin.

Herr Krüger, Generalleutnant, Exzellenz, Berlin.
„ von Langen, Gottlieb, Köln.
„ Langen, C. O., Kommerzienrat, M.-Gladbach.
„ Laurenz, Kommerzienrat, Ochtrup i. W.
„ Linke, Domänenrat, Slawentzitz.
„ Lueg, Geh. Kommerzienrat, Düsseldorf.
„ Mathies, Regierungsrat, Dortmund.
„ Menck, Kommerzienrat, Altona.
„ Rickel, Ferd., Harburg.
„ von Skene, Carl, Geh. Kommerzienrat, Klettendorf b. Breslau.
„ Ugé, Kommerzienrat, Kaiserslautern.
„ Winkler, Paul, Kommerzienrat, Fürth i. Bayern.

Liste der Anwesenden
in der
Delegiertenversammlung am 12. April 1910 in Berlin.

Vertreter der Reichs- und Preußischen Staats-Behörden:

Vertreter des Reichsamts des Innern:

Herr Geh. Oberregierungsrat Koch, Berlin.
„ Geh. Regierungsrat Landmann, Berlin.
„ Regierungsrat Dr. Paehler, Berlin.

Vertreter des Herrn Ministers für Handel und Gewerbe:

Herr Geh. Oberregierungsrat Neumann, Berlin.

Vertreter des Reichstags:

Herr Graf von Schwerin-Löwitz, Präsident des Reichstages.
„ Generalleutnant von Liebert, Berlin.
„ Freiherr von Gamp-Massaunen, Berlin.
„ Geh. Kommerzienrat Schmidt, Altenburg.
„ Kommerzienrat Bahn, Sorau.
„ Landgerichtsrat Schultz, Bromberg.
„ Regierungsrat Dr. Dröscher, Schwerin i. M.
„ Oberlehrer Linz, Barmen.
„ Graf von Westarp, Schöneberg.
„ Geh. Legationsrat von Dirksen, Berlin.
„ Oberregierungsrat a. D., Generaldirektor Schickert, Königsberg i. Pr.

Vertreter des Hauses der Abgeordneten:

Herr Amtsgerichtsrat Krause, Waldenburg i. Schl.
„ Geh. Regierungsrat Brütt, Berlin.
„ Macco, Heinr., Ingenieur, Siegen.
„ Geh. Justizrat Haarmann, Dortmund.
„ Gutsbesitzer Westermann, Lüttgen-Dortmund.

Ferner nahmen als **Vertreter von befreundeten industriellen Organisationen** teil:

Der Zentralstelle für Vorbereitung von Handelsverträgen:

Herr von Martius, Dr., Berlin.
„ Vosberg-Rekow, Dr., Direktor, Berlin.

Der Ständigen Ausstellungskommission für die deutsche Industrie:

Herr Goldberger, Geh. Kommerzienrat, Vorsitzender, Berlin.

Mitglieder des Direktoriums:

Herr von Rieppel, A., Baurat, Dr.-Ing. h. c., Generaldirektor der Vereinigten Maschinenfabrik Augsburg und Maschinenbaugesellschaft Nürnberg, Nürnberg.

„ von Vopelius, Hüttenbesitzer, Mitglied des Herrenhauses, Vorsitzender des Verbandes der Glasindustriellen Deutschlands und der Glas-Berufsgenossenschaft, Vorsitzender, Sulzbach.

„ Vorster, Jul., Geh. Kommerzienrat, Mitglied des Hauses der Abgeordneten, Vorsitzender des Vereins der Industriellen des Regierungsbezirks Köln, Köln.

„ Schlumberger, Th., Geh. Kommerzienrat, Vorsitzender des Elsaß-Lothringischen Industriellen-Syndikats, Mülhausen i. E.

„ Semlinger, H., Kommerzienrat, Vorsitzender des Direktoriums des Vereins Süddeutscher Baumwoll-Industrieller, Direktor der Mechanischen Baumwollspinnerei und Weberei Bamberg, Bamberg.

„ Kirdorf, E., Geh. Kommerzienrat, Generaldirektor der Gelsenkirchener Bergwerks-Akt.-Ges., Rheinelbe bei Gelsenkirchen.

„ Hilger, Geh. Bergrat, Generaldirektor der Vereinigten Königs- und Laurahütte, Vorsitzender der Oestlichen Gruppe des Vereins Deutscher Eisen- und Stahl-Industrieller, Berlin NW, Dorotheenstr. 50.

Herr Vogel, Geh. Kommerzienrat, Vorsitzender des Verbandes der Textilindustriellen, Chemnitz.

„ Bueck, H. A., geschäftsführendes Mitglied im Direktorium, Berlin.

Mitglieder der Geschäftsführung:

Herr Schweighoffer, Dr. jur., Regierungsrat, stellvertretender Geschäftsführer, Berlin.

„ Zakrzewski, Dr., Berlin.

„ Ballerstedt, Dr., Berlin.

Mitglieder:

Herr Anhegger, Eugen, Direktor des Vereins Süddeutscher Baumwollspinner, Augsburg, Eßlingen.

„ Arends, Robert, Direktor, Geschäftsführer des Niederschlesischen Kohlensyndikats, Waldenburg i. Schl.

„ Aust, H., Kommerzienrat, Vertreter von Kathreiners Malzkaffeefabriken, G. m. b. H., München.

„ Avellis, Franz, Fabrikbesitzer, Forst, Vertreter des Forster Fabrikantenvereins, Forst.

„ Baer, Dr., Forst i. L., Vertreter des Fabrikanten-Vereins Forst i. L. und des Forster und Lausitzer Arbeitgeber-Verbandes.

„ Bauer, Offenburg, Vertreter der Spinnerei und Weberei Offenburg.

„ von Beckerath, Alwin, Vorsitzender des Arbeitgeber-Verbandes der rheinischen Seidenindustrie, Krefeld.

„ Beckers, Berlin, Vertreter des Vereins Deutscher Thomasphosphatfabriken.

„ Beisert, Bergassessor, Geschäftsführer des Deutschen Braunkohlen-Industrie-Vereins, Halle a. S.

„ Beuchelt, Grünberg i. Schl.

„ Beukenberg, Baurat, Hörde i. W.

„ Beumer, W., Dr., M. d. A., Generalsekretär des Vereins zur Wahrung der gemeinsamen wirtschaftlichen Interessen in Rheinland und Westfalen und der Nordwestlichen Gruppe des Vereins Deutscher Eisen- und Stahl-Industrieller, Düsseldorf.

„ Boelcke, Dr., Vertreter des Gesamtverbandes Deutscher Metallindustrieller, Berlin.

Herr Bourcart, Alfred, Fabrikbesitzer, Gebweiler, Vertreter des Elsaß-Lothringischen Industriellen Syndikats, Mülhausen, und der Handelskammer Colmar.

„ Brandt, Dr., Syndikus der Handelskammer Düsseldorf, Geschäftsführer des Vereins Deutscher Eisengießereien, Düsseldorf.

„ Brauns, H., Kommerzienrat, Eisenach.

„ Brockhaus, Prokurist der Firma Berliner Kalk-Sandsteinwerke Rob. Gutmann, G. m. b. H., Berlin.

„ Brückner, Richard, Calbe a. Saale, Vorsitzender des Vereins Deutscher Papierfabrikanten.

„ Bruns, Bremen, Vertreter der Gewerbekammer Bremen.

„ Budde, Professor, Dr., Berlin.

„ Buschmann, Charlottenburg, Geschäftsführer der Ziegelei-Berufsgenossenschaft Charlottenburg.

„ Buskühl, Gottlieb, Fabrikant, Halle i. W., Mitglied des Verbandes Deutscher Leinenindustrieller, Bielefeld.

„ Büttner, Dr., Syndikus der Handels- und Gewerbekammer für Schwaben und Neuburg, Augsburg, und des Vereins Süddeutscher Baumwoll-Industrieller, Augsburg.

„ Claus, Chemnitz, Vertreter der Handelskammer Chemnitz und der Vereinigung sächsischer Spinnereibesitzer, Chemnitz.

„ Clauß, Carl, Vertreter des Vereins süddeutscher Baumwoll-industrieller, Augsburg.

„ Colsmann, C., Werdohl.

„ Dietrich, Dr., Handelskammer-Syndikus, Plauen i. V.

„ Dietrich, W., jr., Hannover, i. Firma W. Dietrich, Fabrik für Brückenbau und Eisenkonstruktionen, Hannover.

„ Ditges, Generalsekretär, Geschäftsführer des Vereins Deutscher Papierfabrikanten und des Vereins Deutscher Schiffs-werften, Berlin, Lützow-Ufer 13.

„ Dreger, Paul, Direktor des Peiner Walzwerkes, Peine.

„ Dyckerhoff, Rud., Dr.-Ing. i. Firma Dyckerhoff & Söhne, Amöneburg b. Biebrich a. Rh.

„ Eckert, Bergwerksdirektor, Neuweisstein.

„ Efferz, Kommerzienrat, Unna-Königsborn, Vertreter der Aktien-gesellschaft, Königsborn.

„ Fasolt, Dr., Geschäftsführer des Vereins zur Wahrung der gemeinsamen wirtschaftlichen Interessen der deutschen Elektrotechnik, Berlin.

„ Fellinger, Dr., Berlin, Vertreter der Firma Siemens & Schuckert.

Herr Finke, Ad., Ingenieur, Cainsdorf, Generaldirektor der Königin-Marienhütte, A.-G.

„ Flathmann, J., Geschäftsführer, Charlottenburg.

„ Flechtner, Dr., Stettin, Geschäftsführer des Vereins der Industriellen Pommerns.

„ Fleitmann, R., Kommerzienrat, Iserlohn, Vertreter der Vereinigten deutschen Nickelwerke, Schwerte.

„ Florey, Dr., Rechtsanwalt, Leipzig, Vertreter der Baumwollspinnerei, Leipzig.

„ Frölich, Fr., Ingenieur, Geschäftsführer des Vereins Deutscher Maschinenbau-Anstalten, Düsseldorf.

„ Fuchs, H., Direktor der Norddeutschen Wagenbau-Vereinigung Charlottenburg, Bleibtreustr. 20.

„ Funcke, Bergrat, Bergwerksdirektor, Vorstandsmitglied der Gelsenkirchener Bergwerksaktiengesellschaft, Camen.

„ Funcke, Wilh., Kommerzienrat, Vorsitzender des Vereins der Märkischen Kleineisenindustrie, Hagen i. W.

„ Gärtner, R., Kommerzienrat, Freiburg i. Schl., Vertreter des Verbandes Schlesischer Textilindustrieller, Breslau.

„ Garvens, E., Hannover, Vertreter der Nordwestlichen Eisen- und Stahl-Berufsgenossenschaft.

„ Glier, Dr., Berlin, Vertreter der Vereinigung der Export-Firmen.

„ Gminder, Konrad, Kommerzienrat, i. Firma Ulrich Gminder, G. m. b. H., Reutlingen.

„ Goldschmidt, Karl, Dr., Essen.

„ Göppert, Regierungsreferendar, Oppeln, Vertreter der Handelskammer Oppeln.

„ Gornick, Dr., Gleiwitz, Vertreter der Oberschlesischen Eisenbahnbedarfs-Aktiengesellschaft, Huldschinsky.

„ Götze, Emil, Generalsekretär des Verbandes der Glasindustriellen Deutschlands und der Glasberufsgenossenschaft, Berlin.

„ Grabenstedt, Dr., Generalsekretär des Gesamtverbandes Deutscher Metallindustrieller, Berlin.

„ Gravemann, Kommerzienrat, Düsseldorf, Vertreter der Handelskammer Hagen.

„ Groß, R., Kommerzienrat, Rottweil, Vertreter der Firma Held & Teufel, Rottweil.

„ Grunenberg, Dr., Bergwerksdirektor, Vorsitzender des Niederschlesischen Kohlensyndikats und des Vereins für die bergbaulichen Interessen Niederschlesiens, Hermsdorf bei Waldenburg in Schlesien.

Herr Guggenheimer, Dr., Direktor, Vertreter der Maschinenfabrik Augsburg-Nürnberg, Augsburg.
„ Haarmann, A., Dr.-Ing., Geh. Kommerzienrat, Osnabrück.
„ Haas, Kommerzienrat, i. Firma Ernst Haas & Sohn, Sinn.
„ Hallbauer, Kommerzienrat, Lauchhammer.
„ Hammer, Dr., Vertreter des Vereins für die bergbaulichen Interessen Niederschlesiens, Waldenburg i. Schl.
„ Hampke, Dr., Geschäftsführer der Gewerbekammer Hamburg, Hamburg.
„ Haumann, Köln, Vertreter der Vereinigten Stahlwerke, van der Zypen und der Wissener Eisenhütten-A.-G.
„ Heckel, Georg, Saarbrücken.
„ Herder, Fritz, Euskirchen, Rheinpreußen.
„ Heymann, Vertreter der Firma Felten & Guilleaume, Köln.
„ Heymann, Hermann, Kommerzienrat, Berlin.
„ Heyroth, Paul, Dr. jur., Charlottenburg, stellvertretender Geschäftsführer der Ziegelei-Berufsgenossenschaft.
„ Hinsberg, Ed., Düren, Vertreter der Handelskammer Stolberg-Rheinland.
„ Hirsch, M. d. H. d. A., Syndikus der Handelskammer für den Kreis Essen, Essen (Ruhr).
„ Hoehl, Walter, Leopoldshall.
„ Hoeter, Ministerialdirektor a. D., Berlin W, Kurfürstendamm 220.
„ Hofer, Albert, Rappollsweiler i. Els., Vertreter der Handelskammer Colmar.
„ Hoffmann, Fabrikdirektor, Vertreter der Jute-Industrie, Berlin-Stralau.
„ Hoffmann, Generaldirektor, Vertreter der Oppelner Portland-Zementfabrik, vorm. F. W. Grundmann, Oppeln.
„ Hohlfeld, Max, Vertreter des Fabrikanten-Vereins Forst i. L., Forst i. L.
„ Hummel, Friedrich, Generaldirektor, Ettlingen.
„ Jahn, W., Stettin, Vertreter des Pommerschen Industrie-Vereins und Vorsitzender der Ziegelei-Berufsgenossenschaft, Stettin.
„ John, W., Dr., Syndikus des Verbandes Ostdeutscher Industrieller, Danzig.
„ Jordan, Carl, Direktor der Baumwollspinnerei Kolbermoor.
„ Kahle, Bayrischer Industrieverband, Sekt. Würzburg, Portland-Zementfabrik, Karlstadt, Würzburg.
„ Karcher, Kommerzienrat, Frankenthal (Pfalz).

Herr Karcher, Vertreter der Dillinger Hüttenwerke, Dillingen (Saar).
„ Kauffmann, Georg, Dr., Kommerzienrat, Wüstegiersdorf in Schlesien.
„ Kauffmann, Otto, Dr., Niedersedlitz.
„ Keibel, Dr., Syndikus der Handelskammer Mülheim (Ruhr)-Oberhausen, Mülheim-Ruhr.
„ Keindorff, Waldenburg i. Schl., Vertreter der Handelskammer Schweidnitz.
„ von Kiesenwetter, Vertreter der Kaliwerke Ummendorf-Eisleben, A.-G., Berlin.
„ Kirchhoff, Vertreter des Verbandes der Fabrikanten-Vereine für den Regierungsbezirk Arnsberg, Iserlohn.
„ Kleine, Bergrat, Dortmund, Vertreter der Gelsenkirchener Bergwerks-A.-G.
„ Knauer, Dr., Kneutlingen, Vertreter des Lothringer Hüttenvereins.
„ Knochenhauer, Bergrat, Vertreter des Oberschlesischen Berg- und Hüttenmännischen Vereins, Kattowitz.
„ Köhne, Gerichtsassessor, Bochum, Vertreter des Allgemeinen Knappschaftsvereins.
„ König, Rechtsanwalt, Nürnberg, Geschäftsführer des Verbandes Bayr. Metallindustrieller.
„ Kopf, C., Mittweida, Direktor der Baumwollweberei Mittweida.
„ Kracht, Direktor, Wetter-Ruhr, Vertreter der Firma Peter Harkort & Sohn.
„ Kraner, Direktor, Erlangen.
„ Kraus, Braunschweig.
„ Krause, Max, Kgl. Baurat, Direktor von A. Borsig, Berlin.
„ Krieger, B., Berlin, Vertreter des Vereins der Kalkwerke und des Zementwarenfabrikantenvereins Deutschland.
„ Krüger, Fr. H., Halberstadt, Vertreter der Kaliwerke Krügershall und Salzmünde, Halle a. S.
„ Kubatz, Dr., Leipzig, Vertreter des Deutschen Betonverein.
„ Lahl, Bremen, Vertreter der Gewerbekammer, Bremen.
„ Langen, C. O., Kommerzienrat, Präsident der Handelskammer und Vorsitzender des Vereins rheinisch-westfälischer Baumwollspinner, M.-Gladbach.
„ Lehmann, Hans, Berlin, Vertreter der Vereinigten Königs- und Laurahütte.

Herr Lehmann, Professor Dr., Handelskammersyndikus, Geschäftsführer des Vereins Deutscher Tuch- und Wollwarenfabrikanten und des Vereins für die berg- und hüttenmännischen Interessen im Aachener Bezirk, Aachen.

„ Levy, Dr., Hohensalza, Vertreter des Verbandes Ostdeutscher Industrieller.

„ Leyendecker, Hans, Kaufmann, Vertreter der Firma W. Leyendecker & Cie., Köln-Ehrenfeld.

„ Linde, Gustav, Regierungsbaumeister a. D., Berlin, Direktor des Vereins Deutscher Ingenieure.

„ Lob, Fritz, Hohenlohehütte, Vertreter des Oberschl. Berg- und Hüttenmännischen Vereins, Kattowitz, und der Handelskammer Oppeln.

„ Lochmüller, W., Dr., Geschäftsführer des Verbandes Deutscher Baumwollgarn-Verbraucher, Dresden.

„ von und zu Loewenstein, Bergassessor, Geschäftsführer des Vereins zur Wahrung der bergbaulichen Interessen im Oberbergamtsbezirk Dortmund, Essen (Ruhr).

„ Lohmann, H., Oberbergrat, Breslau, Vertreter von C. Kulmiz, G. m. b. H., Saarau.

„ Majert, Direktor der Siegener Maschinenbau-A.-G., Siegen i. W.

„ Martens, Dr., Syndikus der Handelskammer Dortmund, Dortmund.

„ Martini, Gau-Odernheim, Hessen.

„ Mathesius, Dr., Potsdam, Vertreter des Vereins der Fabrikanten feuerfester Produkte.

„ Mayer, C., Dr., Berlin, Vertreter der Abteilung der Rohzuckerfabriken des Vereins der Deutschen Zuckerindustrie, Berlin.

„ Meck, Friedr., Berlin, i. Fa. Ernst Meck in Nürnberg.

„ Meck, Nürnberg.

„ Meesmann, Direktor, Mainz, Geschäftsführer des Mittelrheinischen Fabrikantenvereins.

„ Meidel, Direktor, Vertreter des Vereins Deutscher Brücken- und Eisenbaufabriken, Berlin.

„ Meyer, Wilhelm, Rechtsanwalt, Hannover, Vorsitzender des Vereins Deutscher Eisen- und Stahlindustrieller.

„ Meyer, Max, Direktor, Vertreter des Verbandes deutscher Jute-Industrieller, Hamburg.

„ Meyer, Franz, Glauchau, Vertreter der Oelsnitzer Bergbaugewerkschaft, Oelsnitz.

Herr Mittelstaedt, Wilhelm, Vertreter der Firma Christian Dierig, G. m. b. H., Oberlangenbielau.

„ Moeller, Bergwerksdirektor, Waldenburg i. Schl., Vertreter der von Kulmizschen Steinkohlenbergwerke.

„ Moldenhauer, Professor Dr., Köln, Vertreter des Haftpflicht- und Versicherungsschutzverbandes.

„ Möhlau, Ad., Kommerzienrat, Vorsitzender der Handelskammer Düsseldorf, Düsseldorf.

„ Mollat, Dr., Syndikus der Handelskammer Siegen und Geschäftsführer des Berg- und hüttenmännischen Vereins, Siegen.

„ Müller, Th., Hüttendirektor, Neunkirchen, Bez. Trier.

„ Müller, Erich, Fabrikant, i. Fa. Gebr. Müller, Gerbstoff-Farbholz-Extraktfabrik, Benrath.

„ Müller, Dr., Düsseldorf, Vertreter der Farbwerke A.-G., Düsseldorf.

„ Mundt, Arthur, i. Fa. Berliner Gipswerke L. Mundt vorm. H. Kühne, Berlin SW, verl. Trebbiner Straße.

„ Nauwerck, Oberachern, Vertreter der Mechanischen Bindfadenfabrik Oberachern.

„ Neißer, Dr., Justizrat, Geschäftsführer des Verbandes Schlesischer Textilindustrieller, Breslau.

„ Neubarth, Eugen, Kommerzienrat, Vorsitzender des Forster Fabrikantenvereins, Forst i. L.

„ Niedt, Generaldirektor, Gleiwitz.

„ Nothmann, Adolf, Charlottenburg, Direktor der Oberschlesischen Koksweke und Chemische Fabriken A.-G., Berlin.

„ Nothmann, Direktor, Berlin, Vertreter der Oberschlesischen Stahlwerksgesellschaft.

„ Olfe, W., Direktor, Vertreter des Rheinisch-Westfälischen Kohlensyndikats, Essen (Ruhr).

„ Osbahr, L., Hamburg, Vertreter der Hamburgischen Gewerbekammer.

„ Peltzer, Adolf Fr., Fabrikbesitzer, M.-Gladbach.

„ Pferdekämper, Weida, Vertreter des Verbandes Thüringischer Industrieller.

„ Pieper, Vertreter der Gesellschaft Ver. Constantin der Große, Bochum.

„ Poensgen, C. R., Kommerzienrat, Vertreter der Handelskammer Düsseldorf.

Herr **Pohl**, Dr., Vertreter des Arbeitgeberverbandes für die Provinz Sachsen und der Vereinigung Deutscher Baumwoll-strickgarnfabrikanten, Magdeburg.

„ **Probst**, Paul, Kommerzienrat, Vertreter der mechanischen Bindfadenfabrik, Immenstadt.

„ **von Prondzynski**, F., Vertreter der Zentralverkaufsstelle Schlesischer Portland-Zementfabriken und der Groschowitzer Portland-Zementfabrik, Groschowitz bei Oppeln.

„ **Quistorp**, Stettin, Vertreter des Vereins der Industriellen Pommerns.

„ **Ramelow**, H., Rechtsanwalt, Geschäftsführer des Deutsch-Argentinischen Centralverbandes, Berlin.

„ **Randebrock**, Generaldirektor, Rheinelbe bei Gelsenkirchen.

„ **Rausch**, Dr., Dessau, Vertreter des Anhaltischen Industrievereins Dessau.

„ **Reusch**, Kommerzienrat, Generaldirektor der Gutehoffnungshütte, Oberhausen (Rheinland).

„ **Rhazen**, Oskar, Regierungsrat, Köln, Generaldirektor der Gasmotorenfabrik Deutz.

„ **Rhodius**, Gustav, Burgbrohl.

„ **Rigler**, Dr., Hamburg, Vertreter des Vereins landwirtschaftlicher Maschinen und Geräte, Berlin, des Verbandes Deutscher Maschinenfabriken für Brauindustrie und des Verbandes Deutscher Mühlenbauanstalten, Berlin.

„ **Röchling**, Robert, Ingenieur, Diedenhofen, Vertreter der Röchling'schen Eisen- und Stahlwerke.

„ **Röchling**, Louis, Kommerzienrat, Völklingen a. Saar.

„ **Rocke**, Dr., Geschäftsführer des Fabrikanten-Vereins für Hannover, Linden und die benachbarten Kreise, Hannover.

„ **Roensch**, Vertreter der Handelskammer Allenstein.

„ **Roessing**, Vorsitzender der Handelskammer Plauen, Plauen i. V.

„ **Rosenberger**, Heinz, Fabrikbesitzer, Oberlangenbielau.

„ **Runge**, Vertreter des Vereins Berliner Kaufleute, Berlin.

„ **Schaafhausen**, Direktor, Neu-Welzow (Niederlausitz).

„ **Schaltenbrand**, Direktor, Vorsitzender des Stahlwerksverbandes, A.-G., Düsseldorf.

„ **Schauer**, Dr., Syndikus der Handelskammer Allenstein.

„ **Schiele**, Ernst, Vorsitzender der Gewerbekammer Hamburg, Hamburg.

„ **Schieß**, Ernst, Geh. Kommerzienrat, Vorsitzender des Vereins Deutscher Werkzeugmaschinenfabriken, Düsseldorf.

Herr Schlenker, Dr., Chemnitz, Vertreter der Handelskammer Chemnitz.
„ Schlueter, Generalsekretär des Verbandes Deutscher Müller, Berlin.
„ Schmid, Th. W., Spinnereidirektor; Hof i. B., Vertreter des Vereins süddeutscher Baumwollindustrieller.
„ Schott, F., Kommerzienrat, Heidelberg.
„ Schrey, Geh. Regierungs- und Baurat, Vorsitzender des Verbandes Ostdeutscher Industrieller, Danzig.
„ Schrödter, E., Dr.-Ing., Ingenieur, Geschäftsführer des Vereins Deutscher Eisenhüttenleute und des Vereins Deutscher Maschinenbauanstalten, Düsseldorf.
„ Schroers, A., Kommerzienrat, erster Vorsitzender des Vereins der Deutschen Textilveredelungsindustrie, Düsseldorf, Crefeld.
„ Schröter, Dr., Duisburg-Ruhrort, Syndikus der Handelskammer Duisburg.
„ von Schubert, Generalleutnant, Exzellenz, Berlin.
„ Schumann, Düsseldorf, Vertreter der Oberschlesischen Stahlwerksgesellschaft, Berlin.
„ Schürer, Richard, Augsburg, Vertreter der Süddeutschen Textil-Berufsgenossenschaft.
„ Schürholz, H., Vorsitzender des Verbandes Deutscher Cocosindustrieller, Hervest-Dorsten.
„ Schupp, Dr., Heidelberg.
„ Schweisgut, Halle a. S., Direktor der Gewerkschaft Salzmünde bei Halle a. S.
„ Schwenke, E., Dr., Hamburg, Vertreter des Vereins Hamburger Exporteure.
„ Siemens, Bergrat, Vorsitzender des deutschen Braunkohlenindustrievereins, Halle a. S.
„ Sieverts, W. G., Berlin, Vertreter der Westdeutschen Thomasphosphatwerke.
„ Simon, Georg, Hamburg, Vorsitzender des Verbandes Hamburger Exporteure und des Verbandes Deutscher Exporteure.
„ Simons, Direktor der Knappschafts-Berufsgenossenschaft, Berlin NW, Klopstockstr. 17.
„ von Skal, Metz, Vertreter des Vereins für die bergbaulichen Interessen Lothringens und die Interessen der Eisen- und Stahl-Industrie.
„ von Skene, Karl, Geh. Kommerzienrat, Klettendorf bei Breslau.
„ Sorge, Direktor, Magdeburg-Buckau.

Herr Spinzig, Bergassessor, Zellerfeld a. Harz.

„ Springorum, Kommerzienrat, Generaldirektor, Vorsitzender des Vereins Deutscher Eisenhüttenleute, Dortmund.

„ Stang, Albert, Vertreter der Handelskammer, Gera.

„ Stark, Emil, Kommerzienrat, Vorsitzender der Vereinigung Sächsischer Spinnereibesitzer, Chemnitz.

„ Stein, C., Berlin, Vertreter der Gasmotorenfabrik Deutz.

„ Steinegger, L., Mittweida, Vertreter der Baumwollspinnerei Mittweida.

„ Steller, Paul, Generalsekretär des Vereins der Industriellen des Regierungsbezirks Köln und des Vereins Deutscher Werkzeugmaschinenfabriken, Köln.

„ Stevens, Hervest-Dorsten, Vertreter der Firma Stevens & Schürholz.

„ Stoecicht, Adolf, i. Firma Th. & G. Stoecicht, Kokosteppichfabrik, Rüsselsheim, Hessen.

„ Stumpf, F., Generalsekretär des Georgs-Marien-Bergwerks- und Hütten-Vereins, Syndikus der Handelskammer zu Osnabrück, Osnabrück.

„ Süreth, Gottfried, Königsberg i. Pr., Vertreter der Königsberger Zellstofffabrik, A.-G.

„ Tänzler, Dr., Syndikus der Hauptstelle Deutscher Arbeitgeberverbände, Berlin.

„ Thilo, Dr., Syndikus der Handelskammer, Lennep.

„ Tiemann, Vertreter des Verbandes Deutscher Leinenindustrieller, Bielefeld.

„ Tille, Alexander, Dr., Syndikus der Handelskammer Saarbrücken, Generalsekretär des Vereins zur Wahrung der gemeinsamen wirtschaftlichen Interessen der Saarindustrie und der Südwestlichen Gruppe des Vereins Deutscher Eisen- und Stahl-Industrieller, Saarbrücken.

„ Toepffer, Dr., Vertreter des Vereins der Industriellen Pommerns, Stettin.

„ Tschoeltzsch, Direktor der Firma J. C. Devrient-Zwickau.

„ Unverzagt, Georg, Oranienburg, Direktor der Chemischen Fabrik Oranienburg.

„ Venator, Emil, Kommerzienrat, Dessau, Vertreter der Abteilung der Raffinerien des Vereins der deutschen Zuckerindustrie.

„ Voltz, Dr., Generalsekretär des Oberschlesischen Berg- und hüttenmännischen Vereins, Kattowitz.

Herr Voormann, Caspar, Fabrikbesitzer, Hagen i. W., Vertreter der Firma Boecker & Voormann.

„ Boye, Dr., Vertreter der Handelskammer Hagen und des Vereins der Märkischen Kleineisenindustrie, Hagen.

„ Wächter, Direktor, Zwickau, Vertreter der Handelskammer Plauen.

„ Waibel, Adolf, Direktor, Vertreter der Mechanischen Baumwollspinnerei und -Weberei, Augsburg.

„ Waldschmidt, Dr. jur., Berlin, Vertreter des Vereins Deutscher Werkzeugmaschinenfabriken, Köln.

„ Wandel, Justizrat, Essen (Ruhr).

„ Weber, C., Düren, Vertreter der Handelskammer Stolberg.

„ Websky, Ernst, Fabrikbesitzer, Tannhausen.

„ Weidtmann, Dr., Geh. Bergrat und Generaldirektor, Aachen, Vertreter des Arbeitgeber-Verbandes Aachen, des Berg- und Hüttenmännischen Vereins Aachen und des Vereins für die bergbaulichen Interessen im Oberbergamtsbezirk Dortmund, Essen (Ruhr).

„ Weinlig, Generaldirektor, Burg Lede b. Beuel a. Rhein.

„ Weisdorff, Generaldirektor, Burbacher Hütte bei Saarbrücken.

„ Weise, E., Fabrikbesitzer, Halle a. S.

„ Wenzel, L., Kommerzienrat, Leipzig, Vorsitzender des Vereins Deutscher Wollkämmer und Kammgarnspinner, Dresden.

„ Wiebe, Dr., Syndikus der Handelskammer Bochum, Bochum.

„ Wihard, Hugo, Fabrikbesitzer, Liebau i. Schl.

„ Wolf, Dr., Zwickau, Vertreter des Förder- und Verkaufsverbandes Zwickau und der Lugau-Oelsnitzer Steinkohlenwerke, Zwickau.

„ Wolff, Oskar, Fabrikbesitzer, Stadtoldendorf, Mitglied des Verbandes deutscher Leinenindustrieller, Bielefeld.

„ Wurmstich, Direktor, Geschäftsführer der Südwestdeutschen Eisen-Berufsgenossenschaft, Saarbrücken.

„ Zanders, Hans, Kommerzienrat, Bergisch-Gladbach.

„ Zell, Generaldirektor, Halle a. S.

„ Zeyß, Dr., Crefeld, Syndikus der Handelskammer Crefeld.

„ Zörner, Richard, Bergrat, Kalk b. Cöln, Generaldirektor der Maschinen-Bauanstalt Humboldt.

„ Zscheye, Hermann, Dr., Fabrikdirektor der Zuckerfabrik Biendorf.

Als Gäste waren anwesend:

Herr Bartels, Dr. jur., Regierungsrat, Berlin.
„ Bovenschen, Dr., Geschäftsführer des Reichsverbandes gegen die Sozialdemokratie, Berlin.
„ Ebner, Dr., Berlin.
„ Knobloch, Oberbürgermeister a. D., Direktor des Hansabundes, Berlin.
„ Peters, Dr., Berlin.
„ Schweinburg, D., Herausgeber der „Berliner Politischen Nachrichten", Berlin.
„ Skopnik, Referendar, Berlin.
„ Steinmann-Bucher, Herausgeber der „Deutschen Industrie-Zeitung", Berlin.

Als Vertreter der Presse waren anwesend:

Herr Eisele, Dr., „Köln. Volkszeitung", Berlin.
„ Heuer, Redakteur, Berlin.
„ Joel, „Voss. Ztg.", Halensee-Berlin.
„ Jorke, Berlin.
„ Krebs, „Leipziper Neueste Nachrichten", Berlin.
„ Neumann, „Rheinisch-Westf. Zeitung", Berlin.
„ Peterson, „Post" und „Nationalzeitung", Berlin.
„ Strecker, Dr., Chefredakteur, Berlin, Herausgeber der „Deutschen volkswirtschaftlichen Korrespondenz".
„ Tischert, Dr. phil., Journalist, Berlin.

Entschuldigt haben sich:

Vom Direktorium:

Herr Rötger, Landrat a. D., Berlin, Vorsitzender.
„ Koenig, G., Geh. Regierungsrat, Vorsitzender des Direktoriums des Vereins der Deutschen Zucker-Industrie, Zweiter stellvertretender Vorsitzender, Berlin W, Kleiststr. 32.

Von Mitgliedern:

Herr Brenner, Bergwerksdirektor, Essen-Ruhr.
„ Bitta, Justizrat, Neudeck (Oberschl.).
„ Böcking, Rudolph, Geh. Kommerzienrat, Halbergerhütte.
„ Clouth, Franz, Köln-Nippes.
„ Dierig, Wolfgang, Dr., Oberlangenbielau.
„ Dulon, Kommerzienrat, Magdeburg.

Herr Fiebelkorn, Dr., Berlin.
„ Haas, Geh. Kommerzienrat, Mannheim.
„ Hansen, jun., Straßburg.
„ Kamp, Kommerzienrat, Grunewald-Berlin.
„ Krawehl, Bergassessor, Essen-Ruhr.
„ Krüger, Generalleutnant z. D., Exzellenz, Berlin.
„ Küchen, Gerhard, Kommerzienrat, Mülheim-Ruhr.
„ von Langen, Gottlieb, Köln.
„ Laurenz, Kommerzienrat, Ochtrup i. W.
„ Lindgens, Adolf, Mülheim-Ruhr.
„ Linke, Generaldirektor, Slawentzitz.
„ Lueg, H., Geh. Kommerzienrat, Düsseldorf.
„ Massenez, Josef, Dr.-Ing., Wiesbaden.
„ Mathies, Regierungsrat, Dortmund.
„ Menck, Kommerzienrat, Altona.
„ Müllensiefen, Th., Kommerzienrat, Crengeldanz.
„ Oswald, W., Kommerzienrat, Koblenz.
„ Rickel, Ferd., Harburg.
„ Roitzsch, Generalsekretär, Chemnitz.
„ Sartorius, Fr., Kommerzienrat, Bielefeld.
„ Stirtz, Assessor Dr., Straßburg.
„ Ugé, Kommerzienrat, Kaiserslautern.
„ Williger, Bergrat, Kattowitz.
„ Winkler, Paul, Kommerzienrat, Fürth (Bayern).
„ Zschille, Georg, Dresden.
Zuckerraffinerie Hildesheim.

Verzeichnisse.

Der Ausschuß des Centralverbandes

nach den Neuwahlen und Ergänzungen vom 15. Oktober 1909.

Mitglieder.	Stellvertreter.
Böcking, Rud., Geh. Kommerzienrat, Brebach.	**Röchling**, Louis, Kommerzienrat, Völklingen a. Saar.
Brauns, H., Kommerzienrat, Eisenach.	**Lehmann**, Professor, Dr., Handelskammersyndikus, Geschäftsführer des Vereins Deutscher Tuch- und Wollwarenfabrikanten und des Vereins für die berg- und hüttenmännischen Interessen im Aachener Bezirk, Aachen.
Brückner, Rich., Fabrikbesitzer, Vorsitzender des Vereins Deutscher Papierfabrikanten, Calbe a. S.	**Euler**, W., Kommerzienrat, Bensheim.
Delius, Karl, Dr.-Ing. h. c., Geh. Kommerzienrat, Aachen.	**Delden**, Gerrit van, Kommerzienrat, Gronau i. W.
Flohr, Baurat, Bredow-Stettin.	**Toussaint**, Direktor, Kiel.
Gärtner, R., Kommerzienrat, Freiburg i. Schl.	**Websky**, Ernst, Fabrikbesitzer, Tannhausen.
Goldschmidt, Karl, Dr., Essen.	**Curtius**, Richard, Duisburg.
Haarmann, A., Dr.-Ing., Geh. Kommerzienrat, Osnabrück.	**Baare**, Fritz, Geh. Kommerzienrat, Bochum.
Hummel, Friedrich, Generaldirektor, Ettlingen.	**Kraner**, Direktor, Erlangen.
Kauffmann, Georg, Dr., Kommerzienrat, Wüstegiersdorf in Schlesien.	**Mittelstaedt**, Wilhelm, Oberlangenbielau.

Kraushaar, Dr., Generaldirektor, Hannover.

Langen, C. O., Kommerzienrat, M.-Gladbach.

Linke, Paul, Domänenrat, Slawentzitz.

Lueg, H., Dr.-Ing., Geh. Kommerzienrat, Düsseldorf.

Melchior, A., Kommerzienrat, Nürtingen.

Meyer, Ed., Fabrikbesitzer, Aachen.

Meyer, Gerh. L., Geh. Kommerzienrat, Hannover.

Mieg, Daniel, Fabrikant, Mülhausen i. E.

Müser, Generaldirektor, Dortmund.

Randebrock, Bergrat, Generaldirektor, Gelsenkirchen.

Rickel, Ferd., Direktor, Harburg.

Sartorius, Franz, Kommerzienrat, Bielefeld.

Servaes, Geh. Kommerzienrat, Düsseldorf.

Stark, Emil, Kommerzienrat, Chemnitz.

Ugé, Kommerzienrat, Kaiserslautern (Pfalz).

Walter, W., Direktor, Hannover-Linden.

Weisdorff, Generaldirektor, Burbacher Hütte bei Saarbrücken.

Heintze, G., Direktor, Döhren bei Hannover.

Laurenz, Anton, Kommerzienrat, Ochtrup i. W.

Knochenhauer, Bergrat, Kattowitz.

Schrödter, E., Dr.-Ing., Ingenieur, Geschäftsführer des Vereins Deutscher Eisenhüttenleute und des Vereins Deutscher Maschinenbauanstalten, Düsseldorf.

Bourcart, Fabrikbesitzer, Gebweiler.

Neubarth, Eug., Kommerzienrat, Forst i. L.

Jüngst, Geh. Bergrat, Berlin, Kurfürstendamm 214.

Kiener, André, Handelskammerpräsident, Colmar i. Els.

Graßmann, Bergrat, Essen (Ruhr).

Caro, Geh. Kommerzienrat, Gleiwitz.

Herbst, Kommerzienrat, Triebes.

Möhlau, Ad., Kommerzienrat, Düsseldorf.

Kamp, Kommerzienrat, Grunewald-Berlin, Auerbachstr. 9.

Zeyß, Richard, Dr., Syndikus der Handelskammer Crefeld.

Stumpf, F., Generalsekretär des Georgs-Marien-Bergwerks- und Hütten-Vereins, Syndikus der Handelskammer zu Osnabrück, Osnabrück.

Goertz, Ed., Kommerzienrat, Mülfort bei Odenkirchen.

Wandel, Justizrat, Essen (Ruhr).

Williger, Bergrat, Kattowitz.

Winkler, Paul, Kommerzienrat, Fürth.

Ziegler, Kommerzienrat, Düsseldorf, Ahnfeldstr. 17.

Voltz, Dr., Generalsekretär des Oberschlesischen Berg- und hüttenmännischen Vereins, Kattowitz.

Müllensiefen, Th., Kommerzienrat, Crengeldanz.

Scheidtweiler, Regierungsrat, Oberhausen.

Zugewählte Mitglieder.

Beukenberg, Baurat, Hörde i. W.

Beumer, W., Dr., M. d. A., Generalsekretär des Vereins zur Wahrung der gemeinsamen wirtschaftlichen Interessen in Rheinland und Westfalen und der Nordwestlichen Gruppe des Vereins Deutscher Eisen- und Stahl-Industrieller, Düsseldorf.

Blohm, Herm., Hamburg.

Böker, M., Kommerzienrat, Vorsitzender des Bergischen Fabrikantenvereins, Remscheid.

von Borsig, E., Kommerzienrat, Berlin.

Brandt, Dr., Syndikus der Handelskammer Düsseldorf, Geschäftsführer des Vereins Deutscher Eisengießereien, Düsseldorf.

Brockhaus, Prokurist der Firma Berliner Sandsteinwerke Rob. Gutmann, G. m. b. H., Berlin, Neustädtische Kirchstr. 15.

Budde, Professor, Generaldirektor der Aktiengesellschaft Siemens & Halske, Berlin, Askanischer Platz 3.

Büttner, Erhard, Dr., Syndikus, Augsburg.

von Buz, Hch., Kommerzienrat, Direktor der Maschinenfabrik Augsburg-Nürnberg A.-G., Augsburg.

Clouth, Franz, Fabrikbesitzer, Cöln-Nippes.

Coste, D., Kommerzienrat, Biere.

Dietel, Franz, Geh. Kommerzienrat, Coßmannsdorf.

Dietrich, Dr., Handelskammer-Syndikus, Plauen.

Ditges, Generalsekretär der Vereins Deutscher Papierfabrikanten und des Vereins Deutscher Schiffswerften, Berlin, Lützow-Ufer 17.

von Donnersmarck, Fürst Guido Henckel, Neudeck (O.-S.).

Dulon, M., Kommerzienrat, Magdeburg.

Eichler, Generaldirektor des Kalisyndikats, Staßfurt.

Evers, Ziegeleibesitzer, Vorsitzender des Verbandes Deutscher Tonindustrieller, Berlin, Gitschinerstraße 109.

Fiebelkorn, Dr., Geschäftsführer des Verbandes Deutscher Tonindustrieller, Berlin, Stephanstraße 50.

Fleitmann, Kommerzienrat, Düsseldorf, Tonhallenstr. 15.

Funcke, Wilh., Kommerzienrat, Hagen i. W.

Fuchs, H., Direktor der Norddeutschen Wagenbau-Vereinigung, Charlottenburg, Bleibtreustr. 20.

Goldberger, Geh. Kommerzienrat, Vorsitzender der Ständigen Ausstellungskommission für die deutsche Industrie, Berlin, Markgrafenstr. 53/54.

Gottstein, L., Dr., Generaldirektor, Vorsitzender des Vereins deutscher Zellstoff-Fabrikanten, Breslau I.

Gräßner, Bergwerksdirektor a. D., Leopoldshall-Staßfurt.

Großberger, Generaldirektor, Kneuttingen.

von Guilleaume, Th., Kommerzienrat, Köln.

Haas, Karl, Geh. Kommerzienrat, erster stellvertretender Vorsitzender des Vereins Deutscher Zellstoffabrikanten, Waldhof bei Mannheim.

Haeffner, Ad., Fabrikbesitzer, Frankfurt a. M.

Hallbauer, Kommerzienrat, Lauchhammer.

Hartmann, Gust., Geh. Kommerzienrat, Dresden.

Haumann, Ober-Bürgermeister, Generaldirektor der Vereinigten Stahlwerke van der Zypen und Wissener Eisenhütten, Köln.

Heckmann, Paul, Geh. Kommerzienrat, Berlin, Lützowstr. 64.

von der Herberg, C., Direktor, Mülheim a. Rh., Vorsitzender der Verkaufsstelle des Deutschen Kupferdrahtverbandes, Köln.

Hirsch, M. d. A., Syndikus der Handelskammer Essen, Essen (Ruhr).

Hoeter, Ministerialdirektor a. D., Berlin W, Kurfürstendamm 220.

Jordan, H., Dr., Bankdirektor, Elberfeld.

Junghann, Geheimer Bergrat, Schlachtensee, Zietenstraße.

Kirdorf, A., Geh. Kommerzienrat, Aachen.

Kleine, Bergrat, Dortmund, Vorsitzender des Vereins zur Wahrung der bergbaulichen Interessen im Ober-Bergamtsbezirk Dortmund.

Klemme, Dr.-Ing. h. c., Generaldirektor, Bergassessor a. D., St. Avold (Lothringen).

Koenig, Rechtsanwalt, Geschäftsführer des Verbandes bayerischer Metallindustrieller, Nürnberg.

Körting, Berth., Kommerzienrat, Hannover.

Krause, Max, Baurat, Berlin, Chausseestr. 13.

Krüger, Generalleutnant z. D., Exz., Geschäftsführer des Vereins der Fabrikanten landwirtschaftlicher Maschinen und Geräte, Berlin, Burggrafenstr. 13.

Kuhlo, Dr., Syndikus des Bayerischen Industriellen-Verbandes, München, Ludwigstr. 13.

Landsberg, Heinrich, Direktor des Heddernheimer Kupferwerks, vormals F. A. Hesse Söhne zu Frankfurt a. M., Vorsitzender der Verkaufsstelle des Kupferblechverbandes, Kassel.

von Langen, Gottlieb, Köln.

von und zu Loewenstein, Bergassessor, Geschäftsführer des Vereins zur Wahrung der bergbaulichen Interessen im Oberbergamtsbezirk Dortmund, Essen (Ruhr).

Mann, L., Handelsrichter, Vorsitzender des Vereins Deutscher Lackfabrikanten, Berlin, Meinekestraße 4.

March, Fabrikbesitzer, Vorsitzender des Deutschen Vereins für Ton-, Cement- und Kalkindustrie, Charlottenburg, Sophienstr. 23/25.

Martens, Dr., Syndikus der Handelskammer Dortmund, Dortmund.

Marwitz, Kommerzienrat, Vorsitzender des Vereins der Baumwollgarnkonsumenten, Dresden.

Mathies, Regierungsrat, Generaldirektor der „Union", Dortmund.

Meesmann, Geschäftsführer des Mittelrheinischen Fabrikanten-Vereins und der Süddeutschen Gruppe des Vereins Deutscher Eisen- und Stahl-Industrieller, Mainz.

Menck, J. A., M. d. A., Kommerzienrat, Altona.

Merwitz, Direktor, per Adresse: C. Heckmann, A.-G., Duisburg, Postfach 125.

Meyer, Paul, Dr., Berlin N 39, Lynarstr. 5/6.

Müller, Waldemar, Geh. Ober-Finanzrat a. D., Direktor der Dresdner Bank, Berlin W 9, Bellevuestr. 13.

Müller, Dr., Kalkberge/Mk., Vorsitzender des Vereins Deutscher Portland-Cement-Fabrikanten.

Mundt, Arthur, i. Fa. Berliner Gipswerke L. Mundt vorm. H. Kühne, Berlin SW, verl. Trebbiner Straße.

Offermann, Geh. Kommerzienrat, Leipzig.

Oswald, W., Kommerzienrat, Coblenz.

Protzen, Kommerzienrat, Berlin, Köllnischer Fischmarkt 4.

Reinecker, J. E., Dr.-Ing., Chemnitz, stellvertretender Vorsitzender des Vereins Deutscher Werkzeugmaschinenfabriken, Düsseldorf.

Rennen, Kommerzienrat, Oberhomburg.

Rentzsch, H., Dr., Blasewitz bei Dresden.

Rocke, Dr., Geschäftsführer des Fabrikantenvereins für Hannover-Linden und die benachbarten Kreise, Hannover.

Roessing, Kommerzienrat, Präsident der Handelskammer Plauen, Plauen i. V.

Schaafhausen, Direktor, Neu-Welzow (N.-L.).

Schaltenbrand, Vorsitzender des Direktoriums des Stahlwerksverbandes, Düsseldorf.

Schieß, Ernst, Dr.-Ing., Geh. Kommerzienrat, Düsseldorf.

Schimpff, Direktor, Berlin, Uhlandstr. 159.

Schmid, Th. W., Direktor, Hof in Bayern.

Herzog Ernst Günther zu Schleswig-Holstein, Schloß Primkenau.

Schott, F., Kommerzienrat, Heidelberg.

Schrey, Geh. Regierungs- und Baurat, Vorsitzender des Verbandes Ostdeutscher Industrieller, Danzig, Holzmarkt 12—14.

Schroers, A., Kommerzienrat, erster Vorsitzender des Vereins der deutschen Textilveredlungsindustrie, Düsseldorf, Crefeld.

von Schubert, Generalleutnant, Exzellenz, Berlin, Tiergartenstr. 4.

Siemens, Bergrat, Halle a. S., Königstr. 84, Vorsitzender des Deutschen Braunkohlen-Industrievereins, Halle a. S.

von Skene, Karl, Geh. Kommerzienrat, Klettendorf bei Breslau.

Springorum, Kommerzienrat, Generaldirektor, Dortmund, Vorsitzender des Vereins Deutscher Eisenhüttenleute, Düsseldorf.

Steller, Paul, Generalsekretär des Vereins der Industriellen des Regierungsbezirks Köln und des Vereins Deutscher Werkzeugmaschinenfabriken, Köln.

Tille, Alexander, Dr., Syndikus der Handelskammer Saarbrücken, Generalsekretär des Vereins zur Wahrung der gemeinsamen wirtschaftlichen Interessen der Saarindustrie und der Südwestlichen Gruppe des Vereins Deutscher Eisen- und Stahl-Industrieller, Saarbrücken.

Weinlig, Generaldirektor, Dillingen a. d. Saar.

de Wendel, Humbert, Hayingen.

Wenzel, Kommerzienrat, Direktor der Kammgarnspinnerei zu Leipzig, Leipzig.

Werminghoff, J., Generaldirektor, Dresden, Weißer Hirsch.

Wessel, C., Geh. Kommerzienrat, Bernburg.

van den Wyngaert, Jos., J., Direktor, Wilmersdorf, Prinzregentenstr. 118.

Zanders, Hans, Kommerzienrat, i. F. J. W. Zanders, Papierfabriken, Bergisch-Gladbach.

Zörner, Bergrat, Generaldirektor der Maschinenbauanstalt „Humboldt", Kalk b. Köln.

Zschille, Georg Herm., Dresden, Wiener Str. 45.

Druck: Deutscher Verlag (Ges. m. b. H.), Berlin SW 48.

FSC
www.fsc.org
MIX
Papier | Fördert gute Waldnutzung
FSC® C083411

Kolibri 360 GmbH
Ferdinand-Jühlke-Straße 7
99095 Erfurt, Deutschland
produktsicherheit@kolibri360.de